ARISE, SHINE

개정판

일어나
빛을 발하라

KOREA.COM

진리의 길을 비추는 빛이 되어주기를

두껍지는 않지만 결코 가볍지 않은 내용의 《일어나 빛을 발하라》가 출간된 것을 진심으로 기쁘게 생각합니다. 오늘날 캠퍼스는 기독교의 명확한 진리를 가르치며 학생들의 영혼을 살리고자 하는 진실한 일꾼들이 필요합니다. 부르심을 받은 크리스천 교수들은 자신이 속한 교육기관들의 창설자들, 예를 들어 언더우드 선교사나 아펜젤러 선교사가 보여준 믿음의 뿌리를 기억해야 할 것입니다. 그들의 발자취를 좇아 캠퍼스의 영적 부흥을 위해 기도하면서 학생들이 복음을 바르게 이해하고 받아들이도록 섬기는 것이 모든 기독 교수들의 강의의 목표가 되어야 합니다.

이를 위해서 나는 몇 가지 도움이 될 만한 제안을 하고 싶습니다. 첫째, 기독개론 필수과목을 가르치는 데 있어 학생들의 영혼 구원에 초점을 두는 것입니다. 둘째, 소그룹으로 성경공부를 진행하여 자발적인 전도팀의 역할을 담당하게 하는 것입니다. 셋째, 그들에게 술과 담배가 몸과 정신에 미치는 해독을 일깨워 줘야 합니다. 이렇게 하면, 학생들은 자신의 인생을 도우려는 교수들 속에서 진정한 스승을 만나게 되고 진실한 삶으로 나아가는 지도자로 성장하게 될 것입니다. 연세대학교 용재석좌교수로 서울에 머물던 2003년에 나는 생동하는 젊은 그리스도인들을 많이 만나볼 수 있었습니다. 이제 그들과 같은 믿음의 청년들의 간증이 모여서 나온 이 책이 진로를 찾는 젊은이들에게 그리스도는 영원토록 동일하신 하나님이시요, 구원자가 되심을 증거하게 되기를 바랍니다.

피터 바이엘하우스 교수 튀빙겐대학교 선교학 교수 역임

A Guide to the Truth

It gives me great pleasure to recommend a small yet significant book which has just come off the press under the title: *Arise and Shine*. Today, we need faithful workers who are called to the important ministries on university campuses, equipped both by sound scholarship and pastoral concern. Christian professors should remember the root of their faith, from founders of Christian universities such as Underwood and Appenzeller. Following their steps, Christian professors need to pray for spiritual revivals on campuses, helping students to understand and accept the Gospel through their teachings. I may suggest three things for that purpose. First, Christian courses should aim to help students accept Jesus Christ as their Savior, guiding them to serve Him wholeheartedly with their lives. Second, small groups should be well utilized to reach out to students on campuses through the Gospel. Third, students must be informed of the harm of alcohol and nicotine. May students find true mentors among Christian professors and grow to be true servants for Christ. While I served as Yong Jae Chair Professor at Yonsei University in 2003, I met some young lively Christian students who enjoyed sharing their testimonies. The stories of their faith have been complied in this book. I hope this book can guide many other young people come to realize that Jesus Christ is the same, yesterday, today, and unto eternity, as their Lord and Savior.

Peter Beyerhaus, Professor Emeritus, Tübingen University

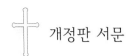

새내기들이 생명의 길을 찾는
안내서가 되길 바라며

매년 새 학기가 되면 신입생들이 교정을 활보한다. 소망을 가득 품고 시작하는 이들 새내기들은 대학생활을 친절하게 안내해 줄 가이드가 될 책을 유심히 찾곤 한다. 신선한 호기심으로 가득한 이들에게 선배들의 따뜻한 경험담을 담아 《일어나 빛을 발하라》라는 제목으로 책을 출간하게 되어 참으로 기쁘다.

《일어나 빛을 발하라》는 2004년 출간된 이후 새내기들을 생명의 길로 이끄는 안내서 역할을 해왔다. 특히 이번 개정판에는 2010년 1월 말레이시아로 선교 여행을 갔다가 물에 빠진 자매 세 명을 구하고 하늘나라로 간 故김성현 군과 故정요한 군의 추모 특집을 실었다. 요한복음 15장 13~14절 말씀대로 그들은 친구를 위하여 목숨까지 버리는 큰 사랑을 실천하고 하나님 곁으로 갔다. 그들이 남긴 기도글과 묵상글은 그들이 평소에 하나님과 얼마나 깊고 친밀하게 교제해 왔는지 잘 보여 준다. 하나님께서는 우리를 구원하시기 위해 목숨을 버리신 예수님을 믿고 따르던 그들에게 자신의 생명을 아름다운 산 제사로 드리는 특권을 허락하셨다. 두 청년은 지금쯤 그토록 사랑하던 하나님의 보좌 옆에서 아름다운 천국을 누리고 있을 것이다. 한편 두 청년을 떠나보낸 부모님과 친구들의 믿음을 통해서도 우리는 천국 소망을 품게 된다. 사랑하는 사람이 기다리고 있는 천국을 더 간절히 소망하게 되었다는 그들의 고백은 우리에게 참 믿음의 본이 된다.

또한 이 책에 담긴 이야기들은 몇 가지 질문에 대하여 답을 제공할 것이다.

첫째, 대학캠퍼스에서 큰 영적 어려움에 봉착했을 때 어떻게 해야 하는가? 모배권, 아메모리 슈우지, 신명진, 이성미 선배들은 자신들이 어떻게 하나님의 외아들, 예수 그리스도를 인격적으로 만나 믿게 되었는지 나누면서, 믿음으로 모든 문제를 이기고 승리하게 된 경험들을 진솔하게 전하고 있다.

둘째, 밝고 활기차야 할 대학문화에 드리운 어두운 단면인 술과 담배 그리고 그로 인한 중독을 어떻게 극복할 수 있는가? 이 질문에 대하여 박영모, 차윤희, 선배들은 진지하게 후배들에게 그 자신들이 겪은 술과 담배 같은 중독의 어려움과 그들이 어렵게 찾은 승리의 경험을 나누고 있다.

셋째, 진로에 대한 고민을 어떻게 바른 길로 풀어나갈까? 김지은, 유소연, 이가은, 선배들이 찾은 답을 들어보면 스스로 진로를 찾고 결정하는 데 많은 도움을 얻을 것이다.

넷째, 갑자기 닥친 질병 혹은 오래된 만성병으로 고통당할 때 어떻게 치유 받을 수 있을까? 박지원, 조현용, 이사야, 송윤지 선배들은 갑자기 찾아온 혹은 오래된 질병의 고통을 그리스도를 믿음으로 기쁨과 감사로 극복하고 치유 받은 경험에 대해 생생하게 나누고 있다. 이들처럼 믿고 기도하며 놀라운 치유를 받기를 소망한다.

다섯째, 우리 모두가 당면한 한국의 통일은 어떻게 이루어질 수 있을까? 문명진, 이수민, 윤영진, 김성수(이들은 새터민 학생들로 가명) 선배들은 남과 북이 그리스도 안에서 하나가 된 것을 자신들이 직접 경험한 대로 나누고 있다. 곧 진정한 통일은 오직 그리스도 안에서 하나됨이라는 것을 보여준다.

여섯째, 어떻게 신앙을 생활 속에서 실천할 수 있을까? 이 질문에 올리비아 럼 Hyflux 회장, 연세대학교 이화숙 교수와 전용관 교수는 그리스도를 만남으로 그들이 죽음에서 생명으로 옮겨진 변화를 나누면서, 구체적으로 하나님의 나라를 세워가고 있는 삶을 겸손하게 나누고 있다.

일곱째, 그렇다면 죄와 죽음의 권세에 사로잡힌 우리가 어떻게 구원을 받을 수 있는가? 이 중요한 질문에 대한 답으로 편자는 누구든지 예수 그리스도를 믿기만 하면 구원을 받는다고 강조한다. 나아가서 구체적으로 우리가 죄와 죽음의 권세로부터 새 생명을 얻는 길을 설명하고 있다.

언더우드 선교사는 1885년 4월 5일 부활절 주일, 개신교 첫 선교사로 이 땅을 밟았다. 한국에 도착하면서, 그는 한국 청년들에게 그리스도를 전하려면 반드시 대학교를 세워야 한다고 생각했다. 선교사역을 마무리할 즈음 여러 어려움과 질병과 싸우면서 마침내 그는 대학교를 세웠다. 이렇게 세워진 연세대학교는 예수 그리스도의 지상명령에 순종한 그의 선교사역의 아름다운 열매다.

그의 건학이념을 담은 모토 "진리가 너희를 자유케 하리라"는 요한복음 8장 32절을 인용한 것이다. 이 말씀에서 '진리'는 일반적인 진리가 아니라 바로 예수 그리스도를 의미함을 요한복음 14장 6절 성경의 말씀이 밝히 보여준다. "내가 곧 길이요 진리요 생명이니 나로 말미암지 않고는 아버지께로 올 자가 없느니라" 아담의 타락 이후 모든 인간은 죄 가운데 태어나 평생 죄를 짓고 살아감으로, 죄와 죽음의 권세 아래 노예로 살고 있다. 인간이 인간답게 살기 위해서는 마땅히 죄와 죽음의 권세로부터 해방되어야한다.

공의로우신 하나님께서는 반드시 죄를 벌하셔야 했는데, 사랑 때문에 자기 외아들을 이 땅에 보내시고 죄지은 인간들을 대신해서 십자가에서 피 흘려 죽게 하셨다. 모든 형벌을 대신 받으시고 돌아가심으로 예수 그리스도께서 하나님의 공의를 다 이루셨다. 죄 없으신 예수 그리스도의 속죄 제사를 받으시고, 하나님 아버지께서는 사흘 만에 그를 다시 살아나게 하셨다. 십자가에서 죽으신 그리스도 안에서 하나님의 공의가 만족되었고 하나님의 사랑이 온전히 나타났다. 부활하신 후 하나님 보좌 우편에 앉으신 예수 그리스도는 지금 하늘과 땅의 모든 권세를 가지고 공의와 사랑으로 다스리고 계시며 약속하신 대로 곧 다시 오실 것이다.

그러므로 이제 누구든지 십자가에서 우리 죄를 용서해 주시기 위해 죽으셨고 우리가 의롭다 여김을 받도록 다시 사신 예수 그리스도를 믿기만 하면, 죄 사함을 받고 영생을 살게 될 것이다. 지옥의 형벌 가운데 들어가야 마땅한 죄인인 인간에게 이보다 더 기쁜 소식은 없다. 이 책에 실린 선배들의 고백처럼 이 땅의 청년들이 모두 회개하여 예수 그리스도를 믿고, 죄와 사망의 권세에서 자유하게 되기를 기도드린다.

언더우드 선교사처럼 이 책을 읽는 모든 사람들은 땅 끝까지, 또 먼저 가장 가까운 가족들과 친구들에게 십자가의 사랑을 믿고 전할 수 있기를 소망한다. 왜냐하면 그것이 언더우드 선교사를 보내셔서 한국에 복음을 전하게 하신 하나님의 뜻이기 때문이다.

김정주 연세대학교 용재특임교수

차례

추모특집 | 선교지에서 사망한 故김성현, 故정요한

Born Again | 새로운 삶의 출발

술&담배 | 건강한 몸과 마음을 위해

진로&비전 | 나의 길을 그가 아시나니

질병&절망 | 온전한 치유, 온전한 회복

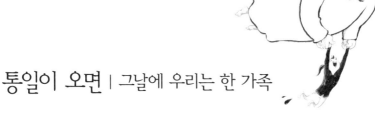

통일이 오면 | 그날에 우리는 한 가족

새터민 간증 (위 이름은 모두 가명)

특별간증 | 내가 나 된 것은

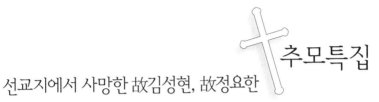

추모특집

선교지에서 사망한 故김성현, 故정요한

2010년 1월 2일, 아름다운 두 청년 김성현과 정요한은
말레이시아 선교 중 물에 빠진 자매 세 명을 구하고, 그들이 그토록
사랑하던 하나님이 계신 천국 본향으로 돌아갔습니다.

사람이 친구를 위하여 자기 목숨을 버리면

이보다 더 큰 사랑이 없나니 너희는 내가 명하는 대로 행하면

곧 나의 친구라

요한복음 15장 13~14절

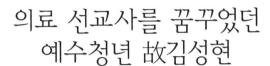

의료 선교사를 꿈꾸었던
예수청년 故김성현

말로 다할 수 없는 아들

추모의 글 – 노은희 (故김성현 어머니, 서현교회 권사)

말레이시아 시간으로 오후 3시 55분. 한국과는 1시간 시차가 나니 그때 엄마는 교회 지하방에서 성경을 쓰고 있었을 때구나. 왠지 모르게 불안한 마음 때문에……. 하나님께서 너를 불러가시던 그 시간에 엄마의 기도가 좀 더 간절했다면 혹시 하나님이 우리 성현이와 요한이를 그냥 돌려주셨을까?

영안실에서 관 속에 누워 있는 아들을 확인할 때, 가지런한 손을 먼저 봤는데 우리 아들 손이란 걸 한눈에 알 수 있었어. 네 모습이 낯설고 너무 슬펐어.

오늘도 양화진에 우리 아들 보러 갔다 왔는데, 돌아오는 길에 아빠의 뒷모습이 얼마나 허전해 보이던지……. 그래도 이 세상에서 보낸 시간 동안 하나님께서 우리 아들이 사람들에게 사랑받으며 행복한 시간을 보내게 해주신 것 정말 감사해. 어려운 일을 만날 때마다 하나님 앞에서 고민하고 하나님께 도움을 구하던 너의 모습에 엄마는 많이 행복했어.

외고에서 이대부고로 옮길 때 일주일 동안 간절히 기도했던 것 생각나지? 잠도 못 자고 고민하던 네게 하나님께서 귀한 선생님과 친구들과의 만남을 허락하셔서 고등학교 시절 내내 행복했던 시간들이 생각나. 고민이 있을 때마다 밤

이 되면 우리 아들은 불쑥 교회에 기도하러 가자고 했지. 말 떨어지기가 무섭게 엄마는 작은 오리털 이불을 싸들고 아들과 함께 교회에서 밤새 기도하다 잠깐 눈을 붙이고 새벽 기도를 드리고 오곤 했지. 오랜 고민 끝에 연세대학교에 입학하기까지 하나님께서 함께하시고 귀한 만남과 새로운 길을 예비해 주셨던 그 시간들이 얼마나 행복했는지 모른단다.

UDTS(대학생예수제자훈련학교) 훈련을 위해 8개월 간 예수전도단 숙소에서 통학할 때 우리 아들이 얼마나 영적으로 성숙하고 변화되었는지, 지체들과 함께하는 훈련과 교제를 얼마나 행복해했는지, 그 기간 가족을 더 사랑하게 되었다며 환하게 빛나던 아들의 얼굴이 생각난다.

작년 1월 한 달 동안 태국으로 단기선교여행을 다녀온 후 독립하기를 원했던 너는 학교 앞 하숙집으로 이사했었지. 하나님 앞에서 부모로부터 경제적으로 독립하겠다고 결단하고 스스로 모든 것을 해결하고 싶어 하던 우리 아들, 의료선교사가 되고 싶다며 자신을 연단하고 훈련하고 싶어 했던 우리 아들이 얼마나 대견했는지 모른단다.

하지만 시행착오도 있었지. 2009년 7월 아프리카 베넹까지 날아가서 초교파 국제단체인 세계 최대 병원선박 머시 십(Mercy Ship 오지를 돌며 환자를 치료하는 의료 봉사선 −편집자 주)에 승선했던 것 기억나지? 의료선교에 대한 도전 정신과 희망을 품고 자신 있게 출발했었지. 하지만 그렇게 큰소리치며 떠난 너는 기대와는 달리 하루 12시간의 식당 보조일이 너무 힘들다며, 7주간의 계획을 15일간의 봉사로 마무리하고 돌아왔지. 멋쩍은 얼굴로 불쑥 나타난 아들을 보고 엄마와 아빠는 어찌나 웃음이 나던지.

고3 때도 주일예배는 물론 수요예배와 새벽기도에도 힘쓰던 우리 아들, 강도 사님과 목사님 말씀을 늘 사모하던 우리 아들, 교회 수련회가 유일한 해방이요 즐거움이었던 우리 아들, 겁도 없이 담임목사님께 성경 공부를 부탁드려 개인적으로 특별한 영적 지도를 받았던 우리 아들……. 아무나 누릴 수 없는 복을 주신 하나님께 너무 감사드린단다.

사랑하는 아들아!

하나님 앞에 올바르게 살기 위해 늘 고민하며 예수님의 삶을 따르기를 원했던 아들을 하나님께서는 가장 아름다운 시간에 부르시기를 원하셨나 보다. 지극히 평범한 청년을 하나님께서는 보석처럼 아름답게 여기셨구나.

네가 도움을 주었다는 자매의 부모님께서 매일 오셔서 가슴 아파하시고 함께 우시던 모습 너도 천국에서 보았지? 내내 화장장을 지키시며 눈물 흘리시는 그분들이 엄마는 오히려 더 고맙더구나. 자매를 구해주신 하나님께 엄마는 얼마나 감사했는지 모른단다. 16년 전 그분들이 교회 근처로 이사 오셨을 때, 엄마가 그 자매와 남동생을 전도해서 유치부에 등록시키고 양육했단다. 주일마다 그 아이들의 집으로 가서 아이들이 옷을 입고 준비하는 동안 대문 밖에서 서성이며 기다리던 기억이 지금도 또렷하구나. 장례 둘째 날 그 자매의 아버지께서 "우리 애가 어렸을 적에 집으로 아이들 데리러 오시던 선생님이 맞으시죠?" 하고 물으시더구나.

아이들은 하나님의 은혜로 교회를 떠나지 않고 신앙 안에서 잘 자라주었고, 10년 전 어머니도 직분을 받으셨대. 가족 중에 아버지만 교회에 나가지 않으셨는데 이번 일을 계기로 하나님을 믿고 예배하기로 결심하셨단다. 참으로 감사하고 기쁜 일이 아닐 수 없구나.

이번 단기선교팀으로 같이 갔던 모든 지체들에게 하나님께서 아프지만 특별한 경험을 하게 하시고 앞으로의 삶의 걸음들 가운데 특별한 사명과 은혜를 부으실 것을 기대한단다. 사랑하는 선교사님과 가정 가운데 말레이시아를 향하신 하나님의 소원함을 이루어드리는 귀한 사명 잘 감당하시기를 기도하고 건강을 지켜주시기를 늘 기도한단다.

담임목사님의 각별한 사랑과 장로님, 권사님, 성도님들의 헌신과 위로, 중보기도에 정말 감사해. 하지만 아직도 많이 슬퍼하시는 할머니와 고모들, 친척들을 하나님께서 위로해 주시기를 기도하고 있어.

K교수님께서 주신 사랑과 위로 또한 얼마나 감사한지 몰라. 교수님께서 주신 책들을 통해 받은 은혜로 엄마는 큰 힘을 얻었어.

사랑하는 아들아! 천국에서 만나자. 주님과 말할 수 없는 행복한 시간을 보내고 있을 아들로 인해 오히려 기뻐하마. 엄마, 아빠, 누나가 잘 견딜 수 있도록 천국에서 기도해줘. 너무 많이 사랑한다.

순교의 씨앗이 된 아름다운 김성현을 추모하며

추모의 글 – 이건호 (연세대학교 학생, 故김성현 군 목자)

2008년 초에 내가 다니고 있는 서현교회에 갓 대학생이 된 새내기들이 대학부로 올라왔다. 그중에는 연세대학교에 입학한 아이가 한 명 있었다. 내 교회 후배이자 학교 후배가 된 그 아이에게 나는 내가 속해 있는 선교단체인 YWAM(예수전도단)을 소개해 주고 싶었다. 기독교 동아리에 관심이 있냐는 내 질문에 그 아이는 그렇다고 했다. 개강을 하자마자 나는 그 아이를 동아리로 데리고 갔다. 얼마 지나지 않아 양목결연식이 있었다. 그 아이는 내 양이 되었고 나는 그의 목자가 되었다. 하나님께서 만나게 해주신 그 아이가 바로 성현이다.

학교에서는 성현이를 볼 수 있는 시간이 많지 않아 우리는 주일에 교회에서

틈틈이 만나서 이야기를 나누었다. 그때 성현이는 매우 내성적이고 외로워 보였다. 생각보다 대학 생활에 많이 힘들어했다. 성현이와 더 깊이 교제하면서, 성현이가 선교에 뜻을 품고 있다는 것을 알게 되었다. 특별히 의료선교를 하고 싶어 의사가 되기 위한 발판으로 생명공학과를 선택하게 되었다고 했다.

나는 대학생활을 힘들어하던 성현이에게 UDTS 훈련을 소개해 주었다. 그런데 성현이는 바로 다음날 내게 훈련을 받겠다고 했다. 성현이는 제자훈련을 통해 하나님을 간절히 만나고 싶어 했다. 나는 목자로서 성현이가 참 기특했다.

2009년에 훈련을 마친 성현이는 주위 사람들을 놀라게 했다. 성현이의 친구들은 내성적이고 말수도 없던 녀석이 변했다며 모두 반가워했다. 성현이는 교회 활동에도 적극적으로 참여하고, 친구들을 신앙적으로 이끌어 주는 사람이 되었다.

나는 학교에서 성현이와 수업도 같이 듣고 성경공부도 함께 하며 많은 시간을 보냈다. 성현이는 매우 진지하고 솔직하게 신앙적인 고민들을 내게 털어놓고 나를 신뢰해 주었다. 성현이 같은 후배를 양으로 둔 나는 참 복 받은 목자였다. 성현이네 집과 내가 살고 있는 서현학사는 매우 가까워서 우리는 가끔 집 앞이나 동네 놀이터에서 새벽까지 이야기하기도 했다. 우리는 친형제나 다름없는 사이가 되었다.

성현이는 말씀 공부를 통해 힘을 얻고 길을 찾는 아이였다. 성현이는 항상 말씀을 붙잡고 살았다. 심지어 여름 수련회 기간 중에도 쉬는 시간에 혼자 성경책을 들고 조용한 장소로 가서 혼자 말씀을 읽곤 했다. 말씀을 사모하는 성현이의 모습을 보면서 목자인 내가 오히려 부끄러워졌다.

성현이는 육체를 치유하는 의사가 되고 싶어 했고, 동시에 영혼을 치유하는 목사가 되고 싶어 했다. 인생의 목적이 하나님께 있었고, 하나님께 쓰임받고 싶어 했던 성현이는 방학 때마다 선교를 다녀왔다. 2008년 겨울에는 태국으로 전도여행을 갔고, 2009년 여름에는 혼자서 아프리카에서 한 달간 봉사활동을 하고 돌아왔다. 그리고 2009년 겨울, 성현이를 비롯한 서현교회 청년들은 성현이의 마지막 선교지가 된 말레이시아로 단기선교를 떠났다.

누구보다 하나님을 사랑했던 故김성현

그곳에서 성현이는 정말 잘 적응하였다. 선교지에서 가장 적응하기 힘든 것 중 하나가 음식인데, 성현이는 말레이시아 음식이 자기 입맛에 맞는다며 매우 잘 먹었다. 또 씻는 것도, 화장실에서 볼일보는 것도, 계곡에서 빨래하는 것까지도 전혀 불편해하지 않았다. 성현이 자신도 "여기 나랑 진짜 잘 맞는 곳인 것 같아"라고 말했다. 또한 성현이는 우리 중 그 누구보다도 그곳 아이들과 쉽게 친해졌다. 꼬마아이들과 말조차 잘 통하지 않았지만, 성현이는 그들에게 눈높이를 맞추며 사랑으로 대화하면서 아이들을 잘 보살폈고 아이들도 성현이를 잘 따랐다.

말레이시아 땅에서의 성현이를 가장 잘 표현할 수 있는 말은 '예배자'였다. 성현이는 날마다 한순간도 쉬지 않고 하나님께 예배했다. 성현이가 자신이 좋아하는 젬베를 두들기며 찬양을 하면 나는 기타를 들고 성현이 옆으로 가서 함께 찬양했다. 하나님이 창조하신 아름다운 자연을 바라보며 예배하는 감격과 더불어 하나님에 대한 성현이의 사랑이 점점 더 커져가는 모습을 바라보는 것이 내게 큰 감동이었다. 언제 어디서나 기쁨으로 찬양하고 전심으로 하나님을 사랑하는 성현이의 모습은 '진실한 예배자, 목마른 예배자'였다.

사고 당일, 사고 상황에서 간신히 살아남아 성현이의 마지막 모습까지 본 나는 세상이 멈춘 것만 같았다. 성현이의 죽음을 받아들일 수 없었다. 하나님께 따지기도 하고, 애원도 했지만 그것은 냉정한 현실이었다. 터져 버린 슬픔에 나는 목놓아 울었다. 나는 혼자 살고 싶지 않았다. 오히려 살아 있다는 것이 무의미하게 느껴졌다. 생명이 붙어 있는 것 자체가 고통스러웠다. 목자가 양을 지켜주지도 못했다는 생각에 죄책감도 들었다. 사고가 나기 30분 전에 함께 사진도 찍었는데, 그 사진 속의 성현이가 너무 먼 곳으로 갔다는 것이 실감이 나지 않았다.

그날 저녁, 현지에 있는 헬렌교회 목사님과 성도님들이 오셔서 우리를 위해 기도해 주시고 위로의 말씀을 전해 주셨다. 나는 그때서야 깨닫게 되었다. 성현이의 죽음은 단순한 사고가 아니라 '순교'였음을……

한 줄기 빛이 내 영혼에 들어오는 것 같았다. 위로해 주시는 성령이었던 것같다. 천국에 있을 성현이와, 순교의 아름답고 영광스러운 통로로 성현이를 사용하신 하나님이 내 마음에 그려졌다. 방향 없이 괴롭기만 하던 내 비통함은 성현이를 향한 애틋한 그리움으로 바뀌었다. 왜냐하면 그 사건은 비극적인 사고가 아니라, 영광스러운 하나님의 계획의 일부였기에 그 계획에 쓰임받은 성현이는 천국에서 행복하게 지내고 있을 것이기 때문이었다. 성현이는 하나님께 아름답게 쓰임받으며 본향으로 조금 일찍 간 것이다. 이로써 내가 살아야 할 이유가 더욱 확실해졌다. 성현이가 뿌린 선교의 바통을 이어받아, 내 삶을 드려 하나님을 위해 살아야겠다는 마음이 들었다.

또한 내 마음 속에 더욱 확고해진 소망이 한 가지 더 있다. 바로 천국에 대한 소망이다. 성현이가 먼저 간 그 천국은, 이제 이 땅에서 내가 사랑하는 사람이 기다리고 있는 장소가 되었다.

이 사람들은 다 믿음을 따라 죽었으며 약속을 받지 못하였으되 그것들을 멀리서 보고 환영하며 또 땅에서는 외국인과 나그네로라 증거하였으니…… **히브리서 11:13**

이제야 '멀리서 보고 환영하며'라는 구절을 이해할 수 있게 되었다.

성현이의 죽음은 결코 헛되지 않았다. 벌써 우리 교회에는 성현이의 순교로 인한 열매들이 맺혀 가고 있다. 세상에서 방황하던 성현이의 친구들이 하나둘씩 주님께 돌아오고 있다. 역사적으로도 순교의 제물이 드려진 곳에는 반드시 예수님께서 십자가에서 흘리신 보혈이 흘러들어가고, 결국 그곳들은 모두 변했다. 성현이가 말레이시아 땅에 뿌린 선교의 씨앗은 말레이시아를 주님의 땅으로 변화시킬 것이다.

하나님의 계획에 참여하고 싶다. 하나님께서는 하나님의 사람을 통해 일하신다. 성현이가 뿌린 순교의 씨앗이 아름다운 꽃을 피우고 풍성한 열매를 맺는 나무로 자랄 수 있도록 나는 평생 물을 주고 가꾸는 일에 동참할 것이다.

예수청년 김성현 군의 기도

故김성현

2008년 11월 7일 (금요일)

내가 무엇을 두려워하리오.

하나님이 나와 함께 하시는데 내가 무엇을 두려워하리오.

다만 내가 해야 할 것은, 하나님의 말씀을 지켜 행하는 것이다.

그것 외에는 없다.

아버지, 오늘은 기분이 이상한 하루였어요.

오늘 저의 하루를 지배한 두 가지는 열정과 용서입니다.

먼저, 마음에 열정이 생기고 있어요. 제 삶을 좌우할 그런 열정. 고등학교 시절 마음에 품었던 바로 그 열정이 회복되고 있음을 느끼고 있어요. 다만 혹시라도 그 열정의 목적이 하나님이 아니라 제 자신이 될 까봐 걱정이에요. 저의 가장 연약한 부분이죠.

또 하나는 용서입니다.

음, 많이 답답하네요. 정말 답답해요. 무엇이 옳은 방법일까요.

주님의 지혜가 절실히 필요합니다.

2008년 11월 9일 (주일)

내 안에 있는 자만과 욕심을 내려놓자.

속이 꽉 찬 사람이 되고 싶다.

열정적인 삶을 살고 싶다.

흔들리는 믿음을 버리자.

하나님, 저를 단련시켜 주세요. 열정 가득한 사람이 되고 싶습니다. 지금의 저는 부족하기 짝이 없습니다. 하지만 하나님이 다루실 때, 제가 바로 설 수 있음을 믿습니다.

사람을 살리는 사람이 되고 싶습니다. 이 두 손에 하나님의 능력을 부어 주세요.

흔들리지 않겠습니다.

2008년 11월 10일 (월요일)

하나님, 저를 레위 지파로 삼아 주세요. 저에게 땅이 없어도 집이 없어도 상관없습니다. 저는 돈을 추구하지 않겠다고 하나님과 언약했죠. 아버지 하나님을 본받는 자로 살게 하소서. 감사합니다.

2008년 11월 11일 (화요일)

No Pain, No Gain. 나는 무엇을 참고 견디고 있는가?

그냥 졸리면 자고 힘들고 귀찮으면 나가서 기타 치고……. 도대체 이런 내가 무엇을 얻겠다는 것일까? 지금부터 나는 참을 것이다. 참아라. 그러면 너는 성장할 것이다.

축복과 저주, 하나님은 나에게 결정하라고 하신다.

'너는 축복의 산에 서겠느냐, 아니면 저주의 산에 서겠느냐?'

'나는 축복의 산 위에 서 있겠습니다.'

'그럼 나의 계명을 지켜 행하라.'

나는 말씀을 지켜 행할 것이다.

2008년 11월 12일 (수요일)

하나님께서 당신의 명령을 지켜 행하라고 말씀하신다.

"네가 지금도 말씀 안에서 바로 서지 못하는데 네 바람이 이루어진 후에는 오죽하겠니?" 맞다. 나의 믿음은 너무 작다. 하나님에 대한 나의 사랑도 너무 작다. 그래서 나는 매일 하나님을 배신하는 죄인이다.

하나님, 나를 도와주세요. 굳게 서서 흔들리고 싶지 않습니다.

2008년 11월 14일 (금요일)

하나님, 죄송해요. 나는 믿음이 없어요. 오늘 반수에 성공한 친구들을 봤어요. 의대에 갈 수 있는 점수를 받았대요. 내 마음속에 부러운 마음과 시기하는 마음이 일어났어요. 저는 아무것도 할 수 없었어요. 겉으로는 웃으며 축하했지만 마음속에선 실망감과 시기심이 들었죠. 제 자신이 싫어지더군요.

너는 뭐냐? 성현아, 너는 뭐니?
너는 다른 사람들한테 어떤 존재니?
너는 정말 하나님을 믿니?

하나님, 제 마음이 정리가 되지 않네요. 공부를 더 잘하고 싶어요. 보란 듯이 좋은 의대에 가고 싶어요. 리더십도 있었으면 좋겠고, 인기도 많았으면 좋겠고, 성격도 더 좋아졌으면 좋겠어요.
뭐가 이렇게 바라는 것이 많은지 모르겠어요.

하나님, 힘이 없네요. 친구들이 마냥 부럽기만 하고 나 자신을 보면 한숨만 나네요. 하나님, 자유롭게 해주세요. 하나님을 의지해요. 더 잘되고 싶어요!

2008년 11월 17일 (월요일)

너는 마땅히 공의만 좇으라 그리하면 네가 살겠고 네 하나님 여호와께서 네게 주시는 땅을 얻으리라 **신명기 16장 20절**

나는 공의를 좇는 사람이 될 것이다. 하나님께 최선을 다하여 보답할 것이다. 하나님, 더 성장하고 싶어요.

2008년 1월 18일 (화요일)

하나님, 해야 할 건 정말 많은데 해놓은 게 없어요. 마음이 너무 조급해요.

하나님, 저는 왜 이렇게 게으를까요? 할 일이 이렇게 많은데, 할 수 있는데, 왜 이러고 있나요? 제 자신이 너무 한심하고 실망스럽습니다.

왜 나는 이 정도밖에 안 될까 하는 생각이 들어요. 제 자신에게 화가 납니다.

2008년 11월 19일 (수요일)

성실히 그리고 열심히 행하는 것, 그것이 하나님이 원하시는 것이다. 하나님은 성실한 자를 사용하시고 자기 일에 무책임한 자는 사용하지 않으신다. 물론, 가장 먼저 하나님을 경외한다는 조건에서다. 나는 오늘부터 다시 시작한다.

하나님, 힘을 주세요.

휴, 오늘은 정말로 힘든 하루였습니다. 스무 살의 열정과 꿈으로 매일매일 가슴 벅찬 삶을 살아도 부족한데, 뭐가 그렇게 힘들고 두려운지 모르겠습니다. 나 자신을 바라볼 때 느껴지는 그 초라함과 치사하고 책임감 없는 내 모습이 부끄럽네요. 나 자신을 바꾸고 싶어요.

2008년 11월 20일 (목요일)

네가 나가 대적과 싸우려할 때에 말과 병거와 민중이 너보다 많음을 볼지라도 그들을 두려워 말라 애굽 땅에서 너를 인도하여 내신 네 하나님 여호와께서 너와 함께 하시느니라

신명기 20장 1절

이 말씀, 생각만 해도 마음이 든든한 말씀이다. 하나님께 납작 엎드리는 수밖에 없다. 성현아, 너는 그들보다 시간도 지혜도 지식도 없다.

2008년 11월 24일 (월요일)

하나님, 약속을 지키는 자가 되겠습니다.

책임감 있고 부지런한 사람이 되겠습니다. 매일 하나님과 하루를 시작하며 성령 충만한 사람이 되겠습니다. 내 안에 열정을 주시옵소서. 뭐든지 열심히!

2008년 11월 26일 (수요일)

마음이 많이 답답해요. 그냥 자고 싶어요. 내 안에서 자꾸 생겨나는 그 마음이 싫어요. 시기하는 마음, 음란한 생각, 게으름……. 나는 왜 이럴까요. 하나님, 다시 시작하겠습니다.

나를 새롭게 해주세요. 나의 이 연약함이 너무 싫어요.

2008년 11월 27일 (목요일)

생각나는 말씀이 없다.

마음이 찔립니다. 제가 하나님과의 약속을 잘 지키지 못하고 있다는 것이 저를 실망하게 합니다.

아버지, 존스홉킨스에 가고 싶어요. 지금 세 가지 길을 놓고 고민 중 입니다. 편입, 대학원, 유학. 어느 길로 갈까요? 도와주세요.

2008년 11월 28일 (금요일)

쉽다. 하나님의 말씀을 읽으며 인내하면 된다. 하나님께 복을 받는 방법도 쉽다. 주야로 그 말씀을 묵상하며 지켜 행하면 된다. 여호수아는 하나님의 의견을 구하지 않는 실수를 했다. 나는 그런 실수를 하고 싶지 않다. 나는 좌우로 치우치지 않고 하나님을 따르는 자가 될 것이다. 내가 무얼 하는가는 그리 중요한 것이 아니다. 나에게 있어서 중요한 것은 내가 하나님을 따르는 삶을 살고 있는가다. 나는 하나님을 따라 살겠다. 내 마음을 정했다.

2008년 12월 1일 (월요일)

어떤 말을 해야 할까요.

저는 아무것도 변하지 않았어요. 주님, 저는 또 주님께 투정을 부리고 요구하려 하네요. 제가 하나님의 친구가 되려면 아직 한참 멀었어요. 저는 주님을 이것밖에 사랑하지 않는데 어떻게 감히 주님의 친구가 되나요. 죄송해요. 하나님, 도와주세요. 도와주세요.

2008년 12월 2일 (화요일)

나의 믿음이 적습니다. 약속을 어겼습니다. 하나님께서 분명히 나에게 말씀하신 것을 내가 지키지 않았습니다. 그렇습니다. 주님, 제가 이렇게 부족합니다. 저는 한결같지 못한 사람입니다. 약속을 지키지 않았습니다. 아버지, 저 변화하고 싶어요. 무엇보다 저에게 가장 큰 소원은 주님의 성령을 체험하는 것입니다.

2008년 12월 8일 (월요일)

내 안에 굉장히 악한 마음이 존재한다는 사실을 다시 한 번 깨달았다.

성원이가 의대에 가고자 한다는 것을 알았을 때 내 안에 분노가 생겼다. 나의 교만과 더러움의 바닥을 본 것이다. 나는 전혀 훈련되어 있지 않다. 분주한 마음에 하나님의 말씀도 읽지 않고 있다가 이제야 읽고 있다. 나는 바닥인 것이다. 이제 나는 다시 일어서려 한다. 하나님께 순종. 그것밖에 없다. 그분은 나보다 훨씬 더 나를 잘 아신다. 그래서 나는 머시 십을 내려놓았다. 나는 공부만 할 것이다. 나머지는 하나님이 알아서 주신다고 하셨다.

2008년 12월 13일 (토요일)

염치없이 성경을 다시 읽고 기도했다. 내 모습에 다시 한 번 실망했다. 말뿐인 사람, 오래가지 못하는 사람, 진실되지 못한 사람, 이기적인 사람이다. 그저 하나님의 말씀을 묵상하고 싶어서가 아니라 나에게 무언가 해주실 하나님을 기대하며 성경을 읽었다. 나는 이렇게 염치없는 사람이다. 나는 열정도 없는 가벼운 사람이다. 나는 바뀌고 싶다. 나에게 실망스럽다.

내 자신에게 참 실망스럽다. 말씀을 묵상하자. 그리고 이제는 죄를 떠나자. 절대로 늦지 않았다. 지금 이 순간부터 나는 나 자신을 다시 훈련할 것이다. 어떻게 하면 되는지 그것은 내가 더 잘 알고 있다. 이미 알고 있다. 그럼, 그대로 하자.

하나님, 저 서울의대에 가고 싶어요.
제가 드린 약속, 그것을 기억해 주세요.

1. 돈을 추구하지 않겠습니다.
2. 의술을 선교를 위해 사용하겠습니다.
3. 서울의대를 기도로 변화시키겠습니다.

이 세 가지 약속을 붙들고 다시금 기도하려고 합니다. 하나님, 저에게는 아무것도 없습니다. 능력도 없어요. 정말 막막해요. 주님, 주님의 아들을 도와주세요.

능력도 안 되는 놈이 오후 3시가 돼서야 잠을 깨고 그것도 모자라 텔레비전 보다가 저녁 7시가 되어서야 공부를 시작하다니……. 내가 봐도 참 어이가 없다.

뭘 어쩌려고 그래? 기도도 안하고 공부도 안 하면서 너는 뭘 바랄 자격이 있냐?

바라지도, 기대하지도 말아라. 기도한 만큼, 노력한 만큼 기대해라.

그렇지 않고 얻은 것은 분명히 사라진다.

2008년 12월 27일 (토요일)

40일의 기간 내가 바로 붙잡아야 할 진리.

"하나님이 나의 죄를 위하여 십자가에 달려 죽으심"

40일 동안 나는 하나님께만 집중하고 싶다. 하지만 내 머리는 하나님께 관심이 없다.

나는 정말 부족하고 연약하다.

내 꿈, 내 욕심, 내 것 외에는 아무것도 관심이 없는 나를 볼 때 참 악하다는 생각이 든다. 이기적인 내 자신을 보며 나는 기도한다.

2008년 12월 30일 (화요일)

의료 선교사에게 가장 중요한 것은 십자가다. 예수님께서 십자가에 달려 돌아가시고 죽은 자 가운데서 살아나신 그 진리를 깨닫는 것과, 매일 그 사랑을 생각하는 것이 나에게 가장 중요한, 가장 필요한 것이다.

하나님과의 약속, 그것만큼 중요한 것이 있을까?

나는 내 마음대로 쉽게 그 약속을 바꾼다. 하나님이 두렵지 않은 모양이다.

하나님, 어떻게 해야 할까요. 하나님의 음성을 구합니다.

2009년 1월 4일 (주일)

태국 교회에 갔다. 그들과 예배를 함께 드릴 때 내 마음은 차가웠다. 어려움을 감수하며 예배드리는 그들을 보면서 나에게 하나님은 아무런 말씀도 하지 않으셨다. 심지어 나는 성경을 읽다가 졸았다. 전적으로 이기적인 내 자신을 보았다. 내 자신만을 위하는 모습. 선교사님께서 우리가 선교하러 온 것은 전적으로 태국의 영혼들을 위한 것이라 하셨을 때 내 마음이 무척 찔렸다. 나는 태국의 영혼들이 아닌 나의 성장, 나의 성숙이 우선이었구나. 내 마음은 왜 이리 좁을까? 의료 선교사. 이 좁은 마음으로 어떻게 평생 사람들을 섬기며 선교사의 길을 걸을 수 있을 것인가?

2009년 1월 5일 (화요일)

그리스도인의 삶은 간단하다.
하나님께 순종하면 된다. 나는 어떤 사람일까? 진짜 내 모습은 무엇이며, 나는 무엇을 얼마나 감추고 있는 것일까? 어릴 적부터 나를 감추는 것이 습관이 되었다. 이제는 그것이 편하다. 나는 항상 완벽하고 싶다. 그런 척 하는 것이 편하다. 하지만 솔직히 지치고 외롭다. 많이 지친다. 항상 외롭고 불안하다. 들키는 것이 두렵다. 나의 썩어 버린 근본을 고치고 싶다. 들키는 것이 많이 두렵다. 이것을 하나님께 들고 나갈 생각이다. 하나님은 뭐라고 말씀하실까?

2009년 1월 6일 (수요일)

오늘은 동북부 대학에 가서 전도를 했어요.
내 안에 그들을 품는 마음이 조금만 더 생겼으면.

2009년 1월 8일 (금요일)

사람과의 관계는 그 사람과 함께 있었던 시간에 전적으로 비례한다. 함께 시간을 보내 주는 것보다 좋은 것은 없다. 내가 어떤 사람인가 그것은 상관없다. 가장 중요한 것은 함께한 시간이다. 이제 나는 물러서지 않을 것이다. 나의 부족한 점을 들킬까 봐 나의 연약함이 보일까 봐 물러서거나 도망가지 않겠다. 나는 함께 있어 주는 사람이 될 것이다. 그것뿐이다.

전도여행이 얼마 남지 않았다.
2주 정도 남은 것 같다. 나는 지금까지 무엇을 배운 것일까? 시간을 허비한 것은 아닐까? 여러 가지 생각이 든다. 하나님은 나의 죄를 사하여 주시기 위해 독생자 예수 그리스도를 보내셨고, 예수님이 나를 대신하여 십자가에 달려 돌아가셨다. 이 진리, 이 복음을 내 마음에 새겨갈 수만 있다면…….

나는 어떤 여자를 만날까? 벌써부터 마음이 설렌다.
나의 모든 시간을 함께할 나의 짝, 친구, 동역자가 누구일지 궁금하다. 다만 바람이 있다면 빨리 만나고 싶다. 더 많은 시간을 함께하고 싶다. 더 많은 이야기를 나누고 함께 고민하고 울고 웃고 싶다. 외롭지 않게 함께하고 싶다. 하나님으로부터 끊임없이 공급되는 사랑을 서로 나누며 살고 싶다. 편지 써야지.

의료 선교사를 꿈꾸던 성현이는 결국 선교지에서 세상을 떠났습니다.

To. My Patima (나의 짝에게)

저는 죽어 가는 사람을 살리는 의료 선교사 김성현입니다.

나와 함께 살아 줄 자매님, 곧 가겠습니다. 기다려 주세요.

지금 저는 태국 콘켄 YM센터 2층 방에 누워 있습니다. '거위의 꿈'이라는 노래를 들으면서 일기라고 할 수도 없고 편지라고 할 수도 없는 걸 끄적거리고 있어요. 하하하. 보고 싶네요. 우리 빨리 만납시다! 지금 만나러 갑니다.

P.S. 언젠가 더 긴 편지를 써줄게요.

From. Luke

To. My Patima (참, Patima는 제가 감명 깊게 읽은 '연금술사'라는 책에 나오는 자매의 이름이에요.)

제가 저번에 더 긴 편지를 쓰겠다고 했죠? 지금 쓸게요!

제 이름은 김성현이에요. 이룰 성(成) 빛 현(炫). '빛을 이룬다'는 뜻으로 우리 할아버지께서 지어 주셨어요. 저는 제 이름처럼 세상의 빛이 되고 싶어요. 어둠을 밝히는 빛, 마치 하나님 같이요. 제 꿈은 의료 선교사예요.

하나님을 알지 못하고 죽어 가는 것, 그것보다 불행한 일이 있을까요? 저는 그들을 돕고 싶어요. 그들의 상처를 치료해 줄 거예요. 동시에 그들에게 복음을 전하는 사람이 될 거예요. 가슴이 설레네요. 만일 당신과 내가 가정을 이룬다면 우리 가정은 '죽어 가는 사람을 살리는 가정'이 되었으면 좋겠어요. 하나님 안에서 하나의 비전을 가지고 나아가는 가정, 그런 믿음의 가정을 만들 거예요. 당신과 함께요.

약속 하나 할게요. 우리가 결혼을 한다면 결혼한 후 최소 6개월에서 1년 정도는 일을 하지 않고 (휴학을 하거나 일을 잠시 쉬고) 당신과 함께 시간을 보낼게요. 그 기간은 전적으로 우리 가정과 우리의 미래, 그리고 사랑하는 우리 자녀에 대해 하나님께 묻고 기도하며 계획하는 시간으로 사용하고 싶어요. 약속할게요. 그것보다 중요한 것이 있을까요? 아참! 그리고 저와 결혼하면 그렇게 부유하게 살지는 못할 거예요. 왜냐하면 저는 의사가 아니라 의료 선교사가 될 예정이거든요. 저는 하나님과 약속을 했어요. 하나님이 저를 의료 선교사로 사용하여 주신다면 첫째, 돈을 추구하지 않을 것이고, 둘째, 선교를 위해 의술을 사용할 것이라고요. 그래서 아마 저는 부유하지 못할 거예요. 그러나 당신께 확실하게 약속할 수 있는 것은 하나님으로부터 공급되는 끊이지 않는 그 사랑으로 당신을 사랑하겠다는 것이에요. 절대 끊이지 않는 그 사랑으로 당신을 사랑할게요. 당신을 행복하게 해줄게요. 약속해요.

음, 졸리네요. 저 잘게요. 보고 싶어요. 어디 있는지는 모르지만 잘 자요!
P.S. 저는 김누가입니다.
From. Luke

"성현아, 먹든지 마시든지 무엇을 하던지 하나님을 위해서 해라."

오늘 하나님께서 나에게 주신 말씀이다. 그리고 오늘 내 마음을 가장 찔리게 한 말씀이다. 나는 나를 위해서 산다. 하나님을 위해서 살지 않는다. 하지만 하나님과 성경은 그것이 옳지 못하다고 말한다. 하나님은 내가 하나님을 위해 살아야 한다고 말씀하신다. 오늘 나는 기분이 좋지 않았다. 우리 팀이 준비한 SUM(워십댄스–편집자 주)을 하지 못했기 때문이다. 하지만 사실은 SUM을 하지 못한 것보다 내가 드러나지 않은 것이 더 기분 나빴던 것이다. 쉽게 말해, 나는 하나님을 위해서가 아니라 나를 위해 SUM을 준비했던 것이다. 그러니 당연히 하나님이 막으실 수밖에. 그건 당연하다. 그리고 캠프가 진행되는 동안 내가 집중한 것은 하나님이 아니었다. 사람들이 하나님을 만나는 것에는 관심 없었다. 오직 나에게만 관심이 있었던 것이다. 하지만 하나님은 지금도 나에게 말씀하신다. "성현아, 먹든지 마시든지 무엇을 하든지 하나님을 위해서 해라."

나는 지금 내 마음을 정하였다. 나의 모든 것 나의 관심, 생각, 그리고 모든 행동은 지금부터 하나님을 위한 것이다. 쉽지는 않을 것이다. 내가 워낙 이기적인 사람이기 때문에. 그러나 나는 결정했고 그렇게 살 것이다. "먹든지 마시든지 무엇을 하든지 하나님을 위해서 살 것이다." 나는 지금 이 순간 내 마음을 결정했다. 앞으로 나는 어떤 삶을 살게 될까? 마음이 설렌다.

To. Patima – 3rd letter
아마 이미 우리는 만났고 서로를 알고 있을 수도 있겠죠? 내가 어제 예언기도

(by P. Yod)를 들었는데 당신이 제 주변에 있다고 하더라고요. 누구일지 궁금하네요. 전에도 말했죠? 저는 의료 선교사가 될 거예요. 대학병원을 변화시키고 싶어요. 우리나라 최고의 병원인 서울대학교 의과대학에 갈 거예요. 그리고 그 병원이 바뀐다는 것은 우리나라의 모든 병원이 바뀐다는 뜻이죠. 내가 너무 앞서나간 것일 수 있어요. 꿈만 크고 쥐뿔도 없는 사람으로 보일 수 있겠네요.

2009년 3월 2일

개강이다. 새로운 생활이 시작되었다. 공부, YM, 교회, 사람. 무엇 하나 놓치고 싶지 않다. 나는 사람의 판단을 두려워하지 않겠다. 단 하나님 한 분만 두려워하겠다.

나는 게을러지지 않겠다. 아침에 하나님을 묵상함으로 시작할 것이다.

새로운 일상이 내 앞에 있다. 흔들리지 말고 나아가자. 성장하자.

No Pain, No Gain! Just Follow The Lord.

2009년 7월

I'm in Benin in Africa!

드디어 꿈에 그리던 머시 십에 승선한 나. 하지만 너무 힘들다. 아직 4주 정도 남았는데 나는 도망갈 궁리만 하고 있다. 하나님께 염치가 없어서 기도도 못하겠다. 얼마나 염치가 없는지……. 그래도 내가 들이댈 분은 주님뿐. 그래도 나는 아버지가 계셔서 감사하다. 다시 기도와 말씀의 삶을 시작하자. 하나님과 동행하자.

의료 선교를 하겠다고 자신만만하게 말하던 나는 어디 있지? 나는 지금 여기서 뭘 하고 있지? 솔직히 여기에 오면 하나님의 마음이 내게 저절로 생길 줄 알았다. 내 마음에 열정이 불타오를 줄 알았다. 하나님이 막으실 때마다 그럴 리가 없다고 스스로 생각했다. 너무 일찍 온 것 같다. 아니, 나는 준비가 되어 있지 않았다. 내가 남을 돕겠다는 것은 다 거짓말이었다. 나는 단지 막연한 성취감이 좋았던 것이다. 성취감을 느낄 수 없는 이곳에서, 열악한 환경에서, 나는 내 바닥을 본다. 엄청 창피하다.

현재를 즐겨라. 지금 이 순간을 즐겨라. 과거에 매이지 말고, 그렇다고 미래만을 꿈꾸지 말고, 지금 이 순간을 즐겨라. 현재에 집중하고, 최선을 다하자. 다시는 바보같이 시간 낭비하지 않을 것이다. 절대로!

12시간이나 일하다니! 많이 힘들다. 역시 공부가 가장 쉽구나.

사람은 체력의 한계에 도달했을 때 그 본성이 드러난다. 나의 더러운 본성이 드러났다. 계속 투덜거리고 귀찮아하고……. 앞으로는 체력이 한계에 도달하는 그 순간 한 번 더 웃는 사람이 되자.

하나님을 기다리는 시간이 저에게는 너무 초조해요. 하나님을 알고 싶어요.

더 많이 알고 느끼고 싶어요. 늘 하나님과 동행하고 싶어요. 주님, 주님은 어디 계신가요?

A Testimony of a Student during a Mission Trip 2010

Dr. Jung Joo, Kim

Dear friends:

Please allow me to share with you the most moving story I have witnessed in early January, 2010.

On January 2, it was in the news that a Christian male student of Yonsei University, Sung Hyun, was drowned to death during his short term mission trip in Malaysia.

Having found out that he took my class in the fall of 2008, I visited the funeral home to express my sorrow to his family. I was deeply touched by his mother, who was so composedly saying to me, "I thank the Lord. I thank the Lord." I could not believe she could be so peaceful about her only son's sudden death. She visited me several days after the funeral and shared with me her testimony about how her son, Sung Hyun Kim, died in more details.

He was visiting Evan tribe in the deep jungle in Malaysia with his youth pastor, who has just started his mission work there, along with other college students of Seohyun Presbyterian Church youth group. On the day to leave back for Korea, the team had a half day free time at the seashore. Three boys and three girls of the team were strolling along the seashore. Not aware of the tidal time, a big sea tidal wave higher than their heights suddenly took over, sweeping away the girls to the sea, almost to be drowned. At that emergent moment, Sung Hyun, with another pastor's son, ran for rescue. At the very moment they pushed the girls to the safer side of the seashore alive, a bigger tidal wave took the boys away. When the police rescuers arrived and dived in the waters, they found the two boys under the sea, already dead.

Sung Hyun's mother, Mrs. Eun Hee Noh, was an elder of the church who has served as a Sunday School teacher for twenty years. Other members of the church spoke highly of her for her humility and genuine love of the Lord. She shared with peace beyond understanding, about the very girl, Kwi Hyang, whom her son had saved. Twenty years ago, as a Sunday School teacher for the preschoolers at Seohyun Presbyterian Church, she visited the girl's family, who had just moved in near the church, to witness Christ and got permission to bring the five-year old Kwi Hyang to church for the first time. Ten years later, the Kwi Hyang's mother became a deacon of the church, and her younger brother, also began faithfully attending church.

When Mrs. Noh heard that her son had died while saving Kwi Hyang, she knew it was the Lord's work. Unspeakable peace and thanksgiving filled her heart, she said, though she and her husband, who is still a young Christian, wept a lot at the loss of their only son. In the meantime, Kwi Hyang and her parents kept crying with sorrow for the death of Sung Hyun at the funeral as well as at the dawn prayer meetings at church. They kept asking Mrs. Noh what they should do. So she told them if Kwi Hyang's father would believe in Jesus Christ, there would be nothing else that would make Sung Hyun happier in heaven. Upon hearing this, Kwi Hyang's father said that he would sincerely believe in Jesus Christ as the Lord of his life. The whole family has finally been saved!

Mrs. Noh said that her son, Sung Hyun, attended church very earnestly not only on Sundays, but also at Wednesday services, Friday all night vigils, as well as the early morning prayer meetings everyday, praying for the Lord's grace to help him dedicate his whole life to the Lord's service. As an outstanding student, he also planned to go to Yonsei Medical School to become a medical missionary. Mrs. Noh, still in tears, said that by dying to save his friend, he seemed to have accomplished his aim of becoming a medical missionary. Her son's way of dying, while saving his friend, reminded me of John 15:13, "There is no greater love than this that a person lay down his life for his friend."

I saw this Bible passage inscribed at the tombstone of Dawson Trotman, the founder of the Navigators Mission, who was doomed to death after saving a girl drowned in a lake during a youth retreat, just before the opening ceremony of the Navigators Mission's headquarter in Colorado Springs, U.S.A.. Similarly, Dr. Henry Appenzeller, the first Methodist missionary to Korea, was doomed to death on his way to a meeting for Bible translation not long after he started his missionary work Korea, after saving a girl nearby, who fell from a boat into the sea.

Mrs. Noh's only son, Sung Hyun's death from saving his friend,

Kwi Hyang, who was led to Christ through Mrs. Noh's witness, and physically saved by her son Sung Hyun makes me think more deeply about God's great love, who did not spare His only Son to save us from our sins (John 3:16). Sung Hyun's death also reminds me of another young pastor named Joseph Henry Davies who came to Korea in 1889 with his sister Mary as the first missionaries from Australia. His friends in Melbourne were not willing to support them because Korea then was not a safe place to go due to its political instability. After he arrived in Seoul, he traveled down south to Busan for his missionary work there. By the time he arrived at the outside of Busan after three months travel on a donkey, he died of pneumonia on the 5th of April in 1890, leaving his travel diary behind. When Mary sent home the news that Rev. Davis has died right just before he reached his destination city of Busan, tens of his friends immediately came out to Busan. This eventually led to the formation of the Australian Presbyterian Missionary Society through hundreds of Australian Christians, and this organization has faithfully served for the last 120 years ever since. The Australian Presbyterian Missionary Society planted many churches and hospitals, as well as mission schools.

Besides this breakthrough, there arose a strong body of Christians in the southern part of Korea. The most well-known Christian leaders, who were trained from the Australian Presbyterian Mission, are the two famous martyrs, Rev. Ki Cheul Chu and Rev. Yang Won Son, who both stood firm in their faith (Rev. 2:10) and fought so bravely to the end of their lives in the prison against Shinto Shrine Worship and communism.

May the life and death of Sung Hyun Kim, like a mustard seed (John 12:24), bring forth hundreds of new workers among young Korean Christians, especially from Yonsei University, for the mission work of our Lord Jesus Christ. May He bless us through the testimonies of Sung Hyun and his mother to strengthen us all to love our Lord more and dedicate our lives wholeheartedly to His service in the New Year 2010 and in the years to come until we stand in the very presence of our Lord and Savior.

불꽃같이 살다간
불꽃청년 정요한

故정요한 지상에서 쓴 마지막 시

2010년 1월 1일 밤 말레이시아에서

한 마리 새가 날아와 나뭇가지에 앉았습니다.
저 나뭇가지가 흔들리는 이유는
나뭇가지에 새가 날아와 앉았기 때문입니다.

새가 앉은 나뭇가지에서 나뭇잎 하나가 떨어집니다.
저 나뭇잎이 흔들리는 까닭은

나뭇잎이 물 위에 내려앉았기 때문입니다.

흔들린 나뭇잎이 물 위에 내려앉았습니다.
고요하던 물이 흔들리는 까닭은
물 위에 나뭇잎이 와 닿았기 때문입니다.

그 속에서 여러분을 보며
제 마음이 흔들렸습니다.
그것은 여러분이 제 마음에 와 닿았기 때문입니다.

처음에는 걱정이 됐습니다.
여러분이 감당하기에는 육체적으로나 환경적으로
이번 사역이 무척이나 힘들 것 같았기 때문입니다.

허나 시간이 지날수록
내가 짐이라고 느껴질 만큼 열심인
여러분의 모습을 보며 감사의 기도를 드렸습니다.

진흙길을 걸어가느라
엉망이 된 여러분들의 다리와
그 시간 동안 까맣게 타버린 여러분의 피부와

염색하느라 엉망이 되어 버린 여러분의 손과
땀으로 범벅이 된 여러분의 모습이

솔로몬의 꽃보다, 들에 핀 백합화보다 아름답습니다.

누군가를 향한 마음은
시간에 비례하지 않는다는 것을
알게 해주신 여러분께 감사드립니다.

스스로를 책임질 수 없는 우리이고
우리가 생각하는 다음이란 시간은
없는 것일지도 모른다고 생각했기에

저는 지금 이 말을 꼭 전하고 싶습니다.
여러분, 수고하셨습니다.
그리고…… 사랑합니다.

5209

추모의 글 - 정계규 (故정요한 군 아버지, 사천교회 담임목사), 2010년 1월 10일 주일 설교

내 계명은 곧 내가 너희를 사랑한 것 같이 너희도 서로 사랑하라 하는 이것이니라 사
람이 친구를 위하여 자기 목숨을 버리면 이에서 더 큰 사랑이 없나니 너희가 나의 명하
는대로 행하면 곧 나의 친구라 **요한복음 15:12~14**

마치 꿈을 꾸는 것 같은 일주일을 보냈습니다. 물론 지금도 여전히 그렇습니다. '꿈이겠지'라고 생각하면서, 자꾸만 몸을 꼬집어보는데 이상하게 아픕니다. 절대로 현실이 아니니까, 꿈이니까 아프지 않아야 되는데……. 왜 아픈지, 도무지 알수가 없습니다. 아직도 어리둥절합니다. 하나님께서 하신 일을 알 수 없습니다.

감히 불평하거나 원망하는 것은 아니지만, 솔직히 말해서 무슨 영문인지 이해되지 않는 것은 사실입니다. 누구보다 건강했고, 누구보다 믿음이 좋은 아들이었습니다. 하나님을 위해서 모든 은사와 재능을 마음껏 사용하다가, 인생의 마지막에는 선교지에서 삶을 마치겠다고 말해 왔는데, 그런 날이 너무 빨리 가슴 아픈 현실로 닥쳤습니다.

어떤 사람은 말합니다. "너무 귀한 사람이기에 천국에서 쓰시려고, 하나님이 일찍 데려가셨다." 그러나 솔직히 저는 잘 모르겠습니다. 천국에는 천사들이 많지 않습니까? 하나님께서 말씀만 하시면, 천국에는 천군천사들이 당장 순종합니다. 또한 천국에는 우리보다 앞서간 성도들이 얼마나 많습니까? 얼마나 귀하고 충성된 성도들이 많습니까?

그런데 하나님께서 저의 아들을 불과 25살의 나이에 하늘로 데려가셨습니다. 천국에서 쓰시려고 이렇게 빨리 데려가시려면, 왜 그리 좋은 성품과 재능을 주셨을까요? 왜 남다른 믿음과 탁월한 영성을 주셨을까요? 왜 절대적으로 하나님의 뜻에 순종하는 삶의 자세를 주셨을까요? 하나님을 기쁘시게 하는 것이 최우선이었던 아들입니다. 어차피 세상에서 일찍 데려가실 계획이라면, 그 모든 것을 주신 이유가 무엇이었을까요? 남자 나이 25살이면, 이제 시작 아닙니까? 이제부터 제대로 일을 할 수 있지 않겠습니까?

아무리 생각해도, 이 못난 애비 목사는 하나님의 깊은 뜻을 측량할 수 없습니다. 다만 억지로라도 하나님께 감사를 드릴 뿐이고, 성령의 위로를 기다릴 뿐입니다.

물론 장로님들을 비롯하여 성도 여러분의 도움과 위로가 큰 힘이 되는 것도 사실입니다. 이 자리에서 거듭 감사의 말씀을 드립니다. 여러분, 정말 고맙습니다. 앞으로 인생의 남은 시간을 살면서, 이번에 성도 여러분이 보여 주신 따뜻한 위로와 도움을 절대로 잊지 않고 하나씩 하나씩 갚아 나가겠습니다. 전국 각처와 저 멀리 외국에서 저를 위로해 주시기 위해서 많은 분들이 전화나 메일을 주십니다. 오늘 이 설교도 보고 듣게 될 것입니다. 여러분, 정말 고맙습니다.

어제 토요일 오후에 주보를 편집하던 부목사님이 인터폰을 했습니다. "목사님, 설교 제목이 이게 맞습니까?" 아마 성도 여러분들도 그런 생각이 들었을 것입니다. 무슨 암호 같기도 하고, 아무리 생각해도 성경에는 그런 숫자가 나오지 않는데 이상하다고 생각한 사람들이 많을 것입니다. 그러나 결코 암호가 아닙니다.

5209라는 숫자는 이번에 갑작스럽게 세상을 떠난 제 아들 요한이의 통장에 찍힌 숫자입니다. 은행 업무가 12월 24일부터 27일까지 중단되기 전에 찍힌 숫자입니다. 2009년 12월 24일에 요한이의 통장에는 달랑 5,209원만 남았습니다. 누가 훔쳐가거나, 빼앗아간 것이 아닙니다. 자기 스스로가 그렇게 만들었습니다. 말레이시아의 보르네오 밀림에 있는 원주민 마을로 떠나기 전에 요한이는 자기 통장에 있는 돈을 모두 이체했습니다. 그래서 5,209원만 남았습니다.

단기 선교를 명목으로 처음 외국에 간다는 들뜬 기분이 아니었습니다. 요한이는 평소에 늘 그래 왔던 것처럼, 자신이 해야 할 일을 알았습니다. 그것은 생활비가 없거나 단기선교에 가고 싶지만 참가비가 없거나 신학대학원 등록금이 부족한 친구들을 돕기 위해 자신이 가진 돈을 쓰는 일이었습니다.

못난 애비 목사는 실제로 그렇게 살지 못하고 있는데, 늘 아버지를 본받아 나눔과 베풂을 실천하면서 살겠다는 것이 요한이의 다짐이었습니다.

자신에게 있는 돈을 모두 누군가를 돕기 위해서 주고 나면 금식 아닌 금식을 한 달에 일주일 이상씩 해야 했습니다. 여느 때와 다름없이 저는 12월 21일에 1월 생활비를 요한이의 통장으로 송금했습니다.

그러나 단기선교를 떠나면서, 그 돈마저 통장에 남겨두지 않았습니다. 도대체 단기선교를 마친 후에는 무엇을 먹고 살 작정을 했기에 그렇게 했는지 알 수 없습니다. 아직도 인정하기 싫은 기막힌 현실이지만, 이렇게 인생을 끝내려고 깨끗이 정리한 사람처럼 보이기도 합니다.

길을 가다가 걸인에게 동정할 수 있습니다. 어쩌다가 찾아오는 사람을 도와줄 수 있습니다. 그러나 늘 그렇게 하는 것은 쉽지 않습니다. 하지만 요한이는 늘 그렇게 했습니다. 사천교회의 자랑스러운 아들입니다.

요한이는 서울의 큰 교회에 가서도 사천교회를 자랑스럽게 말했습니다. 이 못난 애비 목사를 자랑했습니다. 이 세상에서 가장 존경한다고 누구에게나 말했습니다.

비록 목사가 되지는 않더라도 자기도 아버지처럼 살고 싶다고 말했습니다. 물론 허상(虛像)이었습니다. 그렇지만 요한이는 그렇게 살았습니다. 아름답게 살았고 최선을 다했습니다. 달랑 5,209원을 남겨두고 말레이시아로 떠난 요한이의 통장이 그것을 증명해 줍니다.

요한이는 말레이시아 보르네오 밀림을 걸어가면서 쉬지 않고 찬송했습니다. 등에는 산더미처럼 무거운 짐을 지고, 양손에도 짐을 들었기 때문에, 더 이상 짐을 들 수 없게 되자 의료봉사 팀으로 동행한 권사님의 가방은 목에 메고 갔습니다. 하지만 밀림 속을 몇 시간 동안이나 걸어가면서도 쉬지 않고 찬송을 불렀습니다. "요한아, 너는 힘들지도 않느냐?"라고 묻자, 조금도 힘들지 않다고 대답했다고 합니다. 하지만 어찌 힘들지 않았겠습니까? 다만 하나님을 기쁘시게 하는 일을 한다는 기쁨에 힘든 것을 참고 견디었을 뿐입니다. 요한이는 원래 그런 아이였습니다.

"하나님을 사랑합니다. 그래서 행복합니다." 요한이의 미니홈피 제목입니다. 요한이는 정말 그토록 사랑하는 하나님의 곁으로 갔습니다. 물론 요한이는 지금쯤 행복할 것입니다. 그렇지만 작별의 인사도 나누지 못하고, 갑작스럽게 자식을 먼저 떠나보내게 된 부모의 가슴에는 피눈물이 흐릅니다. 좀 더 이 세상에 남아서 부모와 친구와 이웃의 기쁨이 되길 기대했기 때문입니다. 그러나 요한이는 살아 있을 때 아낌없이 남에게 베풀고, 마지막에는 자기 목숨까지 버렸습니다.

요한이는 오늘 본문 요한복음 15장 12절과 14절의 가르침대로 실천했고, 결국에는 오늘 본문 13절의 가르침대로 친구를 위하여 자기 목숨을 버림으로 사랑을 실천했습니다. 갑작스러운 너울 파도에 휩쓸린 세 명의 자매를 구조하려고, 요한이는 연세대학교 1학년에 재학 중이던 고(故) 김성현군과 함께 죽음의 파도 속으로 몸을 던졌습니다. 그래서 결국 세 명의 자매를 살렸습니다. 그들 모두는 건강한 모습으로 귀국하여 부모의 품에 안겼고, 요한이의 장례식에도 참석했습니다. 얼마나 다행스러운 일인지 모릅니다. 왜냐하면 요한이의 희생이 헛되지 않았기 때문입니다. 혹시 그들이 모두 죽었다면 얼마나 헛된 죽음이겠습니까?

비록 저희 부부의 가슴에는 여전히 피눈물이 흐르지만, 내 자식이 죽어서 남의 자식을 세 명이나 살려 냈으니, 어찌 불행 중에 다행스러운 일이 아니라고 말하겠습니까?

그래서 저는 "범사에 감사하라"(살전 5:18)는 성경 말씀을 '억지로라도 감사하라'는 뜻으로 받아들이면서, 감히 '사랑의 원자탄' 손양원 목사님을 흉내 내려고 합니다. 여순 사건으로 사랑하는 두 아들을 동시에 잃고 장례식을 치를 때, 손양원 목사님은 열 가지의 감사 기도를 했습니다. 그래서 저도 감히 열 가지 감사 기도를 드리겠습니다. (이제야 깨닫게 하시니, 감사합니다.)

1. 하나뿐인 아들을 주신 하나님의 사랑을 이제야 확실히 깨닫게 하시니 감사합니다. 하나뿐인 아들 요한이를 선교의 씨앗으로 바친 후에 깨달았습니다.

2. 성도의 교제와 위로가 얼마나 중요한지 이제야 확실히 깨닫게 하시니 감사합니다. 이번에 양쪽 교회의 모든 성도가 헌신적으로 도와주시는 것을 보고 깨달았습니다.

3. 자식이 얼마나 고마운지 이제야 확실히 깨닫게 하시니 감사합니다. 하나밖에 없는 자식이 있다가 갑작스럽게 없어진 후에 뒤늦게 깨달았습니다.

4. 부모가 얼마나 못났는지 이제야 확실히 깨닫게 하시니 감사합니다. 하나밖에 없는 자식에게 "사랑한다"라는 말조차 제대로 하지 못한 것을 이제야 깨달았습니다.

5. 선교에는 얼마나 더 큰 희생이 필요한지 이제야 확실히 깨닫게 하시니 감사합니다. 선교에는 땀과 눈물과 피를 계속 흘리는 희생이 필요할 수밖에 없음을 깨달았습니다.

6. 사람의 생명이 얼마나 소중한지 이제야 확실하게 깨닫게 하시니 감사합니다. 바다에 빠진 사람을 살리려고 요한이가 몸을 던진 사실을 알고서야 깨달았습니다.

7. 최선을 다하는 인생이 얼마나 중요한지 이제야 확실히 깨닫게 하시니 감사합니다. 최선을 다하였는지 하나님께서 아실 것이라는 요한이의 글을 읽고 깨달았습니다.

8. 살아남은 자의 책임이 얼마나 무거운지 이제야 확실히 깨닫게 하시니 감사합니다. 요한이의 희생이 헛되지 않도록 무엇을 해야 할 것인지 생각하면서 깨달았습니다.

9. 우리의 인생이 얼마나 순식간에 끝나는지 이제야 확실히 깨닫게 하시니 감사합니다. 24년간 이 세상에서 살다가 갑자기 떠난 요한이의 죽음 앞에서 깨달았습니다.

10. 천국이 얼마나 그리운지 이제야 확실히 깨닫게 하시니 감사합니다. 천국에는 황금 길이 있기 때문이 아니라 그곳에 사랑하는 아들 요한이가 있기 때문에 깨달았습니다.

아멘.

당신이 있는 그곳에 다녀왔습니다

추모의 글 - 백승혜

당신의 부모님을 만났습니다.
당신의 말대로 아버님은 존경할 만한 멋진 분이셨고
어머님은 빼어난 미인이셨습니다.
그런데 당신은 아버님을 닮았더랍니다.

PROFESSOR JEUNG (2nd right) handing over the sponsorship to UNIMAS Vice-Chancellor Professor Dr Fatimah Abang (2nd left).

Korean parents to continue son's work

KUCHING: It was an emotional time for Professor Jeung Kaekyu and his wife during their recent visit to Sarawak to cover the trail of their son, Jeong Yohan's tour programme in Sarawak.

Jeung Yohan and another Korean male, Kim Seong Hyun lost their lives recently in an attempt to save a female friend, who encountered problems while swimming in the sea.

Both of them, who were part of a group of Korean students embarking on missionary trip, took chances despite the meter-high strong waves and strong underwater currents during the monsoon season, to come to the rescue of their friend.

Their unselfish act was joined by a Norwegian guest,

Thomas Harklau, members of the local Civil Defense Corp team who were on duty at the site manning the watch tower and the resort staff.

While the life-savers sprang to action with the aid of kayaks and life saving equipment, rescuers managed to save the lone fear-stricken lady who was held on by the Norwegian, Thomas Harklau.

An immediate search and rescue operation was launched by the rescuers and 10 minutes into the search time, the first victim was spotted and was washed ashore by strong underwater current.

Subsequently CPR was administered by paramedics from the General Hospital and JPA but was unsuccessful.

The second victim was found minutes later approximately 30 meters from the scene of the incident. Again, CPR was administered but the victim was pronounced dead by the paramedics.

It was indeed tragic but the ill fated outing saw the daring rescue mounted by two young men at the expense of their lives.

Professor Jeung, a professor in History, expressed gratitude to those who had assisted in the incident during the said visit.

In honour of his late son, he donated RM100,000 to the St Thomas' Church, Kuching and offered 10 scholarships to under-privileged students at UNIMAS Kuching Campus under the Jeung Yohan Foundation.

물에 빠진 세 친구를 구한 뒤 파도에 휩쓸려 끝내 목숨을 잃은 정요한 군의 부모 정계규 목사 부부가 말레이시아 선교를 향한 아들의 뜻을 기려 현지 교회에 기부금을 전달하고 '정요한 재단'을 만들어 가난한 대학생들에게 장학금을 지급했다는 기사가 실린 말레이시아 신문(1월 27일 자)

당신이 안치되어 있는 그곳에 갔습니다.

다리가 풀려 걸어갈 수 없었습니다.

당신의 웃는 모습이 담긴 사진과 당신의 마지막 글귀를 보았습니다.

당신의 모습이 담긴 사진을 어루만졌습니다.

가슴이 무너졌습니다.

당신이 원치 않았을 울음이 터져 버렸습니다.

당신이 너무나도 그리워졌습니다.

당신의 웃음소리가 들리는 듯했습니다.

당신이 장난치던 그 모든 것이 느껴지는 듯했습니다.

아직도 믿기질 않습니다.

믿고 싶지 않습니다.

당신의 청소년 때 꿈이 있던 그곳에 갔습니다.

당신이 내게 보여 주고 싶다던 바다 풍경을 보았습니다.

당신이 자랑하던 산과 바다가 어우러져 있는 그곳을 보았습니다.

당신이 자랑하던 그 다섯 개의 아름다운 다리를 보았습니다.

당신이 자랑할 만큼 너무나도 멋진 곳이더군요.

당신이 내게 말해 주던 추억의 아버님 시계를 보았습니다.

역시 당신의 센스는 대단했습니다.

정말 멋진 시계를 아버님께 선물했더군요.

당신이 예배드렸을 아버님 교회의 예배 본당에 갔습니다.

당신이 말하던 본당의 드럼 앞에 앉았습니다.

그리고 당신이 잡았을 스틱을 잡아 보고는 치지도 못하는 드럼을 두들겨 보
았습니다.
그리고 당신이 앉았을 법한 자리에 앉아 기도를 합니다.

당신이 그곳에서 평안하기를
주님 품에서 행복하기를
우리 걱정 말고 그곳에서 평안하기를…….

당신의 추억이 있는 그곳에 앉아 주님과 대화합니다.
그리고 주님께서 말씀하셨습니다.

당신 부모님과 우리 부모님과 나
이렇게 앉아서 당신의 어린 시절 사진과 군대 시절 사진을 보았습니다.
당신 말대로 통통하니 귀여운 어릴 적 당신 모습.
웃는 모습은 어릴 때나 지금이나 똑같더군요.
너무 예뻐서 탐날 정도였습니다.

그렇게 웃으며 대화하고 있는데,
당신이 떠나기 한 달 전 내게 말하던 당신의 꿈 이야기가 기억났습니다.
당신의 집에서 우리 부모님과 당신의 부모님이 만나
한자리에 모여 웃고 떠들며 대화하고 있는데
내가 당신 이야기를 해서 웃음바다가 되었고
당신은 삐쳤다던,
당신이 말한 그 꿈 이야기…….

바보, 삐쳐 있는 건 아니죠?

버스를 탔습니다.
그곳에서 가슴이 답답해서 죽을 것만 같았습니다.
찬양집을 꺼냈습니다.
그리고 당신이 이 세상을 떠날 것을 모르고 단기선교 기간 중
내 안에 성령의 이끄심으로 계속해서 불렀던 찬양을 떠올리게 하셨습니다.
그리고 그 찬양을 불렀습니다.
그때는 까닭도 알 수 없었고, 내 마음 가운데 실재가 되지 않았던 그 찬양.
주님께서 왜 그 찬양을 그토록 부르게 하셨는지 알게 하셨습니다.
그리고 그 찬양이 이제는 내게 실재가 되었습니다.

당신이 있는 그곳에 다녀왔습니다.

요한이를 천국으로 부르신 그 섭리

추모의 글 – 강혜림

하나님, 당신이 너무나도 사랑하시는 요한이를
당신이 계신 천국으로 부르시니
얼마나 감사한지 모릅니다.

예배가 시작하기 전 기도로 예배를 준비하던 요한이가,

맨 앞자리에서 두 손을 들고 당신에게 모든 열정으로 찬양하던 요한이가,

모든 예배가 끝나고 찬양 팀이 마지막 찬양을 부를 때 마지막까지 남아 찬양하던 요한이가,

예배가 끝나고 예배당을 정리하는 날 바라보며 씨익 웃으며 "형!" 하고 날 부르던 요한이가

당장은 그리워서 장마철 소나기처럼 눈물이 나겠지만…….

노래 모임에서

매주 금요일 저녁 많은 대학생이 그들의 문화를 즐기고 있을 때 서북시립병원의 복음화를 위해 함께 모여 찬양을 연습하고 기도하던 요한이가,

매주 토요일 저녁 주일 새벽찬양을 위해 대학생에게는 너무나도 이른 12시가 되면 우리 집에서 함께 잠을 청하던 요한이가,

매주 주일 새벽 4시 반에 눈을 떠 시립서북병원에서 복음을 전하던 요한이가,

매일 하루에 두 끼씩 금식하며 꼭 식구들을 위하여 기도하겠다고 모임 클럽에 글을 올렸던 대장 요한이가 보고 싶어서 지진으로 온 땅이 요동치듯 가슴이 아프겠지만…….

하나님 당신이 너무나도 사랑하는 우리 요한이를 당신이 계신 천국으로 부르시니 얼마나 감사한지 모릅니다.

크리스마스가 되기 얼마 전 요한이가 자기는 한국 땅이 아닌 선교지에서 하늘나라에 가고 싶다고 했던 그 말을 기억할 때,

처음 말레이시아 단기 선교 일정이 크리스마스 전이라 노래모임 행사와 상당

부분 겹치게 되어 대장으로서 해야 할 일들이 많았기에 선배들이 단기선교에 다음에 가는 것이 어떻겠냐고 권유했을 때,

기도를 해보니 하나님께서 단기선교를 가라고 하셨다라던 요한이의 말을 기억할 때,

이 모든 일이 태초부터 요한이를 당신이 아름다운 복음의 씨앗으로 택하셨다고 확신하게 되었습니다.

당신을 너무나도 순수하게 사랑하던 요한이가 당신의 이름을 전하러 간 그 먼 땅에서 당신과 가장 친밀하게 교제하던 인생 최고의 그 순간에 요한이를 부르심에 너무나도 감사합니다.

요한이가 말레이시아로 떠나던 날 내리던 눈을 볼 때마다
요한이가 말레이시아에서 돌아오던 날 내리던 눈을 볼 때마다
요한이가 말레이시아에서 보내준 마지막 선물을 볼 때마다
요한이가 당신을 얼마나 사랑하던 당신의 아들이었는지 기억할 것이며
요한이처럼 당신을 순수하게 사랑할 것입니다.

우리 모두가 요한이를 기억할 때
더 많은 서현의 청년들이 선교지에서 당신의 이름을 전하며,
그 땅을 위해 떠난 단기 팀을 위해
온 교회가 합심하여 기도할 것이며
내 열심이 내 것이 아님을 늘 기억하며 서북시립병원의 복음화를 위해 눈물 흘리며 기도할 것입니다.

세상 사람들은 요한이를 잃은 아픔만을 바라보지만

우리는 저 근심 없는 천국에서 요한이를

다시 만나리라는 희망과 소망을 안고 하루하루를 살아가렵니다.

Christ in me is to live, to die is to gain.

한 영혼을 통해 말레이시아를, 서현교회를, 노래모임을, 나를 변화시키실

당신의 놀라운 섭리를 찬양합니다.

하나님, 당신이 너무나도 사랑하는 우리 요한이를 당신이 계신 천국으로 부르시니 얼마나 감사한지 모릅니다.

예수님의 이름으로 기도합니다.

아멘.

불꽃청년 정요한 군의 묵상

故정요한

2009년 7월 22일

내가 떠나가지 아니하면 보혜사가 너희에게로 오시지 아니할 것이요 가면 내가 그를 너희에게로 보내리니 그가 와서 죄에 대하여, 의에 대하여, 심판에 대하여, 세상을 책망하시리로다 죄에 대하여라 함은 그들이 나를 믿지 아니함이요 **요한복음16:7~9**

오직 주님을 아는 것을 자랑으로 여기며 사는 사람이 되고 싶습니다. 예수님을 믿지 않는 것이 죄이므로, 내가 예수님을 아는 것만으로 얼마나 기쁜 일이며 감사해야 하는 일인지 한 번 더 생각해 봅니다. 또 예수님을 더 알기 위하여 얼마나 노력해야 하는지도 생각해 봅니다.

하지만 아직도 많이 부족한 아들은 세상의 부귀와 명예를 열망하고, 이 세상의 복을 바라는 기복신앙을 전부 버리지 못하였음을 고백합니다. 이 세상의 것들을 배설물처럼 여길 수 있는 그 믿음을 바라며 열심히 기도하겠습니다.

아들이 항상 기도하는 자가 되어서, 오직 주님만이 나의 기쁨이 되는 삶을 살 수 있도록 기도해 주세요. 그리고 미국에 있는 하나의 모든 것도 하나님이 책임지실 테니, 다만 부모님께 기도 부탁드릴 것은 이 세상의 유혹과 핍박 속에서도 변치 않는 믿음을 잘 지켜 나갈 수 있도록 기도해 주세요.

부모님이 계셔서 항상 든든합니다. 제 옆에는 하나님이 계시니 아무 걱정하지 마시고, 평안한 한 주간 보내시기를 기도하겠습니다.

제 노래모임 동기 은아를 아시죠? 은아는 다음 학기에 연세대학교 법학과를 졸업하고 총신대 신학대학원에 진학하여 공부를 더 한 뒤 일본에 선교사로 나가려는 아이입니다. 참 작고 약해 보이지만 마음이 정말 강하고, 똑똑한 아이입니다. 은아가 어제 일본으로 단기선교를 떠났습니다. 단기 선교비용을 마련하기 위해서 은아는 과외를 세 개나 잡았습니다. 그러나 모두 취소되는 바람에 단기선교는커녕 방학 때 서울에 있을 생활비도 빠듯한 상황이 되어 버렸지요. 은아를 위해서 기도하던 중 은아에게 제 생활비를 나눠 줘야겠다는 생각이 강하게 들었습니다. 그래서 부모님께 받은 생활비(쓰고 남은 것)와 제가 일해서 번 돈을 합친 20만원을 은아에게 줬습니다. 제 수중에는 비록 5만 원밖에 남지 않았지만, 이번 주부터 희준이 집에서 희준이를 돌보면서 아침 점심을 해결하면 그

오직 주님만이 삶의 주인임을 고백했던 요한이는 가장
아름다운 모습 그대로 주님께 갔습니다.

리 힘들 것 같지 않습니다. 또 이번 주가 지나면 희준이를 돌보고 가르친 비용
도 받게 될 것이고요.

　물론 저도 겨울방학에 하나가 있는 미국에 가기 위해서 돈을 모으는 중이었
습니다. 그런데 참 감사하게도 제 이야기를 들은 하나는 단 1초의 망설임도 없
이 은아에게 그 돈을 주라고 했습니다. 제게 일도 주시고 동기도 도울 수 있게
하시고, 말 잘 듣고 귀여운 희준이를 붙여 주시고, 제 결정을 믿고 힘을 더해
주는 하나를 만나게 하신 하나님께 참 감사한 한 주였습니다. 혹여나 제가 추
가의 생활비를 바라는 것은 아니니 오해하지 마시고, 일본에 가서 복음을 전할
은아를 위해 기도해 주세요. 또 희준이를 위해, 또 하나를 위해 제가 더 기도로
준비된 사람이 될 수 있도록 기도해 주세요.

2009년 8월 16일

이번 주는 편지가 좀 늦었네요. 참 많은 일들이 있었던 힘든 한 주였습니다. 저는 사실 저번 주 금요일부터 주일까지 노래모임 때문에 마음이 편치 않았습니다. 하나님께 서원하고 노래모임에 들어왔으면서 책임을 다하지 않고 피곤하다거나 다른 약속이 있다며 모임에 나오지 않는 후배들을 보며 참 마음이 어려웠습니다. 주일에 서울역에서 다 같이 모여서 병원으로 가기로 했는데 약속 시간을 지킨 후배들은 단 한 명도 없었어요.

한 후배에게 전화했더니 그 후배는 자고 있던 중이었고, 또 다른 후배는 제 전화를 받지도 않았어요. 너무 화가 나서 저도 모르게 전화기를 던져 버렸습니다. 갑자기 눈물이 나 서울역에 쪼그려 앉아서 저는 울었습니다. 내가 무엇을 얼마나 못했기에 이렇게 후배들이 따라와 주지 않는지, 제 기도가 부족했던 것인지 한참 생각했습니다. 하나님을 모르는 환우들 앞에서 기쁘고 은혜롭게 찬양했지만, 찬양 뒤에 몰려오는 외로움과 슬픔은 참을 수가 없었습니다.

노래모임을 마치고 쓸쓸히 예배에 참석했는데 찬양 시간 동안 눈물이 너무 많이 나서 찬양을 두 마디 이상은 부를 수 없었습니다. 그날 목사님은 아브라함과 모세에 대하여 말씀하셨습니다.

아브라함은 사람이 할 수 없는 방법으로 아들 이삭을 얻었습니다. 마치 예수님의 탄생처럼. 얼마나 귀한 아들이었겠습니까? 하지만 그 아들을 번제로 바치라는 하나님의 명령을 듣고 아브라함은 다 이해할 수 없었지만 온전히 순종했습니다.

만일 아브라함이 종들을 데리고 갔다면, 종들은 아브라함을 말렸을 것이 분명했겠죠. '우리 늙은 주인이 나이가 들어 미쳤나 보다'라고 생각했을 것이고 아무리 하나님의 명령이라도 이것은 따르면 안 된다며 아브라함을 힘으로 제압했을 것입니다. 그렇다면 아브라함에게는 그럴 듯한 핑계거리가 생겼을 것입니다.

"하나님, 저는 이삭을 하나님께 바치려고 최선을 다했지만, 종들이 저를 붙들어 어쩔 수 없었습니다. 이만하면 안 되겠습니까? 저는 최선을 다하지 않았습니까?"라고 하나님께 말할 수도 있었겠죠. 하지만 아브라함은 '온전히' 순종하기 위해 종들을 두고 산으로 올라갑니다. 이삭에게는 하나님이 이미 제물을 준비해 놓으셨다고 이야기합니다. 그런데 하나님께서는 정말 제물을 준비해 두셨습니다. 하나님은 우리에게 최선을 다하는 순종을 넘어선 온전한 순종을 원하십니다. 하나님은 우리에게 칼을 들어 내가 가장 사랑하는 것(심지어 하나님이 허락하신 것조차)을 내려치기까지 조용히 기다리고 계시는 것입니다.

모세는 출애굽 후 광야 생활의 마지막에 다다라 불평하는 백성들 때문에 바위를 내리쳐 물을 내게 합니다. 물론 하나님이 허락하신 것이지만요. 하지만 하나님은 바위를 향하여 물을 내라 하셨는데, 모세는 바위를 내리쳤습니다. 저는 이 일이 그렇게 큰 죄인지 미처 깨닫지 못했는데, 이제야 알게 되었습니다. 모세는 하나님을 온전히 신뢰하지 못하고, 반복해서 불평하는 이스라엘 백성들의 태도에 화가 났던 것입니다.

'이 우둔한 백성들아, 하나님이 불기둥과 구름기둥으로 인도하시고, 바다를 가르시고, 만나를 내려주시고, 메추라기를 보내 주시는 것을 보면서도 어찌하여 불평하며 온전히 순종하지 못하는가!'라고 생각했겠지요. 모세는 제가 핸드폰을 던져버린 마음으로 바위를 내리쳤을 것입니다. 하지만 그 마음 또한 교만이라는 것을 알았습니다.

후배들의 인간적인 반응과 태도를 보고 분노한 저의 나약한 모습이 참 부끄러웠습니다. 이 작은 모임에서 리더를 맡는 것도 힘든데, 하물며 늘 깨어서 그

많은 성도들에게 하나님의 말씀을 전하시는 아버지가 참 존경스럽고 자랑스럽습니다. 저도 부모님 위해서 기도하겠습니다. 오직 저의 매일을 기쁨과 감사의 제물로 드리기 원합니다.

2009년 10월 9일

오늘은 열왕기하 5장 1~14절을 묵상했습니다. 아람 왕의 군대 장관 나아만은 큰 용사였으나 나병환자였습니다. 나아만의 종들 중에서 이스라엘 소녀가 있었는데, 그 소녀가 나아만의 아내에게 엘리사 선지자에 대해서 이야기합니다. 나아만의 아내는 소녀에게 들은 이야기를 나아만에게 전합니다. 나아만은 왕에게 허락을 받고 엘리사 선지자가 있는 이스라엘로 떠납니다. 하지만 엘리사는 나아만을 만나 주지도 않고, 사자를 통해 요단 강에서 일곱 번 몸을 씻으라는 이야기만 전했습니다. 나아만은 화가 났습니다. 나아만은 엘리사 선지자가 자신에 병든 부위에 손을 놓고 여호와의 이름을 부르며 병을 고칠 줄 알았기 때문입니다. 또 그는 아람에 있는 강들이 요단 강보다 더 깨끗하다고도 생각하였습니다. 그는 분노로 몸을 돌려 떠나려 하였는데, 그의 종들이 나아와서 말합니다. "엘리사 선지자가 더 큰 일을 하라고 하여도 했을 것이 아닙니까? 하물며 씻으라고 하는 것은 얼마나 쉽습니까?" 종들의 충고에 나아만은 요단 강에 몸을 일곱 번 씻었고, 그의 살은 어린아이의 살같이 회복되었습니다.

1절 말씀을 보면 나아만은 왕 앞에서 크고 존귀한 자이고 큰 용사라고 나옵니다. 하지만 부와 명예와 권력을 다 갖춘 그런 사람들에게도 언제나 문제는 있습니다. 우리끼리 크다 작다 하나 하나님 보시기에는 누구 하나 크지 않고 결국 다 똑같은 사람일 뿐이지 않겠습니까? 하지만 그것을 깨닫지 못했던 나아만은 명예와 권력, 재산을 모두 갖춘 자신을 엘리사가 만나 주지 않자 화가 났던 것입니다. 그의 분노 속에는 교만함이 있었습니다. 나아만은 분노한 나머지 발걸음을 돌리지만, 부하들의 간청으로 자신의 교만을 꺾게 됩니다. 그리고 엘리사의 말에 순종하였고 치유의 역사를 경험하게 됩니다.

내게 은혜가 쏟아지지 않는 것은 나의 교만 때문은 아닌지 생각해 봅니다. 그 교만을 꺾어야 치유의 역사가 일어날 것입니다. 믿지 않는 영혼을 구하겠다고 하면서 사랑하는 공동체의 지체들을 온전히 사랑하지 못하는 것 또한 하나님 앞에서의 교만이 아니겠습니까? 목사님의 말씀에 온전히 순종하지 않는 것은 하나님이 세우신 종을 판단하는 교만이 아니겠습니까?

저는 학사 친구들이 사감 강도사님께 예의 없이 행동하는 것들을 보며 마음 아파하고 분노했음에도, 강도사님이 나에게 세탁기 청소를 부탁하셨을 때, 나는 잠시 한숨을 쉬었습니다. 학사에서 궂은일을 도맡아 하는 제게 일을 또 시키신다는 마음이 잠시 들었던 것이죠. 그런데 잠시 후에 깨달았습니다. 이것이 교만이구나. 내가 나아만보다 나은 것이 하나도 없구나. 회개하고 즐겁게 일을 했습니다. 1절에 보면 나아만이 큰 자가 된 것은 하나님이 그에게 아람을 구원하게 하셨기 때문이라고 나옵니다. 내가 학사에 들어온 것도 하나님의 은혜라 생각하니 웃음이 나왔습니다. 우리는 우리도 모르는 사이에 하나님의 은혜를 잊어버리고, 오히려 그 받은 것을 통하여 교만해지기 일쑤이며 순종의 자리에서 분노하기가 끝이 없는 나약한 존재임을 고백합니다. 순종하기 원합니다. 하나님의 뜻을 바로 알기를 간구합니다. 뜻을 알지 못해도 순종하는 믿음을 구합니다. 아무리 생각해 봐도 나아만이 일곱 번 몸을 씻는 과정에서, 한 번, 두 번, 세 번…… 씻을 때마다 몸이 '점점' 회복되었다고 생각하지 않습니다. 여섯 번째까지 아무런 변화가 없다가 일곱 번째 치유의 역사가 임하였을 것입니다. 순종도 그러하리라 생각됩니다. 10년, 20년, 30년 순종하면서 점차 나아지는 것이 아니라 하나님 뵈올 때에 칭찬받고 높임을 받는 것이 아니겠습니까?

이 시대의 죄악은 나병보다 더 무섭습니다. 그것은 눈에 보이지도 않으며 죄라고 여겨지지도 않고 오히려 그것을 좇아 살아가게 만듭니다. 나병이 몸을 마비시키듯 죄는 우리의 양심을 마비시킵니다. 죄가 아닌 보혈의 강물에 잠기기 원합니다. 그리고 그렇게 되기 위하여 기도하기 원합니다.

2009년 10월 17일

오늘은 사무엘상 26장을 묵상했습니다. 다윗이 십 광야에 숨어 있다는 제보를 듣고 사울은 다윗을 찾으려고 3천 명의 부하를 이끌고 십 광야로 갔습니다. 사울과 그의 병사들은 하길라 산 근처에 진을 쳤고 밤이 되어 잠들었습니다. 하나님이 그들을 깊이 재우셨기에 다윗과 아비새가 그 진영에 들어가 사울의 곁에 이를 때까지 그들은 아무도 깨어나지 못했습니다.

아비새 : "하나님이 당신의 원수를 오늘 당신의 손에 넘기셨습니다. 그러니 당신이 명령만 내리시면 내가 사울을 창으로 찔러 두 번 찌를 일 없이, 단번에 죽이겠습니다."

다윗 : "하나님이 기름 부으신 자를 내가 죽일 수 없다. 여호와께서 살아계시니 여호와께서 알아서 하시리라. 우리는 그의 창과 물병만 가지고 가자."

다윗과 아비새는 건너편 산꼭대기로 갔고, 자신들이 한 일을 이야기합니다. 사울은 다윗의 목소리를 알아듣고 자신의 잘못을 인정하며 이스라엘로 발걸음을 돌립니다.

먼저 사울의 입장에서 나는 나도 모르는 사이에 하나님께서 사용하시는 자와 원수가 되어, 그를 대적함으로써 하나님을 대적하고 있지는 않은지 생각해 보았습니다. 하나님이 깊이 잠들게 하시면 3천의 군사라도 쓸모없을 것입니다. 그런데 나는 하나님 외에 다른 것들을 의지하고 있지는 않았는지 고민해 보았습니다.

내가 다윗이었다면 충성스러운 부하가 "하나님이 당신의 손에 그를 넘기셨습니다", "명령만 하시면 제가 하겠습니다" 라고 말했을 때 어떻게 했을까 고민했습니다. 하나님을 향한 다윗의 분명한 신뢰를 배우기 원합니다. 원수를 갚는 것이 아니라 그를 사랑하는 것! 그것을 위해서 기도합니다.

이번 주는 모임의 대장으로서, 선배로서, 형으로서 했던 말들이 제 의도와는 다르게 그들에게 많은 상처를 주었다는 것을 알게 되어 마음이 많이 아팠습니다. 특히 혼자 힘들어했던 막내의 마음을 헤아리지 못하고 그를 판단하고 다그쳤던 일이 떠올라 주말 내내 잠을 자지 못하고 많이 울었습니다.

학사에 오는 길에 막내가 떠올라 도넛을 사서 발걸음을 재촉하였습니다. 학사에 도착하여 막내방 앞에 도넛을 놓고 샤워를 하면서 나를 조급하게 하는 것들에 대해서 생각해 보았습니다.

나는 하나님이 살아계심을 알면서도 다윗처럼 온전히 맡기지 못했고, 내 열심(기도, 말씀 나눔, 찬양연습, 조언 등)을 통하여 후배들이 변화되기를 바랐던 것입니다. 그저 후배들을 사랑해 주고 그들을 위해 기도하는 것이 제 맡은 임무인데, 자꾸 욕심이 났나 봅니다. 다윗이 사울을 그 자리에서 죽였다면 자신이 왕이 되고 부와 명예를 얻을 것이며 더 이상 광야에 숨어 살지 않아도 되었겠죠. 제가 모임에서 사랑을 베풀지 못하고 '사울'을 그때마다 죽여 왔나 봅니다.

"뱀처럼 지혜롭고 비둘기처럼 순결하라"는 예수님의 말씀처럼 오직 사랑과 지혜로 기도하는 대장이 되길 원합니다.

2009년 10월 24일

오늘은 사무엘상 29장을 묵상했습니다. 다윗은 자신을 죽이려는 사울을 피하여 블레셋으로 망명하였습니다. 그렇게 다윗이 블레셋에 머물고 있던 중 블레셋과 이스라엘 간에 전쟁이 일어납니다. 다윗은 블레셋에서 왕과 함께 전쟁에 나갈 정도로 왕의 신임을 얻습니다. 이 모습을 지켜본 블레셋 방백들은 다윗이 이스라엘 사람이며 사울의 충성된 종이라며 왕에게 그를 돌려보낼 것을 요구합니다. 다윗은 전쟁에 나가려 했으나 방백들의 요구를 받아들인 왕의 명령으로 인하여 결국 블레셋 땅으로 발걸음을 돌립니다.

만약 다윗이 전쟁에 나가 블레셋 편에서 이스라엘 백성들을 죽였다면, 후에 그는 이스라엘의 왕이 될 수 없었을 것입니다. 자신의 백성에게 칼을 겨눈 사람을 그 누가 왕으로 세우려 하겠습니까? 방백들은 다윗이 사울에게 충성하기 위하여 전쟁 중 자신들과 왕의 목을 사울에게 가져갈 것이라 이야기했지만, 사실 다윗에게는 블레셋 군대에 맞서 싸워 이길 군대나 힘도 없었을 것입니다. 왕이 다윗을 신뢰하여 세 번이나 강력하게 그를 변호했지만 방백들은 "사울은 천천이요, 다윗은 만만이라" 했던 그 다윗이 아니냐며 왕에게 다윗을 블레셋 땅으로 돌려보낼 것을 요구합니다. 사울보다 훨씬 강한 다윗이 자기편에서 싸우겠다는데, 블레셋 방백들은 굴러들어온 천군만마를 자기 발로 차버린 것입니다. 게다가 사울이 죽이려 하여 블레셋으로 망명한 다윗을 사울의 충실한 종이라고 이야기합니다.

참 재미있습니다. 하나님이 쓰실 사람은 하나님이 인도하신다는 것을 느낍니다. 다윗이 블레셋으로 망명한 일이나 또 방백들의 미움을 받아 전쟁에도 나서

지 못한 일이 '실패'라고 생각할 수도 있죠.

하나님의 역사는 우리가 실패라고 느끼는 그 순간에 일어납니다. 블레셋 땅으로 돌아온 다윗은 블레셋으로 쳐들어온 아말렉을 물리칩니다. 28장에서 사울 왕이 사무엘 선지자에게 혼난 장면이 떠오릅니다. 하나님이 사울에게 아말렉을 치라고 하셨는데, 사울이 그 명령을 거역하였습니다. 나중에 다윗은 이스라엘의 왕이 될 때 아말렉을 친 공로를 인정받게 됩니다. 하나님이 원하시는 일을 다윗을 통하여 이루신 것입니다. 이 세상의 관점에서는 실패와 퇴보처럼 보일지라도 하나님은 자신의 계획을 이루어 가고 계십니다. 제가 처음에 대학에 떨어지고 재수하기로 결정했던 것도, 비록 그 당시에는 실패로 생각했지만 사실 하나님의 더 큰 뜻이 있었다는 것을 이제야 깨닫습니다.

저번에 제가 미국에 가기로 했다가 취소했다는 말씀을 드렸죠? 제가 모은 그 돈이 에덴동산의 선악과 같았다고요. 미국에 가려고 계획했던 기간과 단기선교 기간이 겹쳤었지요. 서현교회에서 믿음마을을 담당하시는 김희중 목사님이 동남아 지역의 선교에 뜻을 품으시고 그곳에서 평생을 보내겠다고 결정하셨습니다. 목사님께서 떠나실 때 서현교회 청년들도 함께 가서 단기선교를 하기로 했습니다. 우리가 갈 곳은 도시에서 차를 타고 정글로 들어간 뒤 또 2시간 이상을 걸어 들어가야 하는 곳이라 합니다. 그곳에는 어른 팔뚝만한 지네와 뱀이 우글거리고, 잘 씻을 수도 없고 잠자리도 불편한 열악한 환경이라는 것을 야기하셨습니다. 하지만 저는 그 이야기를 듣고 오히려 마음에 큰 감동이 왔습니다. 하나님이 이렇게 튼튼한 육체를 주셨는데, 그 달란트를 가지고 하나님의 일에 보탬이 되고 싶다는 생각을 했습니다. 그래서 새벽에 나가 찬양하는 것도 제게 참 적합한 사역이라고 생각했던 것입니다. 튼튼한 육체로 선교사님들과 원주민들을 돕고 싶다는 생각이 강하게 들었습니다. 물론 재정은 이미 마련되어 있는 상황이었고요. 목사님께 이런 제 생각을 말씀드렸더니 매우 기뻐하셨습니다. 서현교회 청년 5백 명 중 열다섯 명만이 자원하였고, 그중에 형제는 단 한 명도 없다는 말씀을 하셨습니다.

평소에도 저를 예뻐하시는 목사님이 제가 함께 가기를 기도했다고 하셨는데, 저도 너무 기뻤습니다. 12월 21일에 출발하여 12월 30일에 돌아오는 일정입니다. 그 부족과의 언어적 문제가 있고, 또 아직 문명이 많이 들어가지 못한 부족이라 사실은 의료 쪽이나 문화 쪽으로 사역의 초점이 맞춰져있습니다. 저는 아마도 부족 아이들과 운동을 하고, 영화 〈패션 오브 크라이스트〉 상영을 위한 장비들을 옮기고 설치하고, 연약한 자매들의 짐꾼이 되어 주고, 자매들이 무서워하는 지네와 도마뱀을 치우는(?) 일들을 맡게 될 것 같습니다. 하지만 무엇보다도 가장 중요한 임무는 기도겠죠. 아무 능력이나 재능도 없는 제게 선교의 기회를 허락하신 하나님께 감사하고, 또한 미리 재정도 마련해 주심을 감사드립니다.

새로운 출발 Born Again

모배권

아메모리 슈우지

신명진

이성미

내가 그리스도와 함께 십자가에 못 박혔나니

그런즉 이제는 내가 사는 것이 아니요

오직 내 안에 그리스도께서 사시는 것이라

이제 내가 육체 가운데 사는 것은

나를 사랑하사 나를 위하여 자기 자신을 버리신

하나님의 아들을 믿는 믿음 안에서 사는 것이라

갈라디아서 2장 20절

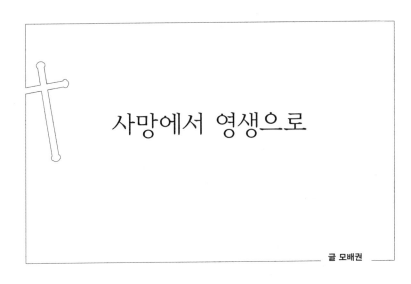

사망에서 영생으로

글 모배권

나는 중국유학생으로 현재 연세대학교 문헌정보학과 3학년에 재학 중이며, 한국에 와서 예수님을 영접한 지는 3년 가까이 되었다. 이 기간 동안 나는 하나님의 사랑을 몸과 영혼으로 체험할 수 있었다. 내가 예수님을 전혀 알지 못한 상태에서 어떻게 예수님을 알고, 영접하고, 구원을 얻게 되었는지를, 3년 전의 나처럼 예수님을 모르고 아직 죄악의 어두움 속에서 헤매는 분들에게 알려주고 싶은 간절한 마음에서 이 글을 쓰게 되었다.

나는 목사나 전도사가 아니고 그저 평범한 한명의 '성도'일 뿐이지만, 부족한 이 글을 통해 많은 분들이 예수님을 알기 원하는 열망과 성경을 읽고 싶어 하는 열정이 생기면 좋겠다. 더 나아가 예수님을 영접하게 된다면 하나님이 무척 기뻐하실 것임을 확신한다.

나는 2001년 2월 9일, 고향인 중국 산동성(山東省)에서 서울로 유학을 왔다. 한국과 중국의 무역이 점점 더 늘어나는 것을 보면서 코리안 드림을 꿈꾸며 고등학교 졸업 후에 연세대학교에 오게 된 것이다. 난 내 자신이 아주 대단한 사람이라고 생각했었다. 주변에 있는 사람들은 시도도 해보지 못하며 심지어 감히 생각도 못하는 한국 유학에 도전했기 때문이다.

아버지는 초등학교 선생님으로 한 달에 한국 돈으로 20만 원도 안 되는 월급을 받고 계셨다. 이 정도 월급은 중국에서는 겨우 기본적인 생활을 지탱할 수 있는 수준이다. 따라서 그 돈을 쪼개어 내가 한국에서 생활하고 학교를 다닌다는 것은 정말 말도 안 되는 소리였다. 그래도 나는 멋진 인생 계획을 세우고 도전정신을 발휘해 한국 유학을 결심했다. 내 힘으로 뭔가 이룰 수 있다고 확신했다. 그때까지 철저하게 나 자신만을 믿으며 살아왔다. 그러나 한국에 오자마자 나의 환상은 무참히 깨지기 시작했다.

밤에는 아르바이트로 학비와 생활비를 벌고, 그 돈으로 낮에 학교에 다니겠다는 계획을 세웠다. 친척도 없고 친구도 한 명 없던 나는 당연히 많은 어려움을 겪을 수밖에 없었다. 입국하자마자 바로 저녁 6시부터 다음날 새벽 5시까지 술집에서 일하기 시작했다. 일이 끝나면 새벽 5시부터 8시까지 잠을 잤고, 아침 9시부터 저녁 6시까지 학교에서 공부하는 생활을 계속했다.

점차 지쳐가는 내 모습을 발견할 수 있었으며 학비를 내는 것도 어렵고, 공부하는 것도 힘들었다. 술집 주인의 눈치를 보느라 내 마음이 한없이 우울해질 때면, 밤하늘을 쳐다보고 중국에 있는 집을 떠올리면서 남 몰래 울기도 많이 울었다. 술집 주인은 "한국에서 이런 아르바이트를 구할 수 있게 된 것에 대해 나한테 감사해야지."라고 말하며 힘들게 했다.

점점 내 인생의 나아가는 방향에 대해 의심하기 시작했다. 내 인생이 왜 이렇게 된 것인가, 과연 내 꿈을 이룰 수 있을까, 내가 왜 한국에 와 있는 것인가에 대해서 누군가가 나에게 알려주면 좋겠다고 생각했다. 누군가 나를 이해해주고, 누군가에게 보살핌을 받기를 간절히 원했다. 내가 언제까지 이런 생활을 견뎌 낼 수 있을지 암담했다. 이러다 갑자기 죽을지도 모르겠다는 생각이 들 때면 부모님이 몹시 그리워졌다.

그런 암울한 상황에서 내게 기적이 찾아왔다. 비기독교인 학생들에겐 지루하고 별로 재미도 없을 것 같던 수업을 통해서 오히려 내가 그토록 갈망했던 사랑을 얻게 되었고, 인생의 살아갈 방향도 찾은 것이다. 바로 '성서와 기독교' 수업을 통해서였다. 수업을 시작할 때마다 찬양을 함께 불렀는데, 학생들의 찬양소리가 매번 내 마음 속 깊이 자리 잡고 있는 상처를 끄집어내었다. 찬양을 들으면서 고향을 떠올리곤 했고 나도 모르게 눈물이 흘러내릴 때도 참 많았다. 그 찬양 속의 부드러운 사랑의 목소리가 내 굳은 마음을 열었고, 나는 점차 따뜻한 사랑을 느끼기 시작했다. 당시의 어려운 상황 속에서 찬양은 내게 유일한 정서적인 버팀목이 되어주었다. 예수님이 누군지는 아직 전혀 알지 못했지만 말이다.

언어 문제 때문에 수업을 듣는 것에 많은 어려움이 있었다. 그래서 할 수 없이 교수님께 도움을 청했다. 많은 교수님들께 도움을 청했지만 진심으로 날 도와주신 분은 '성서와 기독교' 수업의 교수님뿐이었다. 그러나 그때도 나는 교수님을 많이 의심했고 믿지 않았다. 세상의 다른 사람들처럼 말만 잘하는 사람이라고 생각했다. 교수님이 먼저 보충수업을 해주시겠다고 하셨지만, 시간이 없다는 이유로 교수님의 제안을 거절했다. 나는 계속 술집에서 일하면서 학교에 다니고 있었기 때문에 체력이 떨어지고 수면도 부족해서 수업을 들을 때 계속 졸기만 했으며 사람들과 이야기할 힘도 없는 상태였다.

그러다가 내 얼굴 표정을 보시고 염려하시던 교수님이 결국 내 생활을 알게 되었다. 교수님은 내게 술집에서 나오라고 말씀하셨지만, 나는 학비 문제 때문에 나올 수 없다고 했다. 그러자 교수님은 학비 문제를 해결해주겠다고 하셨다. 그러나 나는 사실 그 말을 아예 믿지도 않았다. 그리고 내 힘으로 어떻게든 지탱해 나갈 수 있다고 스스로를 격려했다. 내 마음은 완전히 굳어 있었다. 내 삶은 '불신, 고통, 실망, 분노, 미움'으로 꽉 차 있었던 것이다. 지금 돌이켜봐도, 그때 느꼈던 마음의 참담함은 말로 표현할 수 없을 만큼 고통스러웠다.

교수님의 계속적인 권유에도 불구하고 나는 마음을 굳게 닫고 있었다. 그러던 어느 날 교수님과 면담을 하게 됐으며 교수님과 어떤 목사님이 내 손을 잡고 기도를 해주셨다. 그런데 기도 중에 교수님이 갑자기 울기 시작하는 게 아닌가.

나는 아주 큰 충격을 받았다. 이 세상에서 날 위해 울어준 사람은 어머니밖에 없었다. 그동안 '성서와 기독교' 수업을 통해서 예수님이 누구신지 조금 알게 되었지만, 교수님이 우는 그 순간에 어머님의 얼굴이 떠오르면서 나도 같이 울었다. 바로 그 순간에 예수님이 왜 나를 위해서 십자가에 못 박혀 죽었는지 깨닫는 놀라운 체험을 하게 됐다. 동시에 교수님의 사랑이 무엇인지도 알게 되었다. 내 완고한 마음의 최후 방어선이 그 사랑 앞에서 무너진 것이다. 나는 술집에서 나오겠다고 다짐하며 삶의 어두움 속에서 벗어나야겠다고 결심했다.

내가 처음 배운 성경 구절은 고린도후서 5장 17절이었다. "그런즉 누구든지 그리스도 안에 있으면 새로운 피조물이라. 이전 것은 지나갔으니, 보라 새것이 되었도다." 그때는 이해하기 어려웠지만 지금 생각해보니 예수님께서 죄가 없는 하나님의 아들로서 나를 사랑하시기 때문에 나 대신 십자가에 못 박히신 것을 알려주는 구절이었다.

그 사랑의 보혈이 나를 새롭게 하고 나를 죽음에서 영생으로 옮긴 것이다. 주님의 그 사랑만 믿으면, 내가 그리스도와 함께 십자가에 못 박혔다고만 믿으면, 이전의 모든 것은 다 지나가고 이전의 나는 그리스도와 함께 십자가에서 죽는다. 그리고 이제는 나를 사랑하사 나를 위하여 자기 몸을 버리신 하나님의 아들을 믿는 믿음 안에서 사는 새로운 '피조물'이 되는 것이다.

"내가 그리스도와 함께 십자가에 못 박혔나니 그런즉 이제는 내가 사는 것이 아니요
오직 내 안에 그리스도께서 사시는 것이라 이제 내가 육체 가운데 사는 것은 나를 사랑
하사 나를 위하여 자기 자신을 버리신 하나님의 아들을 믿는 믿음 안에서 사는 것이라"
갈라디아서 2장 20절

나는 주님을 믿고 난 후 불신, 고통, 실망, 분노, 미움을 버리고 믿음, 소망,
사랑 안에서 살게 되었다. 죽음에서 영생으로 옮겨진 것이다. 전에 내가 죽음의
어두움 속에서 벗어나지 못한 이유는 이전의 나를 버리고 싶지 않았기 때문이다.
그러나 새 것을 얻으려면 헌 것을 버려야 하고, 사랑을 얻으려면 미움을 버려야
하고, 영생을 얻으려면 죽음을 버려야 하며, 하늘에 있는 것을 얻으려면 땅에
있는 것을 반드시 버려야 한다는 사실을 깨달았다.

허무한 것들 속에서 진실한 것을 추구하고, 미움 속에서 사랑을 추구하고,
죄악 속에서 영생을 추구하던 이전의 모습에서 벗어나야 한다. 주님의 보혈을
힘입어 새로운 사람이 되지 않으면 온갖 노력에도 불구하고 목마를 때 소금물
을 마시는 것처럼 더욱 목마르고 더욱 허무해지고 더욱 고통스러워질 것이다.
오직 주 예수님의 보혈로 우리가 깨끗케 되고 예수님을 믿는 그 믿음 안에서,
진실한 사랑, 행복, 영생을 얻을 수 있다.

미움과 사랑, 죽음과 영생, 이러한 사탄의 갈림길 앞에서 예수님을 알지 못
한다면 이전의 생각과 가치관을 가지고 선택하게 되고 이전의 길을 따라 갈 수
밖에 없다. 그러나 생각을 바꿔서 죄와 사랑을 잘 구별하고 내가 아닌 '주님의
자녀'로서 지혜롭게 선택하면 사랑의 길을 선택할 수 있을 것이다. 이 세상에서
미움과 고통의 길을 일부러 선택하려고 하는 사람은 단 한 명도 없을 것이다.

만약 내가 중국에 있을 때 가지고 있던 헛된 생각을 계속 붙잡고 있거나 내 힘과 내 욕망에 따라서만 살려고 했다면 아직도 어두움 속에서 살고 있을 것이다. 예수님을 알지도 못하고 그 사랑을 느끼지도 못하고 아주 슬프게 살다가 죽어서 결국 지옥에 가고 말았을 것이다. 이보다 더 슬픈 일은 없을 것이다.

"부디 예수님을 믿으십시오. 미움 속에서 살지 마십시오. 지옥에 가지 마십시오."

주님이 나를 위해 십자가에 못 박혀 죽으셨다는 것을 믿고 주님 안에서 살겠다고 결심만 하면 주님의 사랑을 점차 느끼게 될 것이다. 사랑과 행복과 영생 그리고 우리가 구하는 모든 것을 다 얻을 것이다.

"너희가 내 안에 거하고 내 말이 너희 안에 거하면 무엇이든지 원하는 대로 구하라 그리하면 이루리라" 요한복음 15장 7절

주님은 나를 사랑하신다. 내가 주님을 거절한 것이었을 뿐, 주님은 나를 버리지 않았다. 하나님이 교수님을 통해 내 맘을 두드리실 때, 나는 마음의 문을 꽉 닫고 믿지 않고 열어주지 않았었다. 나는 숨은 쉬고 있었지만 영혼이 죽은 시체와 같이 살고 있을 뿐이었다. 사람이 죽으면 그 몸에는 '체온'이 없다. 내가 육체 가운데 살고 있으나 불신, 미움, 죄악, 죽음의 어두움 속에서 사랑의 '온도'는 완전히 사라졌던 것이다. 이것이야 말로 '죽음'과 별 차이가 없는 것이다.

"하나님의 음성을 들으십시오. 주님의 말씀을 읽고 생각하십시오. 누구든지 하나님의 음성을 듣고 문을 열면 주님이 그 안에 거하게 될 것이고 그도 주님 안에 거하게 될 것입니다. 그리고 주님의 사랑을 느끼게 될 것입니다. 주님이 주시는 선물인 영생을 얻게 될 것입니다. 마음의 문을 열어 주님을 영접하십시오."

믿기 전에 나는 이렇게 생각했다. 과연 믿으면 행복할까? 과연 믿으면 주님의

사랑을 느낄 수 있을까? 과연 영생을 얻을 수 있을까? 아직 잘 모르는 것들에 대해 여러 가지 걱정을 많이 했다. 하나님이 교수님을 통해 학비를 해결해주겠다고 제안하셨을 때 나는 얼마나 많이 의심했는지 모른다. 자본주의 사회에서 이런 사람도 있을까? 이 세상에 과연 이런 사람이 있을까? 전에 중국에 있을 때 배웠던 것과 완전히 다르기 때문이었다. 처음에는 이것을 믿는 것이 '한강의 교량이 붕괴되고 백화점이 무너졌다는 것'보다 더 믿기 어려웠다.

간단한 예를 하나 들어보겠다. 사람들은 어떤 사실을 뉴스, 동영상 등의 기록을 통해서 알고 믿게 된다. 아마 그것을 직접 봤던 사람은 별로 없을 것이다. 만약 어떤 한국 사람이 나에게 그것이 사실이라고 이야기한다면 나는 "당신 말은 거짓말이다. 그런 일은 없다."라고 대답할지 모른다. 그러면 그 사람은 뉴스

와 동영상을 보여주고 나한테 그것이 사실이라고 믿어달라고 할 것이다. 하지만 내가 "이것도 거짓말이다. 그 뉴스도 가짜고 동영상도 다 가짜다."라고 대답한다고 치자. 나한테 이야기 해주는 사람이 바로 당신이라면 당신은 어떻게 생각하겠는가? "와, 이 바보! 세상에 이런 바보도 있나!" 이렇게 생각하지 않겠는가. 사실 성경은 어떤 사건을 보도하는 뉴스와 동영상보다 더 강력한 하나님의 존재에 대한 증거이다.

그렇다. 나는 그것을 사실이라고 믿게 된 것이다. 교수님을 신뢰했고 하나님의 사랑을 믿었으며 또한 하나님이 약속해주신 것을 믿었다.

"하나님은 사람이 아니시니 거짓말을 하지 않으시고 인생이 아니시니 후회가 없으시도다 어찌 그 말씀하신 바를 행하지 않으시며 하신 말씀을 실행하지 않으시랴"
민수기 23장 19절

내가 예수님을 영접하고 하나님을 믿은 지 벌써 3년이 지나갔다. 하나님이 약속해주신 대로 나는 주님의 사랑 안에서 교수님의 소개로 어떤 기업에서 중국어강사를 하면서 학비를 해결했고 네비게이토 생활관에서 지낼 수 있게 되면서 집 문제도 해결했다. 잠과 공부시간도 충분해져서 즐겁고 행복하게 살고 있다. 3년 동안 하나님은 나를 사랑해주시고 버리지 않으셨다. 앞으로도 버리지 않으실 것을 믿는다. 하나님은 나약한 사람들처럼 식언치 않으시기 때문이다.

2004년, 나는 4학년이 되었다. 3년 전에 내가 예수님을 믿지 않았다면, 내 마음을 주님께 열어드리지 않았다면, 어떻게 되었을지는 두말할 필요 없이 분명하다.

지금 나는 더욱 아름다운 꿈을 갖게 되었다. 좋은 직업이나 아름다운 가정을 갖거나 훌륭한 지도자가 되는 것들이 아니다. 그리고 그것은 더 이상 그저 꿈이 아니라 주님이 약속해주신 대로 믿기만 하면 선물로 받게 될 것들이다. 바로 내 꿈은 주님의 나라를 위해 나를 부인하고 주님의 십자가를 지고 주님의 증인이 되는 것이다.

"또 무리에게 이르시되 아무든지 나를 따라오려거든 자기를 부인하고 날마다 제 십자가를 지고 나를 따를 것이니라" **누가복음 9장 23절**

세상 모든 사람에게 복음을 알려주고 그들이 주님께 돌아와서 하나님의 자녀로 그 크신 사랑을 함께 나누고 같이 누리는 것을 보는 것이 나의 꿈이자 비전이다.

"사랑하는 형제, 자매 여러분 이 글을 읽고 생각해 보십시오. 예수님을 영접하십시오. 하나님을 믿으십시오! 하나님은 사랑이십니다. 우리 서로 사랑합시다."

"사랑은 여기 있으니 우리가 하나님을 사랑한 것이 아니요 하나님이 우리를 사랑하사 우리 죄를 위하여 화목 제물로 그 아들을 보내셨음이니라 사랑하는 자들아 하나님이 이같이 우리를 사랑하셨은즉 우리도 서로 사랑하는 것이 마땅하도다" **요한일서 4장 10~11절**

모배권 _연세대학교 문헌정보학과 졸업. 대성그룹 계열사 글로리아트레이딩의 직원으로 상하이에서 2년간 일한 후, 2008년부터 동 대학원에서 경영학을 공부하고 있다. 학부 3학년 재학 중이던 2003년에 이 글을 썼다.

나를 한국 땅으로
인도하신 하나님

글 아메모리 슈우지

"너희 안에서 행하시는 이는 하나님이시니 자기의 기쁘신 뜻을 위하여
너희에게 소원을 두고 행하게 하시나니" **빌립보서 2장 13절**

내가 한국에 유학 올 때 목사님이 주신 말씀이다. 지금으로부터 3년 전, 나는 일본에서 학교를 마친 후 무역회사에 다니고 있었다. 그때 일본 경제가 안 좋아서 이른 아침부터 밤늦게까지 일했고, 가끔은 밤을 새우며 일한 적도 있었다. 아무 생각 없이 단지 돈 때문에 열심히 일했다. 그러나 마음속에 항상 허무감이 있었고 앞으로도 계속 자동차 바퀴처럼 일할 것을 생각하니, 마치 내 자신이 기계가 된 느낌이었다. 이렇게 회사에서 3년간 일하다가 어느 날 아는 선배가 중국어를 유창하게 말하는 모습을 보았다. 나도 다른 언어를 배우고 싶었

고 일본에서 제일 가까운 나라의 말인 한국어를 배우기 시작했다. 이렇게 주님은 한국어를 통해서 나를 인도하셨다.

혼자서 계속 한국어 공부를 해보았지만 너무 어려워서 결국 포기하고 말았다. 그러나 다시 공부할 기회가 생겼다. 1대1로 한국어를 가르쳐준다는 내용의 광고를 본 것이다. 잘됐다 싶어서 바로 그날 학원에 전화했더니 선생님은 다음 주부터 오라고 말했다. 그 선생님은 굉장히 친절하게 한국어를 가르쳐주셨고, 내게 언어뿐만 아니라 한국 문화와 역사 등 한국에 대해 폭넓은 관심을 갖게 해주셨다.

어느 날 선생님께서 주일날에 교회에 와보라고 권해주셨다. 나는 24살이 될 때까지 교회에 가본 적이 없었고, 관심조차 가져본 적이 없었다. 일본에는 교회가 별로 없고 종교적인 면에서 약간 안 좋게 보는 경향도 있었기에, 나도 교회에 대해 약간은 부정적인 이미지를 가지고 있었다. 내가 당황해하는 모습을 보자 선생님은 교회에 한국인이 많으니까 언어라도 배우러 오라고 말씀하셨다.

결국 다음 주일날 선생님 말씀을 따라 태어나서 처음으로 교회에 갔다. 그곳은 7, 8명 정도 모인 가정교회였다. 한국에서 목사님과 전도사님이 오셔서 개척한 교회였는데 한국어 선생님의 언니가 바로 목사님이셨다. "할렐루야"라는 뜻 모를 말을 들으며 큰 환영을 받았다. 어색했던 나는 혹시 이상한 데 온 건 아닐까, 두려운 마음이 들었다. 일본에는 워낙 이상한 종교가 많기 때문이기도 했다. 긴장을 많이 한 나를 위해 그곳에 계신 분이 기쁜 얼굴로 찬양을 하셨다. 이전에는 찬양을 부른 적도 없었고 성경책을 읽은 적도 없어서 사실 빨리 집에 가고 싶은 마음뿐이었다. 그런데 그날 점심 때 나왔던 오징어덮밥이 너무 맛있었고 교회가 좋은 곳으로 느껴졌다. 천천히 판단해도 늦지 않을 것이라고 생각하며 그 다음 주에도 교회에 갔다. 설교해주시는 성경 말씀은 전혀 감이 오지 않았는데 교회 벽에 붙어 있는 말씀이 눈에 띄었다.

"야베스가 이스라엘 하나님께 아뢰어 이르되

주께서 내게 복을 주시려거든 나의 지역을 넓히시고

주의 손으로 나를 도우사

나로 환난을 벗어나 근심이 없게 하옵소서 하였더니

하나님이 그가 구하는 것을 허락하셨더라" **역대상 4장 10절**

내가 처음 본 말씀이었다. 지금까지 불교 책을 봐도 무슨 말인지 하나도 이해하지 못했는데 성경 말씀은 뭔가 다른 것이 있지 않을까 하는 궁금증이 생기기 시작했고, 그 후 계속 교회에 다니게 되었다. 교회에 다닌 지 3, 4개월이 지나면서 나는 목사님, 전도사님, 선생님의 영향을 많이 받게 되었고, 한국에 유학 가고 싶은 마음이 생겼다. 그러나 직장 동료들과 사장님, 부모님까지도 반대하셨다. 내가 장남이고 나이도 25살이나 먹었으니 "다시 생각해 봐라."고 말씀하셨다. 심지어 어머니는 내가 한국으로 유학가지 않게 하려고 한국어 선생님에게까지 전화를 하셨다. 마음을 바꾸기로 한 것은 아니었지만, 주위 사람들이 모두 반대하는 상황에서 한국에 가는 것에 대해 어떻게 해야 할지 목사님께 여쭤봤다. 목사님은 이렇게 말씀해주셨다.

"너희 안에서 행하시는 이는 하나님이시니

자기의 기쁘신 뜻을 위하여 너희에게 소원을 두고 행하게 하시나니" **빌립보서 2장 13절**

"슈우지, 네가 지금 생각하는 것은 다른 사람은 몰라도 하나님 뜻인 것이 분명하다."

나는 목사님의 말씀을 믿고 자신을 변화시키고 싶었다. 세례를 받고 싶은 마음도 생겼다. 그러나 불교 집안에서 자라난 내가 세례를 받는 것은 쉽지 않았다.

할아버지가 100만 엔 정도하는 불단을 사다 놓으시고 한 달에 한 번 설교도 직접 하시는 집이어서 아예 말을 꺼낼 용기도 나지 않았다. 내가 교회에 다닌다는 소식을 듣자 가족들은 "너 우리 집이 어떤 집인지 알고 교회에 다니냐?" 라며 책망하셨다. "집에서 인정을 받지 못하면 한국에서 인생을 새로 시작하자." 이런 마음으로 나는 한국으로 유학을 떠났다. 그리고 목사님이 서울에 방문하신 2002년 봄에 결국 세례를 받았다.

유학 생활을 한 지 3개월 정도 된 어느 날, 배가 아파서 병원에 갔던 적이 있었다. 의사는 신장에 돌이 생겨서 병원에 입원해야 한다고 했다. 그때는 한국어가 많이 부족하고 친구도 없을 때였다. 밤에 침대 위에서 혼자 하나님께 기도했다. "제가 주위의 반대를 무릅쓰고 한국에 유학 왔는데 몸이 아픕니다. 하나님 왜 이런 고통을 주십니까?"

사실 나는 그때 내가 무슨 병에 걸렸는지 몰랐다. 그 정도로 말이 안 통했다. 마음이 괴로워서 공부도 잘 안 되었기에 성경을 읽기 시작했다. 그때의 성경 말씀이 나에게 큰 힘을 주었다.

"두려워 말라 내가 너와 함께 함이라 놀라지 말라 나는 네 하나님이 됨이라 내가 너를 굳세게 하리라 참으로 너를 도와주리라 참으로 나의 의로운 오른손으로 너를 붙들리라." **이사야 41장 10절**

나는 성경책을 머리로만 깨닫고 있었는데 그날은 말씀이 실제로 힘을 준다는 것을 경험했다. 매일 진통 주사를 맞고 약을 먹자 한 달 후에 돌이 빠져나갔다. 먼저 회복된 것을 감사한 후, 나는 혼자 힘으로 살 수 없다는 것을 깨달았다. 교만한 마음, 바로 자기 힘으로 모든 것을 할 수 있다는 자신감이 완전히 무너졌다. 하나님은 그런 마음을 나에게서 제거하시려고 고통을 주셨던 것 같다. 이

것을 계기로 살아 있다는 기쁨, 감사한 마음이 생겼다.

그 후 매일 아침, 가장 먼저 나는 하나님께 기도하기 시작했다. 그때까지는 하나님께 무엇을 달라는 기도밖에 안했지만, 그 후로는 하나님 나라를 구하는 기도 그리고 여기까지 인도해주시고 이 땅에 보내주신 것에 대해 감사하다는 기도를 드렸다.

서강대학교 한국어 어학당을 마치자, 일본에 다시 돌아가서 취직해야 할 상황이 되었다. 계속 한국에서 신앙생활을 하고 공부하고 싶은데 어떻게 해야 할지 고민이 되었다. 그때 연세대에 교수님으로 계신 교회 장로님이 나에게 좋은 제안을 해주셨다. 연대 외국인 수시시험을 보는 것이 어떻겠냐며 권유해주셨다. 나는 연세대 시험을 볼 만한 수준이 아니라고 생각해서 거절했는데 교수님은 네가 공부하고 싶으면 한 번 도전하라고 말씀해주셨다. 아무런 기대감 없이 시험을 봤는데, 1차와 2차에 붙고 결국 합격까지 하게 되었다. 합격을 확인한 날은 마침 내 생일이어서, 나는 하나님이 참 좋은 생일 선물을 주셨다는 생각에 너무나도 감사했다. 합격했던 기쁨도 잠시, 곧바로 학비와 생활비가 문제였다. 그런데 놀랍게도 그때부터 하나님께서 일으키시는 기적을 경험하게 되었다. 먼저 머물러야 할 곳이 필요했다. 서울 일본인교회 목사님께서 교회에 방이 비어 있으니 이사와도 좋다는 말씀을 듣고 살고 있던 고시원 아주머니께 이사해야 하는 상황을 말씀드렸더니 놀랍게도 아주머니는 앞으로 방세를 안 내도 좋으니 마음대로 쓰라고 방 하나를 주셨다. 아주머니도 하나님을 믿는 분이시고 내가 교회에 다니는 것을 알고 계셨기 때문에 흔쾌히 방을 내어주신 것이다. 정말 믿을 수 없는 일이었다. 나는 이 일이 하나님의 은혜라는 것을 확신한다.

대학에 입학한 후, 교회 집사님의 소개로 세브란스 병원에 있는 '어린이 학교'에서 일본어를 가르치게 되었다. 일본어 가르치는 일을 아주 좋아했기에 그 일을 꾸준히 할 수 있었다. 어느 날 한 아이가 일본어를 배우러왔는데 지금까지 그만한 아이를 본 적이 없을 정도로 열심히 공부하는 아이였다. 그 아이는 공부를 시작한 지 얼마 되지 않았는데도 제법 의사소통을 하는 놀라운 실력을 보여주었다. 그리고 나에게 항상 일본어를 배울 수 있도록 책을 사달라고 부탁했다. 나는 시간도 없고 돈도 없어서 책 사주는 것을 계속 미루고 있었다. 마침 책을 살 수 있는 기회가 생겼다. 그래서 책을 챙겨 병원에 갔는데 그날따라 아이가 눈에 띄지 않았다. 수업을 마친 후 나는 집사님께 그 아이가 어디에 갔는지 물어봤다. 집사님은 대답을 안 하고 가만히 계셨다. 내가 다시 그 아이에게 책을 주고 싶은데 어디에 갔느냐고 여쭤봤더니 집사님은 이렇게 대답하셨다.

"그저께 세상을 떠났단다."

그 말을 듣는 순간 나는 갑자기 온몸에서 힘이 빠져나가는 것을 느꼈다. 지금까지 가까운 사람이 세상을 떠난 적이 없었기 때문에 너무나 큰 충격을 받았다. 내가 자랑스럽게 생각했던 그 아이는 백혈병을 앓고 있었던 것이다. 큰 병에 걸렸으면서도 열심히 언어를 배운 그 아이한테 왜 더욱 잘해주지 못했던가 하고 정말 후회했다. 그날 밤 제대로 잠을 이루지 못했다.

새벽 기도를 하다가 하나 깨달은 게 있는데 내가 지금 믿지 않는 부모님과 친구에게 복음을 전하지 않고 시간이나 돈 때문에 미루고 있으면 언젠가는 반드시 또 후회할 것이라는 점이었다. 그 아이는 내게 무언가 소중한 것을 가르쳐주었다.

그 후부터 가족이나 친구에게 복음을 전할 용기가 생겼고 학교에서도 일본어 성경 모임에 참여하고 말씀을 나누기 시작했으며 많은 사람들이 모임에 나오기를 소망하게 되었다. 그러자 작은 부흥이 일어나기 시작했다. 더 이상 후회

하고 싶지 않았기 때문에 매일 간절히 기도하는 것은 바로 가족과 친구들의 구원이었다.

고통과 슬픔을 통해서 나를 인도해주신 하나님 그리고 앞으로 나아가야 할 목적을 알려주시는 하나님, 상상도 못했던 일을 이루어주신 하나님, 지경을 넓혀주시는 하나님께 감사드린다. 하나님이 내게 처음 주신 말씀이 다시금 마음에 와 닿는다. 나는 지금 그 길을 걷고 있다고 생각한다.

"주께서 내게 복을 주시려거든 나의 지역을 넓히시고 주의 손으로 나를 도우사 나로 환난을 벗어나 근심이 없게 하옵소서 하였더니 하나님이 그가 구하는 것을 허락하셨더라" 역대상 4장 10절

아메모리 슈우지 _연세대 정치외교학과 재학 중이던 2004년 이 글을 썼다. 대학원에서 공부하면서 일본과 한국의 문화교류 증진에 힘썼다. 2007년 12월 조선일보 김진명 기자는 세브란스병원 암환자 어린이들에게 일본어를 가르치는 슈우지의 모습을 취재하여 기사로 게재한 바 있다.

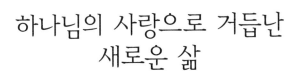

하나님의 사랑으로 거듭난
새로운 삶

글 신명진

　나는 엄마 태속에서부터 교회에 다녔던 모태신앙을 가지고 있다. 그러나 어렸을 때부터 주일학교 예배에 빠지지 않고 참석하면서도 구원의 확신이란 것을 모르고 살았다. 내가 초등학교 6학년 때 어머니는 "교회에서 트럼펫을 부시는 집사님이 계신데 소리가 너무 좋더라. 너도 좀 배우렴."하고 말씀하시면서 내가 만져본 적도 없는 악기를 한 대 사주셨다. 처음엔 불기도 싫고 귀찮아서 연습은 하지 않은 채 그냥 레슨만 받았다. 어느 날 교회에서 어린이 오케스트라를 선발한다는 말을 듣자 갑자기 트럼펫을 잘 불고 싶은 열정이 생겼다. 결국 악기를 시작한 지 3개월여 만에 시험 곡을 준비해서 오케스트라에 들어가게 되었다. 거기서 매일 찬양을 배우고 악기를 다루면서 멋진 음악가가 되리라는 꿈을 갖게 되었다.

악기 연주를 좋아한 이유도 있었지만 공부하는 것을 워낙 싫어했던 터라 어머니는 "너는 그냥 나팔이나 열심히 불어라."고 하시면서 예술고등학교에 진학시키셨다. 그 시절에 나는 매주 열심히 교회에 출석하여 어른 예배 오케스트라에서 섬기고 있었지만, 여전히 믿음은 없었다. 나는 사춘기에 접어들었고, 마음 가운데 있는 여러 가지 복잡한 감정들로 괴로운 시기를 보내고 있었다. 진로에 대한 불안감과 가정 안에서의 여러 가지 불화가 감정을 폭발하게 만들곤 했다.

아버지는 정신질환을 앓고 계셨다. 정신지체 장애 1급 판정을 받을 정도로 심각하셨다. 나는 아버지가 집에 계실 때면 항상 술과 담배에 절어 계시는 모습을 도저히 이해할 수가 없었다. 교회도 다니시고 한 집안의 가장이시기도 한 아버지의 무력한 모습에 나는 마음에 계속 상처를 받고 있었다. 경제적인 부분까지도 할아버지께서 다 채워주셨기 때문에 아버지가 아버지라는 느낌조차 제대로 들지 않을 때가 많았다.

그래서 나는 고등학교 시절에 담배에 손을 대기 시작했고, 학교 친구들과 어울리면서 술도 마시고 집에 잘 들어가지도 않고 밥 먹듯 외박을 하면서 지냈다. 점점 더 이해하기 어려웠던 아버지의 행동으로 가족 안에서 형과의 관계, 아버지와의 관계가 모두 깨어지게 되었다. 어머니 속을 썩이며 반항했고, 때론 부모님이 계시는 앞에서 형과 치고 박고 싸우기도 했다. 그러면서 하나님을 많이 원망했다. "왜 우리 가정에 이런 일이 있어야 하나요? 이게 하나님의 사랑인가요? 나는 우리 집이 너무 싫고 하나님도 이젠 믿지 않겠어요."라는 다짐을 반복하며 혼자 악기 연습에만 몰두하며 지냈다. 그리고 왠지 모를 죄책감에 시달릴 때마다 담배로 불안감을 떨쳐버리고, 술로 공허함을 채우면서 살았다. 속은 매일 뒤집어지고 호흡조차 힘겨웠던 그 암울했던 시간, 하나님을 인격적으로 만나지 못했던 그때 내 모습은 너무나 피폐했고 내 자신도 나를 사랑할 수 없었다.

그러던 중 대학에 진학했다. 나는 연세대에 입학하게 될 줄은 꿈에도 생각하지 못했었다. 수능 성적은 400점 만점에 겨우 174점에 머물렀고, 실기도 그렇게 잘 한 것 같지 않았다. 그러나 나는 대학에 진학할 수 있었고, 가정의 아픔들을 잠시나마 잊어버릴 수 있었다.

1학년을 마치고 군에 입대했는데 악기의 특성 때문에 군악대로 들어갈 수 있었다. 제대를 약 4개월 정도 앞둔 날 휴가를 나왔을 때, 형은 나에게 다가와서 한 번 시간을 내서 얘기 좀 하자고 하였다. 관계가 워낙 좋지 않았고 거의 남남처럼 지냈던 터라 형이 도대체 왜 저러나 궁금해 하면서도 그러자고 했다. 교회에서 만나 이야기를 하는 중에 형은 복음을 전해주었다. "명진아, 너는 죽으면 천국에 들어갈 확신이 있니?" 나는 형의 질문에 아무 대답도 하지 못했고, 믿음으로 구원을 얻는다는 사실은 알았지만 지은 죄가 많아서 들어가지 못할 것 같다고 대답했다. 그런 나에게 형은 오히려 '기쁜 소식'을 전해줄 수 있게 되어 감사하다며 "하나님이 사랑으로 보내주신 예수그리스도의 십자가의 보혈은 다 너의 죄를 용서해주기 위한 것이야."라고 말했다.

그때 내 마음에 알 수 없는 평안함과 안도감이 찾아왔다. 그리고 그분의 희생이라는 말에 마음속에 어떤 굳은 의지가 생겨났다. "더 이상 이런 삶을 살지 말자. 용서해주신 은혜를 잊지 말자."라는 마음이 들어서, 그날로 술과 담배를 끊겠다는 결단을 내렸다. 또한 형의 입술을 통해 복음을 들으면서 점차 가정의 상처와 아픔들도 회복되어 가는 것을 느낄 수 있었다.

제대 후에 형, 어머니와 함께 새벽 기도에 나가기 시작하면서 말씀을 사모하는 마음도 갖게 되었다. 그 다음에는 제자 훈련을 받을 수 있도록 하나님께서 인도해주셨다. 교회에서 찬양으로 섬길 때도 예전에는 사랑 없이 소리 나는 구리와 울리는 꽹과리였던 내 나팔소리에 구원을 얻은 감격과 은혜의 감사함을 실어서 찬양하게 되었다. 무엇보다도 하나님께서는 내 영혼을 구원하시고 내 삶을 변화시켜 주셨다. 그리고 나를 통해 내 주변의 친구들에게 기쁨으로 복음을 전하게 하시며 그들의 삶을 변화시켜 주신다는 굳건한 믿음도 허락하시고 복음 전도 훈련으로 나를 단련해 주셨다.

사실 아직까지도 가정에서 아버지로부터 받은 상처가 완전히 치유되지 않았지만, 이제는 그런 아버지를 받아들일 수 있게 되었다. 그리고 한때 마치 원수와 같았던 형과의 관계는 이제는 서로 눈물을 흘려가며 복음을 위해 함께 헌신하는 동역자의 관계가 되었다. 한창 방황하며 겉돌던 시절에 술을 마시고 집에 들어가면 술 냄새를 풀풀 풍기는 나에게 말없이 해장국을 끓여주시던 어머니. 한마디 꾸지람 없이 묵묵히 눈물과 기도로 돌아오길 바라시면서 기다려주신 사랑하는 어머니의 모습이 새삼 떠오른다. 이 모든 것이 예수 그리스도의 복음으로 이루어진 것이라고 밖에 말할 수 없다. 그래서 나는 더욱 하나님의 은혜에 감사하며 복음에 열정을 갖지 않을 수 없다.

무엇보다도 내가 오늘밤 이 세상을 떠난다 해도 천국에 들어갈 수 있는 구원의 확신을 갖게 된 것과 하루하루 기쁨으로 살아갈 수 있게 해주신 것을 하나님께 감사드리며 홀로 영광 받으실 하나님께 찬양을 드린다.

"예수로 나의 구주삼고 성령과 피로써 거듭나니
이 세상에서 내 영혼이 하늘의 영광 누리로다."

신명진 _연세대 음악대학 관현악과. 2006년 군대를 마치고 복학하여 2006년 가을 학기에 이 글을 썼다.

영국에서 돌아와
외톨이가 된 후
새롭게 만난 예수님

글 이성미

나의 부모님은 대한민국에서 태어나셨고, 두 분 다 비기독교 가정에서 자라나셨다. 아버지의 석사, 박사과정 공부 때문에 영국에 머물게 되었을 때 이웃에 살았던 필리핀 가정이 우리 가족을 교회로 인도했다. 부모님은 나와 어린 남동생을 데리고 매주 교회에 나가시면서, 성경을 읽고 기도로 양육하시고 기독교인으로 자라나도록 돌보셨다. 영국에 머무는 동안 신실한 성도들로 구성된 소그룹과 목사님의 가르치심을 통해 우리 가족은 믿음이 자라났다. 비록 설교는 이해하지 못했지만, 나는 주일 아침마다 교회에서 하나님의 평화와 임재를 느꼈던 것이 기억에 남는다.

내가 11살이었던 1998년에 우리 가족은 한국으로 돌아왔다. 하지만 고국에 돌아와서 그리스도인으로 사는 것이 결코 쉽지 않았다. 왜냐하면 사회와 가족들 속에서 압박하는 여러 가지 요소들로 인해 교회에 출석하는 것과 한 교회에 정착하는 것이 모두 매우 어려웠다. 우리 가족들은 아직 우리들을 격려해줄 그리스도인 친구들조차 발견하지 못하고 있었다. 게다가 할아버지, 할머니는 교회 가는 것을 특별히 반대하시면서 한국 전통을 따라 돌아가신 조상들에게 존경을 표하는 유교식 제사에 참여하기를 원하셨다.

비록 나는 하나님을 믿고 있었지만 조부모님을 즐겁게 하려고 제사에 참여하였다. 나는 항상 그리스도인이라고 스스로 부르면서도 그 참 뜻을 잘 알지 못했다. 십대 시절 내 삶의 첫 우선순위는 좋은 성적을 받고, 친구들을 사귀는 것이었다. 나는 때때로 기도했고 내 기도에 응답도 받았다. 그래서 나는 하나님 안에서 거듭나기 전에도 하나님께서는 내게 항상 변함없는 사랑을 베풀어주심을 깨닫게 되었다.

열네 살 때 다른 학교로 전학 가게 되었다. 갑자기 나는 외롭고 영혼이 공허한 것을 실제로 체험하게 되었다. 나는 조용하고 겁 많은 십대로 변해갔으며, 새 학교에 적응하기가 쉽지 않았다. 학급 친구들은 끼리끼리 모여 눈에 보이지 않는 높은 벽을 만들었고 아무도 나를 일부러 따돌리지는 않았지만, 나는 항상 소외되었다. 영국에서 평화로웠던 나의 어린 시절과는 너무도 문화적으로 대한민국의 환경이 다르게 느껴졌다. 내 마음과 내 삶이 왜 이렇게 잔인하게 버려졌는가, 사회에는 왜 공의가 없는가 라는 생각에 난 세상을 향해서 분노를 느꼈다. 공허함을 달래고자 나는 십대들을 위해 출판된 소설들에서 답을 찾으려고 했다. 현실에서 십대 친구들과 어울리지 못한다고 항상 느꼈기 때문에 더 흥미롭고 낭만적으로 보이는 가상적인 세계 속에서 나는 살기 시작했고 책들에 중독되었다.

교회 가는 것조차 흥미를 잃어가고 있던 어느 여름에 나는 어떤 수양회에 참석하게 되었다. 그 곳에서 강사님은 하나님에 대한 우리의 불순종함과 그러한 우리의 죄를 우리가 철저하게 회개해야 할 필요성에 대하여 이야기했다. 내가 죄인 됨을 진심으로 깨닫게 되자, 보다 더 나은 삶을 살고자 최선을 다하게 되었다. 난 책 중독에서 벗어나기 위해 불필요한 책들을 치워 버렸고, 거룩한 삶을 살고자 노력했다. 노력하면 할수록 내가 자꾸 실패하는 것을 보고 나는 우울증에 빠지기 시작했다. 내가 생각하는 온전한 삶에 도달할 수 없음에 나는 더욱 실망했고, 그래서 내 자신을 정죄하기 시작했다. 동시에 다른 사람들까지도 난 매우 심하게 정죄하기 시작했다. 또한 나는 두려움을 이길 수 없음을 발견했다. 만일 나의 믿음에 대하여 담대하게 말하거나 더 이상 제사에 참여하지 않으면, 무시당할까 하는 두려움이 가득했다. 나는 그래서 거절할 수 있는 용기를 갖지 못해서 늘 죄책감을 느꼈다. 그때 하나님은 나에게 좀 더 인격적으로 다가 오셨지만, 나는 하나님을 선한 일을 하면 상을 주시고 죄를 지으면 벌을 내리시는 분 정도로만 상상했다. 왜냐하면 착한 일을 하기보다는 더 나쁜 행동을 했음으로, 내가 죄를 지을 때 하나님께서 나를 버리실까봐 나는 무서웠다. 난 내 자신에게 실망하고 실패한 인생이라는 생각에 하나님께서도 나를 실패작으로 취급하실 것이라고 생각했기 때문이다. 하나님께서 얼마나 나에게 긍휼을 베푸시고 자비로우신지, 하나님은 내가 같은 죄를 수없이 지어도 나를 깨끗하게 하시고 용서해주시는지, 나를 아무 조건 없이 사랑으로 바라보시는지 나는 이해하지 못했다. 나는 하나님의 사랑을 내가 노력으로 획득해야 하는 것처럼 오해했다.

16세 되었을 때 내 신앙생활에 있어서 엄청난 변화를 경험하게 되었다. 그리스도인의 삶은 자기를 부인하고 고난의 그리스도를 따라가는 것임을 내가 발견한 것이다. 그러한 사실에 나는 놀라며 주저했다. 왜냐하면 그것은 나를 내리누르는 어떤 상황에서도 나의 믿음을 지키며 세상과 타협하지 말아야 한다는 것을 뜻했기 때문이다. 내게는 두려움을 이길 만한 충분한 용기가 없었다. 바로 그때, 하나님께서 이것은 용기의 문제가 아니라 사랑에 대한 것임을 깨닫게 해 주셨다. 두려움을 이기는 것은 예수님에 대한 나의 사랑에 달려 있었다.

"사랑 안에 두려움이 없고 온전한 사랑이 두려움을 내어 쫓나니 이는 두려움에는 형벌이 있음이라 두려워하는 자는 사랑 안에서 온전히 이루지 못하였느니라" 요일 4:18

예수님께서 나를 위해 그토록 많이 고난당하셨고 나를 위해서 그 목숨까지 내놓으셨다는 말씀은 나를 놀라게 했다. 왜냐하면 그럼에도 불구하고 나의 교만과 특권 그리고 나의 만족과 평안을 그리스도보다 더 추구했기 때문이다. 그리스도를 먼저 사랑하는 것이 내 두려움을 극복하는데 첫 걸음이 되었다. 그리스도에 대한 사랑이 나로 하여금 담대하게 내가 그리스도인임을 증거하게 했고 더 이상 조상에게 절하지 않도록 했다.

그 특별한 두려움을 극복한 후로 나의 모든 어려움이 단번에 다 없어졌다는 것은 아니다. 나는 이중잣대로 사는 어려움에 직면했는데, 교회에서는 그리스도인으로 교회 밖에서는 세속적인 신자로 사는 또 다른 문제에 직면하게 되었다. 나는 하나님과 성경에 대한 지식이 자라났고, 나의 삶에 대한 목표는 하나님을 영화롭게 하는 것임을 발견했다. 나는 나의 목표를 알게 되었음에도 나의 노력을 가지고 나의 삶을 바꿀 수 없음을 알게 되었다. 나의 노력이 실패했고, 난 스스로에 대하여 더욱 절망하게 되었다.

대학에 다니면서 나는 마침내 하나님의 용서는 값없는 선물이며 내가 벌 수 있는 것이 아님을 이해하게 되었다. 나는 그리스도의 완전한 순종이 하나님 보시기에 온전하도록 나를 만들었다는 것을 배웠다. 성경에서는 우리가 아직 죄인 되었을 때에 하나님께서 그리스도를 보내셨다(로마서 5:8)고 기록되어 있다. 그리스도는 십자가에서 내가 받아야 할 형벌을 대신 받으심으로 나의 모든 죄가 완전히 씻기게 하셨고, 하나님 보시기에 나는 정결하게 되었다. 이것은 정말 믿기 힘들었고 너무도 놀라워 진실이기에는 너무 아름다웠다. 나는 오랫동안 은혜가 하나님이 우리에게 값없이 주시는 선물이라는 사실을 받아들이는데 어려움을 겪으며 씨름해왔다. 나는 유학(버지니아 주의 제임스 메디슨대학) 프로그램 덕분에 대학교 2학년 때 미국으로 떠나게 되었다. 하나님께서는 이 기간 동안 계속해서 십자가가 정말 뜻하는 바가 무엇인지 내게 가르쳐주셨다. 하나님께서는 내가 비록 불안전하고 약하며 불순종하고 죄가 많아도 나에게 신실하고 언제까지나 변함없는 사랑을 주신다는 놀라운 진리를 가르쳐주셨다. 유학 기간 동안 나는 성경의 가르침은 매우 간단함을 알게 되었다. 곧 예수님은 나를 사랑하신다는 것이다. 내가 누구이든 내가 무엇을 하든 상관없이 말이다.

"우리를 구원하시되 우리의 행한 바 의로운 행위로 말미암지 아니하고 오직 그의 긍휼하심을 좇아" **디도서 3:5**

이 말씀은 내 삶에 가장 중요한 말씀이 되었다. 비록 내 삶 속에 많은 중요한 것들이 있을지라도, 복음을 전하는 이 생명의 메시지가 가장 중요하고 유일한 것이다.

이성미 _연세대 정치외교학과 04학번. 위의 글은 2006년 영어로 쓴 다음 페이지의 글을 한국어로 번역한 것이다.

Testimony

Both my parents are South Korean and come from non–Christian family backgrounds. When they went to U.K for my father's MA and PhD, they were first led to church by a Filipino family who lived next door. My parents raised me and my younger brother in the Christian lifestyle, such as going to church every week, reading the Bible and praying. My family grew in faith while we were in U.K through a sincere group of believers and the minister's teachings. In my memory, although I did not understand the sermons, I felt the peace and presence of God in church on Sunday mornings.

My family returned to Korea in 1998 when I was eleven years old. Living as a Christian back in my home country started to become difficult. There was a lot more social and family pressure on my parents, so attending church and settling down in a church became harder. We had no close enough Christians to encourage our faith. My grandparents in particular opposed the idea of going to church and wanted us to participate in ancestor worship, a Confucian ritual in which Koreans pay respect to our dead ancestors.

Although I still believed in God, I participated in the rituals just to amuse my grandparents. I always called myself a Christian but did not know the full meaning of what it meant to be one. My first priority in life during my teenage years was getting good grades and having friends. I prayed occasionally and found answers to my prayers, through which I have come to realize that God had been faithful to me even before I knew who He fully was.

When I was fourteen, I transferred schools and suddenly came face-to-face with loneliness and emptiness in my soul. I had become a quiet, intimidated teenager and had difficulty adjusting in my new school. My classmates were formed in tight cliques, and although no-one intentionally excluded me, I always felt left out. I felt such a vast cultural difference between my peaceful childhood in U.K. and my current situation in Korea. I was miserable inside and missed my life in U.K. I also had a lot of anger against the world; in my mind, life was cruel and there was no justice in the society. To fill my emptiness, I turned to teenage novels for answers. Because I always felt like I didn't fit in with my Korean peers in my real life, I started to live in an imaginary world of fiction that seemed much more exciting and romantic. I became an addict to those books.

I went to church without much enthusiasm, until one summer retreat. The preacher talked to us about our disobedience to God and that we desperately needed to repent our sins. After I realized that I truly was a sinner, I tried my best to live a better life. I got rid of all my addictive books and tried to live a holy life. The more I tried, I found myself failing every time which depressed me. I was frustrated that I could not reach the perfect standard, and became very self-judgmental. At the same time I also became very judgmental toward other people. I also found that I could not overcome fear: fear of being rejected and despised if I boldly lived out my faith, or if I refused to participate any longer in ancestor worship. I constantly felt guilty about not being brave enough to refuse.

In those days, although God had become more personal to me, I imagined Him as someone who rewarded me when I was good and rejected me when I was bad. Because I was more bad than good, I often felt scared that God might abandon me when I committed sin. Because I looked like such a failure in my own sight, I thought God would treat me as a failure too. I didn't understand how God could be compassionate and merciful to me, how He could forgive me for the same sins countless times, or how He looked on me with unconditional love. I felt as though God's love had to be earned.

When I was sixteen, I came to face another turning point in my faith. I found that the Christian life was about denying myself and following Christ's way of suffering. I was hesitant and scared about this, because it meant there was no more compromising my faith even when there were situations that pressured me to. There was no way I could be brave enough to overcome fear. Just then, God made me realize that this wasn't about courage, it was about love. Overcoming fear depended on my love for Jesus. (Later in my life, I found a verse in the Bible that told me the same thing. "There is no fear in love. But perfect love drives out fear, because fear has to do with punishment. The one who fears is not made perfect in love." 1 John 4:18) This shocked me. Jesus suffered so much for me and was willing to lay down his life for me, but I had valued my pride and prestige, my satisfaction and comfort more than I valued Him. Starting to love Him became my first step in overcoming fear; love for Him enabled me to say boldly that I was a Christian and I wouldn't bow down to ancestors any longer.

I can't say that all my struggles were gone after that particular fear was conquered. I faced other dilemmas, such as living a double-standard life: as a Christian in church, but as a worldly believer outside church. I grew in my knowledge of God and the Bible, and found that my purpose in life was to glorify God. But although I knew my purpose, my life did not reflect it very well. I was slowly growing but still did not realize that I couldn't make my life that way with my own efforts. Whenever my efforts failed, I would feel even more frustrated at myself.

During college, I finally began to understand that God's forgiveness was a free gift, not something I could earn. I learned that it was

Christ's perfect obedience that also made me perfect in God's sight. The Bible says: "While we were still sinners, Christ died for us."(Romans 5:8) When Jesus received my punishment on the Cross, all my sins were completely washed away and I was clean in God's sight. This was just so incredible and amazing that I felt it was too good to be true. I struggled with this for a long time because I had so much difficulty in accepting that grace was free gift. I went on a Study Abroad Program to the United States (James Madison University, Virginia) in my sophomore year and God taught me over and over again what the Cross truly meant. He taught me numerously that although I may be imperfect, weak, disobedient and sinful, God will still remain faithful to me. During my year abroad, I came to understand that the message of the Bible was very simple: Jesus loves me. No matter what I am or what I did. The Bible says: "He saved us, not because of righteous things we had done, but because of His mercy."(Titus 3:5)

This message is the most important thing in my life. Although there are many important things in my life, this life—saving message which is called the Gospel, is the only thing that is essential.

Ms. Sung Mi Lee studied at Yonsei University in the Department of Political Sciences.

술&담배 건강한 몸과 마음을 위하여

박영모

차윤희

포도주는 붉고 잔에서 번쩍이며 순하게 내려가나니

너는 그것을 보지도 말지어다

그것이 마침내 뱀 같이 물것이요

독사 같이 쏠 것이며

또 네 눈에는 괴이한 것이 보일 것이요

네 마음은 구부러진 말을 할 것이며

잠언 23장 31~33절

273일 연속으로 술 마시기

글 **박영모**

"내가 확신하노니 사망이나 생명이나 천사들이나 권세자들이나 현재 일이나 장래 일이나 능력이나 높음이나 깊음이나 다른 아무 피조물이라도 우리를 우리 주 그리스도 예수 안에 있는 하나님의 사랑에서 끊을 수 없으리라" **로마서 8장 38~39절**

모태로부터 하나님의 사랑을 받아온 지 30년 남짓 되었다. 그동안 많이도 의심하고 많이도 거부했지만 로마서 8장에 나와 있는 하나님의 사랑 고백은 일점일획의 거짓이 없는 사실로 내 삶에 증거 되어 있다.

가장 오래된 기억 속에 찬양과 율동이 있을 만큼 나는 어렸을 때부터 교회를 다녔다. "사막에 샘이 넘쳐흐르리라", "사랑은 참으로 버리는 것" 등은 내가 좋아했던 노래들이었다. 이러한 배경 속에서 초등학교와 중, 고등학교 시절을 보냈다. 초등학교 시절 헌금의 일부를 군것질에 쓰고 교회 의자를 뛰어넘어 다니던 개구쟁이의 모습도 기억나지만, 요절도 암송하고 여름성경학교와 수련회에 빠짐없이 참석하는 등 나름대로 교회를 중심으로 열심히 활동했던 일도 기억난다. 따라서 기도하는 법, 말씀 읽는 법을 자연스럽게 배우게 되었고 영적인 삶의 비밀들에 대해서도 하나씩 깨달아 갔다.

이런 깨달음 속에서 고등학교 시절에는 기도를 참 많이 했다. 수시로 금식하며 기도했다. 방과 후 교회에 혼자 와서 기도를 하기도 했고 가장 힘든 고3 기간에는 성경을 한 번 통독하기도 했다. 그때의 일기를 살펴보면 온통 하나님 이야기로 가득 차 있다. 만약 하나님을 모르는 사람이 내 일기를 본다면 '광신도'나 '목사'로 생각할 것이다.

그때의 내 모습은 온통 하나님의 은혜였다. 억지가 아닌 기쁨과 감사 가운데 신앙생활을 했다. 일주일 내내 교회 가는 것을 기다렸다. 날마다 찬양을 부르고 싶어 했고, 찬양을 할 때면 말할 수 없는 기쁨과 평안이 밀려오는 것을 느낄 수 있었다. 내 얼굴에는 웃음이 넘쳤기에 학교의 친구들은 나를 보고 "너는 왜 항상 웃느냐?"고 물을 정도였다.

고등학교 2학년 때의 일이다. 교회의 부흥회 기간이었다. 새벽 집회에 참석하여 기도를 하고 있는데 내 눈이 밝아지는 느낌이 들면서 나도 모르는 이상한 말이 튀어나오는 것이었다. 내 말로 기도하려고 했지만 혀가 내 의지하고는 상관없이 움직였다. 너무 놀라서 눈을 뜨고 다시 기도를 했는데 똑같은 증상이 나타났다. 순간 이것이 방언인가 생각했지만 방언에 대한 지식이 거의 없었고 언어라고 하기에는 조잡한 소리로 들렸기에 의심했다. '그렇게 열심히 기도하더니 드디어 정신이 이상해졌구나.'라고 생각했다. 후에 알고 보니 하나님께서 방언을 선물로 주신 것이었다. 내가 구하지도 않았는데 하나님은 영적인 축복을 주셨다.

학업 성적도 신앙과 함께 점점 좋아졌다. 고등학교 입학할 때만 하더라도 반에서 10등 안팎이었던 성적이 2학년 3학년으로 진급하면서 계속 올랐다. 물론 성적이 떨어질 때도 있었지만 전체적으로는 상승 곡선을 그렸다. 고3 담임선생님은 나에게 현재 3등급을 잘 유지하고 2등급을 목표로 하라고 말씀하셨다. 그러나 고3 마지막 시험을 치르고 나서 보니 1등급이 되어 있었다.

또한 고3 때 학급에서 남들이 공부에 부담된다고 꺼려하는 반장에 당선되어서 선생님께 위로(?)의 말을 들었다. 선생님은 그동안 자신이 맡은 반의 반장은 H대와 J대학에 들어갔다고 하시면서 걱정 말라고 하셨다. 그러나 다음 해에 나는 H대와 J대보다 합격 점수대가 20점 높은 연세대학교에 들어갈 수 있었다. 하나님께서 나에게 복을 주실 많은 카드를 가지고 계시지만, 고등학생인 내가 이해할 수 있는 카드는 대학입시에서의 좋은 성적이었기에 그런 복을 주신 것이 아닐까 싶다.

고등학교 시절 뜨거운 신앙생활과 더불어 하나님께서 내게 주신 가장 큰 사랑의 표현은 바로 가정의 변화였다. 어렸을 적 나는 열등감이 참 많았다. 중학교 3학년 때까지는 키가 작아서 외모에 대한 열등감이 있었고, 사립 초등학교에 다닐 때는 집안의 경제 수준이 다른 집보다 떨어지는 것에 대한 열등감도 있었다. 그러나 무엇보다도 가장 커다란 열등감의 원인은 아버지였다.

지금 돌이켜보면 아버지는 다른 아버지들에 비해서 자식들에게 함부로 하시거나 자기 삶을 소홀히 하신 분은 아니셨다. 오히려 자신이 받은 상처와 가난이라는 고통을 자식들에게 물려주지 않으려고 열심히 사신 분이셨다. 그러나 그때는 아버지의 헌신보다는 아버지의 약점이 많이 보였고, 아버지를 원망하는 마음이 많았다.

내가 어렸을 적에 아버지는 교회에 다니지 않으셨다. 그래서 어머니가 교회에 가거나 교회에 조금 열심인 것 같으면 굉장히 화를 많이 내셨다. 또한 술을 좋아하셔서서 자주 그리고 많이 드셨다. 집에는 항상 술병이 가득했고 얼마나 빨리 술심부름을 하는지 나름대로 기록을 갱신해가던 내 모습이 기억난다. 무엇보다 내 마음에 상처로 남아 있었던 것은 가끔 부부싸움이 벌어질 때 아버지가 엄마를 때리던 것이었다. 부모님이 싸우기만 하면 얼마나 가슴이 떨리던지. 그래서 아버지와 옷깃이 닿는 것도 싫었고 아버지에 대한 분노가 가슴에 맺혀 있었다.

그러나 하나님의 은혜가 우리 가정 가운데 임하기 시작했다. 내가 중학교 2학년 때 즈음 그렇게 완강하던 아버지께서 한두 번 교회에 다니기 시작하셨다. 아버지는 당시를 돌아보면서 교회 가면 복 받는다고 해서 복 받으려고 교회에 다녔다고 말씀하신다. 그러나 어머니의 헌신적인 기도가 쌓이고 하나님의 때가 찼기 때문이었다.

내가 고등학교에 들어갈 때는 이미 아버지는 교인이 되어 있으셨다. 제법 주일 성수도 잘 하기 시작하셨고 교회에서 서리 집사의 직분도 받으셨다. 그렇게 교회 가는 것을 핍박하시던 자신이 예수쟁이가 되어 버린 것이다. 언제인지는 잘 기억이 나지 않지만 어느 날 아버지께서 "이제 식사하기 전에 함께 기도하고 밥을 먹자."라고 말씀하시며 대표로 식사기도를 하셨다. 가족들의 눈에 눈물이 맺혔다. 그때의 감격은 지금도 잊을 수 없다. 단지 식사 전에 온 가족이 기도하고 밥을 먹었을 뿐인데 그것은 억만금으로도 얻을 수 없는 감격적인 순간으로 남아 있다.

하지만 문제는 여전히 남아 있었다. 비록 아버지께서 신앙을 가지셨지만 나의 마음은 열리지 않았다. 아버지와 대화하는 것이 싫었고 불순종의 마음이 나를 지배하였다. 그렇게 지내고 있던 고등학교 2학년 여름 방학 때였다. 하루는 내가 늦잠을 잤는데 아버지께서 깨우지 않으셨다. 당시 아버지는 내가 조금이라도 늦잠을 자면 혼내시면서 깨웠다. 그때 깨우는 목소리는 세상에서 제일 듣기 싫은 소리 중 하나였다. 그러나 그날은 달랐다. 아버지는 잠을 방해하지 않으셨고 나는 늦게 일어나 두려움 반 신기함 반의 마음을 가지고 화장실에 씻으러 갔다. 잠시 후 방으로 다시 들어가는데 아버지께서 내 방에서 씩 웃으며 나오셨다. 나는 '왜 그러시나?'하면서 방으로 들어갔다. 순간 나는 잠시 동안 멈춰설 수밖에 없었다! 내 방의 넓은 창살로 들어온 햇빛이 침대의 매트리스를 비추고 있었는데 이불이 개어 있는 것이었다. 분명히 흐트러진 상태로 화장실에 갔었는데 이불이 단정하게 개어 있었다. 아버지께서 내 방에 들어오셔서 이불을 정리해놓으신 것이었다. 내 눈에 눈물이 고이더니 주르륵 흘러내렸다. 그 순간 아버지에 대한 원망의 마음과 분노와 두려움이 사라지는 것을 경험할 수 있었다. 그동안 아버지에 대한 마음이 해결되려면 이산가족이 상봉할 때처럼 얼싸안고 우는 일이 있어야 할 줄로 생각했는데 하나님이 하시니 눈물 한 방울로 해결된 것이다.

아버지와 아들에게 새 일을 시작하신 하나님이 조금씩 우리를 변화시키신 것이다. 아버지에게는 아들의 늦잠을 혼내 깨우기만 하다가 늦잠 잔 아들의 이불을 갤 수 있는 마음까지 가지게 하셨다. 그리고 아들에게는 원망으로 가득 찬 마음에서 용서와 평안의 마음을 가질 수 있게 하셨다.

이러한 변화는 누구도 부인할 수 없는 전적인 하나님의 은혜이다. 열심히 공부하면 100점을 받을 수도 있고 열심히 땅을 파면 10m, 20m의 깊이의 웅덩이도 만들 수 있지만 사람의 가치관과 인격, 성품, 비전의 변화는 노력으로만 되는 것이 아니다. 사람의 마음은 사람이 어찌 할 수 없는 것이다. 오직 하나님만이 변화시키실 수 있다. 하나님은 인간을 창조하셨고 코에 생기를 불어넣어 영혼을 주신 분이시기에 인간에 대해서 누구보다 잘 알고 계시다. 바로 창조의 하나님께서 내 아버지와 가정을 변화시켜 주신 것이다.

부모님은 두 분 다 초등학교만 졸업하셨다. 그러나 후에 중학교 고등학교 검

정고시를 패스하시고 함께 수능시험을 보신 후 2000년도에 00학번으로 김천에 있는 전문대학교의 안경광학과에 입학하셨다. 그리고 지금은 초당대학교의 서울 분교에 학사 편입하셔서 안경광학과에 함께 다니고 계시다. 내가 어렸을 적 자주 싸우시던 두 분이 이제는 CC(Campus Couple)가 되어서 항상 붙어 다니신다.

그리고 무엇보다 놀라운 것은 두 분이 함께 안경 선교를 다니신다는 것이다. 25인승 버스를 개조해서 장비를 싣고 한 달에 한 두 차례 전국을 누비며 주로 노인들을 대상으로 무료로 돋보기와 안경을 제조해드리면서 선교를 하고 계신다. 2002년부터 시작해서 2년간 약 1,000여 명의 사람들에게 밝은 세상을 볼 수 있도록 하셨다. 빛이신 예수님을 만난 이후 사람들에게 빛을 주기 위해서 시간을 쪼개어 헌신하고 있는 것이다. 장비를 싣고 떠나시는 뒷모습을 볼 때면 "주 예수를 믿으라. 그리하면 너와 네 가정이 구원을 얻으리라."라고 약속하신 하나님의 말씀이 거짓이 아님을 확인할 수 있다.

비록 지금도 여전히 인간적인 연약함으로 인하여 서로 상처를 줄 때도 있고 갈등할 때도 있다. 그러나 부모님이 나를 위해 그리고 내가 부모님을 위해 기도하는 기도의 내용은 옛날과 같지 않다. 부모님이 건강하고 화목하며 잘되는 것을 넘어서서 부모님을 통해서 어두운 곳에 하나님의 영광의 빛이 비춰지고, 부모님이 만나는 사람마다 구원을 얻게 되며, 부모님이 밟는 땅마다 하나님의 나라가 임하기를 기도하고 있다. 기도의 지경이 넓어지고 기도의 수준이 하나님의 마음에 점점 다가가게 된 것이다. 온 가족이 함께 하나님께 쓰임 받을 수 있는 영광과 축복은 이 세상의 무엇과도 바꿀 수 없는 것임에 틀림없다.

이렇게 축복을 받으며 신앙생활을 했으면 흔들림 없이 견고하게 하나님을 좇아 살았을 것 같지만 94년에 대학교에 입학하면서 나는 위기를 맞게 되었다. 고등학교 때까지 술과 담배에는 관심도 없었는데 술과 담배를 입에 대기 시작한 것이다. 오리엔테이션에서 만난 선배들은 엄청난 양의 술을 강요했다. 사실 그때는 강요라 여기지 않았다. 그동안 수많은 제약 속에서 살다가 드디어 자유를 맛보는 것이라 생각했다. 그래서 열심히 마셨다. 대학 1, 2학년 때 얼마나 많은 술을 마셨는지 동아리에서 273일 연속 술 마시기 기록을 가지고 있을 정도였다. 담배도 하루에 한두 갑은 기본적으로 피웠다.

집이 서울인데도 집에서 나와 학교 앞 신촌에서 선배와 자취도 하였다. 밤새 당구치고 술 마시다가 새벽 5시가 되면 잠을 자고 낮 12시가 넘어 일어나는 것이 예사였다. 공부는 당연히 뒷전이었고 세상을 즐기는 데 젊음을 낭비하였다. 가끔 이래서는 안 되지 하며 마음을 잡아보았지만 마음잡은 결과는 책상에 앉아서 영어책을 펼치는 정도였다. 상황이 이러다 보니 마음속에 하나님에 대한 의심이 들기 시작했다. 사회과학 서적을 통해서 본 여러 가지 문제제기들에 공감하면서도 성경의 가르침에서는 멀어졌다. 교회의 여러 가지 폐단, 중세를 암흑기로 만든 기독교의 폐단들만이 강하게 다가왔다. 때문에 나라와 민족을 위해서 기도하던 무릎은 '정권 타도'와 '투쟁'을 외치는 데모현장으로 향하게 되었다. 동아리 선후배들과 함께 부지런히 데모현장을 쫓아다니며 반미 구호와 투쟁가를 힘차게 외쳤다. 그리고 집회가 끝나면 함께 술자리로 향했다.

이러한 생활이 1년 6개월 동안 계속되고 있던 무렵, 95년 가을의 어느 날 저녁이었다. 그날도 술을 마시고 집에 가기 위해서 신촌 거리로 나왔다. 그런데 갑자기 이상한 기분이 나를 사로잡았다. 차분하다 못해 쓸쓸한 기분이 마음에 가득 찼다. 그리고는 신촌 거리의 모습들 하나하나가 클로즈업되어 보였다. 토하고 있는 내 또래의 학생, 길거리에 앉아서 울고 있는 아가씨, 싸우고 있는 사람들, 자기 술집으로 들어오라고 지나가는 사람들을 붙잡는 속칭 삐끼들, 응원가를 부르고 있는 한 무리의 사람들……. 한 장면 한 장면이 너무 강렬하게 보였다.

내 마음속 어디에선가 울림이 있었다. 슬픈 목소리가 내게 말하고 있었다. '이건 아닌데, 이건 아닌데, 내가 지금 뭘 하고 있는 거지.' 그 목소리는 집에 돌아오는 내내 귓가에 쟁쟁하였다. 그날 정말 오랜만에 하나님께 무릎을 꿇었다. 하나님께서 내게 주셨던 희생과 사랑 그리고 은혜와 축복에 대한 보답으로 그동안 내가 드렸던 외면과 부인에 대해서 회개의 기도를 드렸다. 정말이지 1년 6개월 동안 무엇인가에 속아서 아니 홀려서 살았던 것만 같았다.

회개의 밤 이후 나는 조금씩 하나님에 대한 신뢰와 소망을 회복하기 시작했다. 그 후 공익요원으로 2년 6개월 군복무를 하는 동안 교회와 집, 근무지를 중심으로 생활하면서 기도와 말씀으로 재무장하였다. 99년 군복무를 마치고 다시 학교로 돌아갈 날이 되자 두려움이 밀려왔다. 그동안 나는 변화되었지만 함께 놀던 친구들과 유혹으로 가득 찬 신촌 거리는 여전히 옛 모습대로 있었기 때문이다. 하나님께서는 이러한 내게 소망을 주셨다. 예전의 생활로 돌아가지 않을 뿐 아니라 친구들을 그리고 연세대학교를 예수 그리스도의 복음으로 도전하며 변화시킬 것에 대해서 말씀하셨다.

그것을 위한 첫 번째 시도로 매일 등교할 때 마다 정문에서 기도를 하게 하셨다. 1, 2분 동안 정문에 서서 학교와 친구들을 위해서 기도했다. 구원이 임하도록, 하나님의 통치가 임하도록 기도했다. 두 번째로 친구들에게 구체적으로 전도하기 시작했다. 처음에는 쑥스러워 직접 말하지 못하고 전도지를 읽어보라고 주었는데 나중에는 직접 복음을 전할 수 있게 되었다.

복학 후 전도에 대한 소망이 구체화된 것은 99년 2학기 때 '성서와 기독교'라는 어떤 교수님의 수업을 들으면서부터였다. 당시 나는 이미 기독교 교양 필수 수업을 들었기 때문에 굳이 들을 필요가 없었다. 그러나 기독교 수업을 들어야만 하는 친구를 전도하기 위해서 연세대에서 복음의 씨앗을 뿌린다고 소문난 그 교수님의 수업을 함께 듣기로 한 것이다. 그런데 교수님은 수술 때문에 2, 3주가 지나서야 첫 강의를 하셨다. 바로 이날 기적이 일어났다. 교수님은 자신이 늦게 강의를 하게 된 이유에 대해서 말씀하시면서 눈물로 자신의 삶을 간증하셨다.

친구와 나는 가장 가운데 자리에 앉아서 그 말씀을 들었는데 수업 후 친구가 내게 이러는 것이다. "영모야, 교수님의 말씀을 들으니까 내 마음이 이상하다. 어떻게 하면 예수님을 믿는 거냐? 아까 교수님이 말씀하신 전도지에 나와 있는 영접 기도를 하면 되는 거냐?" 친구의 이 말에 나는 급히 IVF 동아리 방에 가서 전도지를 빌려 친구의 영접 기도를 도왔다. 천하보다 귀한 한 영혼이 눈물의 간증을 통해서 주님께 돌아오는 기적의 현장을 목격한 것이다. 현재 그 친구는 나와 같은 교회에 출석하며 순장으로, 교사로 열심히 봉사하고 있다. 또한 이랜드에 입사한 후 후배들을 말씀으로 양육하며 섬기고 있다.

이렇게 수업을 통해서 은혜를 받고 있던 때였다. 연세대학교 위당관 기도실에서 기도를 하고 있는데 갑자기 하나님께서 복음 전파에 대한 강한 마음을 주셨다. 나의 신입생 때의 모습이 떠오르고 대학에 처음 들어오는 신입생들이 방황하지 않도록 그들에게 복음을 전해야 한다는 영적 부담감을 주셨다. 기도를 하면 할수록 이 마음은 주체할 수 없을 정도로 나에게 도전을 주었다. '하나님, 혼자서 어떻게 합니까?', '동역자를 붙여주소서.'라고 기도하자 어떤 교수님의 연구실인 위당관 316호가 떠올랐다. 나는 당장 이 마음을 교수님께 나누어야겠다는 생각에 316호로 달려갔다. 그러나 그곳에 교수님은 안 계시고 조교분만 계셨다. 나는 주체할 수 없는 부르심에 대한 마음을 김유준 조교님에게 나누었다. 이것이 계기가 되어서 교수님이 지도하시는 DTP(Discipleship Training Program) 모임에 동참하게 되었고 그 모임의 사람들과 함께 캠퍼스 전도를 하기 시작하였다.

2000년도 1학기에는 휴학을 하고 전도에 매진하였다. 그리고 00학번 새내기 중에 한 명도 복음을 듣지 못하고 학교를 졸업하는 일이 없도록 해야 한다는 소망을 품고 모인 사람들과 함께 새내기 전도를 시작했다. 전략적으로 새내기들이 모두 듣는 영어 교양수업시간을 이용하여, 강의 시작 5분 전에 들어가서 강사님이 오기 전까지 복음을 전하고 전도지를 나누어 주고 설문 조사를 하였다. 이렇게 해서 만난 사람들이 약 3,000명 이상 되었다.

2000년도 1학기의 이러한 역사는 DTP모임이 견고히 세워지는 초석이 되었고 나의 인생의 비전과 소망이 하나님 나라에 맞춰지는 계기가 되었다. 그 전까지만 해도 사도행전의 역사는 지나가버린 과거로만 여겼고, 내 개인적인 신앙의 목표는 세상에서 훌륭한 사람이 되어서 하나님께 영광 돌린다는 것이었다. 하나님의 경륜과 예수님의 재림에 대한 비밀에 대해서 온전히 인식하지 못한 영적 어린아이의 꿈이었던 것이다. 그러나 성령께서 역사하실 때 한 사람이 열방과 열왕을 변화시키며, 세상이 알 수 없는 크고 비밀한 계획들을 이룰 수 있다는 것을 깨닫게 되자 이 땅과 역사를 바라보는 시선이 완전히 바뀌었다. 삶의 이유와 목적을 분명히 깨닫게 되었고 인간의 실존과 역사의 흐름에 대한 통찰이 생겼다. 그리고 전적으로 사랑하며 함께 할 수 있는 동역자들을 얻게 되었고 내가 또한 그러한 동역자가 되었다. 대학 시절 잠깐의 방황은 하나님의 사랑에서 나를 끊을 수 없었다. 오히려 하나님은 어리석고 교만한 자를 용서하시고 변화시키셔서 하나님이 들어 쓰시는 영광의 도구로 사용하고 계시다. 하나님의 이 놀라운 사랑과 인도하심에 대해서 어떤 말로도 표현할 수 없다.

우리 가정 가운데, 그리고 나의 인생 가운데 크신 축복과 소망을 주신 하나님을 찬양한다.

박영모 _연세대 정치외교학과 94학번. 동 대학원 졸업 후 총신대 신학대학원을 수석으로 졸업했다. 심리학과 석사 이혜령 자매와 결혼하여 두 아들을 두고 있으며 목사 안수를 받은 후 유학 중에 있다. 그 부모님은 안경 특수선교로 오지의 노인들에게 안경을 제작해 드리면서 복음을 전하여 풍성한 열매를 맺고 있다. 이 글은 대학원 재학 중이던 2003년에 쓴 것이다.

내 닉네임은 주녀(酒女)

나는 2001년 2학기 '신약 배경사' 수업을 들은 후 하나님께서 소그룹 모임과 토요일 제자훈련모임으로 인도하셔서 말씀으로 하나하나 나의 모습을 변화시키셨다.

나는 크리스천이었고 봉사도 하고 있었지만 캠퍼스에서의 삶과 교회에서의 삶이 너무나도 다른 사람이었다. 캠퍼스와 일상생활에서 너무 세상적으로 살다가 교회에서 아이들 앞에서 교사라는 직분으로 서는 것이 너무 부끄러웠지만 어떻게 해야 할지 모르고 있었다. 소위 대학문화라는 것이 너무 멋있어 보이기도 했고 즐기고 싶은 마음도 강했다. 대학에서 할 수 있는 모든 것을 해보아야만 한다는 생각에 운동권에도 관심을 가져보고, 음악 밴드도 기웃거리고, 술도 실컷 마셔보았다. 그렇게 2년간의 시간을 보냈지만 허무와 후회밖에 남는 것이 없었다. 이런저런 일로 나를 다시 찾아보려고 몸부림 쳐보았지만 내 힘으로, 내 안의 무언가로는 안 되는 것을 절감하고 있었다.

휴학도 하고 그렇게 또 시간을 보내다가 복학을 하고 나서 '신약 배경사' 수업을 통해서 토요일 제자훈련모임을 나가게 되었다. 당시 성경에 대한 지식도 너무 부족하고 신앙도 너무 어려서 소그룹 리더로는 지원할 수도 없었지만 토요 제자훈련모임은 너무 가고 싶었다. 지금까지 이런저런 곳을 기웃거리던 호기심과는 다른 무언가가 나를 이끄는 것 같았다. 바로 하나님께서 나를 인도하신 것이었다.

매주 하는 소그룹 모임과 제자훈련모임에서의 말씀이 꿀송이처럼 달게 내 안에 흡수되는 것을 느꼈다. 나를 도와주시던 리더 자매님의 표현에 의하면 내가 스펀지처럼 말씀을 쏙쏙 흡수하고 있다고 하셨다. 이것이 나에게는 얼마나 큰 은혜였는지 모른다. 나는 그동안 교회 청년부에서 하는 성경공부가 지루하고 또 말씀이 어려워서 성경에 대해서는 좀 거리를 두고 있었다. 그런 내가 말씀이 꿀송이처럼 달다는 것을 알게 된 것은 분명 은혜였다!

그렇게 끊겠다고 다짐하고도 나는 계속 술을 마시고 있었는데, 하나님의 은혜로 알코올 냄새가 너무 역겹게 느껴지던 것도 이 때부터였다. 술을 너무 잘 마셔서 별명이 부끄럽게도 '주녀(酒女)'였던 내가 술을 싫어하게 된 것이다. 이것도 정말 큰 하나님의 은혜였다. 술 끊고 싶으신 분들 혹시 주위에 계시다면 말씀을 가까이 하도록 도와주고 싶다. 말씀과 기도의 생활은 알코올을 자연스럽게 싫어지게 만들었다.

하나님께서 조금씩 내 삶의 영역들을 바꾸게 하셨다. 제자훈련모임에 계속 남아서 훈련받게 하시면서 헛된 것에 허비하던 시간들을 말씀과 기도의 훈련으로 보내게 하셨다. 아직도 너무 부족하지만 하나님께서 지금도 나를 다듬어 가고 계신다. 여러분 중에는 교회에서 체계적인 훈련을 받거나 선교단체에서 잘

훈련받고 있는 분들도 있을 것이다. 하지만 어디서도 체계적인 훈련을 받지 못하시는 분들이 있다면 토요일 제자훈련모임을 추천해드리고 싶다. 하나님과 깊은 교제를 나누고 계시는 분들도 좋다. 토요일에 깊이 하나님을 만나고 싶은 분들 모두를 초대하고 싶다. 소그룹 리더를 맡은 사람이 아니어도 나처럼 참석할 수 있다.

교회는 다니지만 캠퍼스에서의 신앙생활이 어려운 분들이 혹시 있다면 제자훈련모임(DTP)처럼 좋은 선교단체들이 캠퍼스 안에 있으니 도움을 요청하면 좋을 것 같다. 귀한 캠퍼스에서의 시간을 2년이나 허비한 나로서는 나처럼 시간을 낭비하고 있는 사람들을 보면 너무나 안타깝다.

여러분들을 축복하고 사랑합니다!!!

차윤희 _연세대 생물학과 졸업. 동 대학원 아동가족학과에서 석사를 마쳤다. 차동혁 목사와 결혼하여 예쁜 딸을 말씀 안에서 기르고 있다. 이 글은 연세대 재학 중이던 2003년에 썼다.

진로&비전

나의 길을 그가 아시나니

김지은
유소연
이가은

나는 선한 싸움을 싸우고 나의 달려갈 길을 마치고 믿음을 지켰으니

이제 후로는 나를 위하여 의의 면류관이 예비되었으므로

주 곧 의로우신 재판장이 그 날에 내게 주실 것이며

내게만 아니라 주의 나타나심을 사모하는 모든 자에게도니라

디모데후서 4장 7~8절

피아노를 그만둘 수 있겠니?

글 김지은

1999년 3월 첫째 주, 나는 캠퍼스 정문을 들어서며 생각했다. '내가 도대체 왜 이 학교를 다녀야 하는 거지?' 내 안에는 불만과 불평, 섭섭함, 울먹거림 등 여러 가지 감정이 교차하고 있었다. 캠퍼스를 밟는 발걸음에 아무런 의미를 느끼지 못하고 있었다.

기독교 가정에서 태어나 모태신앙인으로서 성장한 나에게 있어, 1998년 한 해는 매우 특별한 시간이었다. 우리나라 사회에서 결코 피해갈 수 없는 고3 입시생이라는 이름이 나에게도 주어진 것이다. 어렸을 때부터 주일학교, 성경학교, 수련회, 임원, 반주 등 다양한 교회 활동을 하였고 나름대로 중학생 때 수련회에서 하나님을 만났다고 생각했던 나였지만, 고3 입시생이라는 현실 앞에서 내 모습은 한없이 작아짐을 느꼈다. 불안과 스트레스가 몰려왔고, 할 수만 있다면

1998년도가 내게 찾아오지 않았으면 하는 바람뿐이었다.

내게 대학 입시가 이토록 큰 부담으로 작용한 데는 이유가 있었다. 나는 초등학교 1학년 때부터 피아노를 배우다가, 그저 음악이 좋아서 피아노를 전공하기로 마음먹고, 초등학교 3학년 때에는 '나는 반드시 가장 좋은 학교를 거쳐 최고의 교육을 받으리라.'는 결심을 하게 되었다. 성공과 명예에 대한 욕심에 예원학교와 서울예술고등학교를 입학하고자 밤낮없이 공부하고 피아노를 연습했다. 결국 두 학교 모두 합격하여 나름대로 멋진 학창시절을 보내게 되었다.

하지만 나에게는 아직 하나의 관문이 더 남아 있었다. 그것은 바로 대학이었다. 집안에서 둘째이자 막내였던 나는 무엇이든지 이기고 최고가 되는 것을 너무 좋아했기 때문에 대학도 우리나라에서 최고로 인정해 주는 대학을 가고 싶었다. 아니, 가야만 했다. 그러다보니 욕심과 야망으로 불타는 마음에 몰려오는 입시에 대한 중압감이란 마치 물에 젖은 솜뭉치처럼 갑절의 무게로 느껴질 수밖에 없었다.

"오직 각 사람이 시험을 받는 것은 자기 욕심에 끌려 미혹됨이니 욕심이 잉태한즉 죄를 낳고 죄가 장성한즉 사망을 낳느니라" **야고보서 1장 14~15절**

내 마음에 소원하는 대로 안목의 정욕을 따라 도모했던 계획은 한 걸음 한 걸음이 부담과 억지의 연속이었다. 그래서 지친 마음에 내리게 된 결정은 '그래, 내가 한 해 동안 하나님만 굳게 믿고 의지해보자.'라는 것이었다. 고3이 시작될 무렵, 나는 나름대로의 원칙을 세워보았다. 고3 한 해 동안 매일 성경을 통독하기, 매일 1시간 기도하기, 주일성수 등. 그리고 이것을 잘 지키고 나면 하나님께서 내가 원하는 대학에 반드시 합격시켜주시리라는 유아적인 기대를 가지게 되었다.

물론 성경 말씀을 읽고 기도하는 시간을 통해 하나님께 받은 은혜는 참 놀라웠다. 위로부터의 평안과 지혜가 주어짐을 경험했고, 그것은 나로 하여금 '할 수 있다.'는 자신감을 얻게 하였다. 또한 하나님께서 기도모임을 사모하고 있는 여러 친구들을 만나도록 인도해 주셔서, 내가 다니던 고등학교에 '그루터기'라는 기도 모임을 만들 수 있었다. 모든 것이 하나님의 축복이었다.

그러던 어느 날, 드디어 내게 기회가 찾아왔다. 바로 내가 너무나도 가고 싶었던 대학의 수시입학시험을 치를 수 있는 자격이 주어진 것이었다. 입학시험은 실기시험만으로 이루어져 있었고, 규모가 있는 대곡을 두 개만 준비하면 되었다. 나는 여름 방학을 이용하여 정말 열심히 준비했다. 하루에 10시간 이상 피아노 앞에 앉아서, 밥 먹고 잠자는 시간 외에는 연습에만 몰두했다. 또한 곡을 만드는 과정 가운데 하나님께서 재능과 영감을 주시길 기도했다.

어느 날 피아노 선생님께서 다른 선생님 여섯 분을 모시고 마스터 클래스 '공개 연주 및 레슨'을 하고자 하는데 방학 동안 연습한 입시곡을 가지고 참가해 보라고 제안하셨다. 나는 당연히 좋다고 말씀드렸다. 마스터 클래스 당일, 연주 장소로 가기 위해 준비하던 나에게 담임선생님으로부터 수시입학시험을 볼 수 없게 되었다는 연락이 날아왔다. 서류 심사에서 불합격되었다는 것이었다. 이유는 콩쿨 경력의 개수가 상대적으로 부족하다는 것이었다. 너무나도 억울했다. 평소의 실기성적이나 등수로 보면 실력으로 충분히 이길 수 있는데 콩쿨 경력에서 밀려 연주조차 해보지도 못하게 되다니. 이런 상태에서 마스터 클래스에 참가하여 결국 입시장에서는 쳐보지도 못할 곡을 연주하게 되었다. 평가는 내 생애 최고의 극찬이었다. 그리고 선생님들의 격려와 위로가 이어졌다. 나는 눈물을 훔치며 다시금 다짐했다. 정시입학시험에서는 반드시 합격하리라.

이제껏 입시에서 실패해본 경험이 없었던 나는 꺾인 자존심을 뒤로 하고 오직 정시 준비에 매진하게 되었다. 나는 스스로 위로하기를 '그래, 하나님께서 나의 믿음을 테스트하시나 보다. 끝까지 해봐야지. 하나님, 저는 실망하지 않아요. 한 번의 기회가 더 있음에 대해 감사할게요.'라고 다짐했다.

눈앞에 닥친 마지막 기말고사부터 수능시험까지 최선을 다해 하나씩 치러냈다. 그 후 원서 접수를 하던 시기에 피아노 선생님의 권유를 따라 내가 가고 싶었던 대학과 함께 연세대학교를 지원하게 되었다. 나는 속으로 '연세대학교는 가기 싫어. 여기는 분위기가 이상해. 그리고 우리 집과도 가까워서 늘 지나다녔기 때문에 신선함이 없어.'라고 생각하고 있었다.

얼마 후 합격자 발표가 났다. 내 기대와는 달리 연세대학교에 합격하고 내가 가고 싶었던 학교에는 떨어졌다. 나는 매우 혼란스러웠다. 순간, 가고 싶었던 학교에서 실기시험을 보며 실수했던 기억이 떠올랐다. 준비기간 동안 단 한 번도 실수하지 않았던 부분인데 시험 날 짧은 순간에 이상하게 실수를 해서 당황했지만, 그것이 당락을 결정지을 만큼 영향력이 있을까 생각하기도 했었다. 나는 순간 마음이 울컥했다. 그리고 이 날부터 하나님과의 씨름이 시작되었다. 집으로 돌아온 나는 연세대학교에 합격한 것을 기뻐해야 할지, 아니면 다른 학교에 불합격한 것을 슬퍼해야 할지, 도저히 갈피를 잡지 못했다. 이것은 곧바로 하나님과의 대면으로 이어졌다.

'아, 하나님! 당신이 정말 살아 계신가요? 믿음으로 구하면 다 주신다더니, 그래서 지난 한 해 동안 하나님만 믿고 최선을 다해 달려왔는데 왜 결과가 이런가요?' 사람들과 만날 때마다 겉으로는 웃으며, "괜찮아요. 모든 게 하나님의 뜻이죠. 감사드려요."라고 이야기했지만 실제로 나의 마음속에는 풀리지 않는 의문으로 가득했다. '하나님, 제 믿음에 문제가 있었나요? 도대체 하나님의 계획은 뭔가요? 하나님, 제가 진짜로 존재하는 하나님을 믿는 것인가요?' 수많은 질문과 눈물로 한 달이라는 시간을 지내게 되었다. 나의 20년이라는 인생의 길에서 호흡처럼 함께 걸어왔던 하나님이었는데, 이때만큼은 마치 하나님께서 등을 돌리고 저 멀리 가버리신 것만 같은 적막감과 공허함이 심하게 몰려왔다. 견딜 수 없이 힘들었다.

2월 말이 되자 신입생 오리엔테이션이다, 수강 신청이다, 신입생 환영회다 하며 여기저기에서 축제 분위기를 자아냈지만, 이것은 나에게 있어 흑백 사진에 고정된 하나의 장면에 지나지 않았다. 내면의 의문들과 영혼의 목마름의 끝에 서서 실패감과 거절감에 시달리던 나는 마지막으로 하나님을 향해 이렇게 도전했다. "하나님, 정말 계시지요? 그렇다면 제가 왜 이 학교를 가야 하는지 아버지의 계획을 가르쳐주세요. 그리고 저는 지금 너무 목이 말라요. 저에게 은혜의 단비를 부어주세요. 아주 조금만, 봄비에 맞은 것처럼, 젖게 해주셔도 좋아요. 아주 조금만이라도……."

2월 말 수강신청을 하면서도 나는 별로 흥미가 생기지 않았다. 다만 '적어도 이상한 과목만 안 들으면 그만이지.'라는 생각뿐이었다. 전공필수과목과 교양필수과목을 신청하고 나니, 내게 주어진 여분의 학점은 단 6학점이었다. 이제 뭘 들을까 고민하던 나는 '어차피 들어야 할 과목, 기독교 수업이나 들어보지, 뭐……'라고 생각했다. 수강편람을 펼쳐 보니 공강 시간과 딱 맞는 '신약 배경사' 강의가 눈에 들어왔다. '이 수업 엉터리 같은 이야기나 하는 이상한 수업 아니야? 에이 모르겠다. 그냥 듣자.'하는 마음으로 수강신청을 했다.

"이는 내 생각이 너희의 생각과 다르며 내 길은 너희 길과 다름이니라 여호와의 말씀이니라 이는 하늘이 땅보다 높음 같이 내 길은 너희의 길보다 높으며 내 생각은 너희의 생각보다 높음이니라" **이사야 55장 8~9절**

입학식을 치른 후, '신약 배경사' 첫 수업에 들어갔다. 강의실에 들어가 보니 내 예상과는 달리 어떤 여자 교수님이 단상에 계셨다. 나는 좌석을 찾아서, '어

떤 이상한 이야기를 하시는지 들어볼까?'하는 경계의 마음으로 자리에 앉았다. 그런데 이게 웬일인가. 교수님께서 수업을 시작하기 전에 기도를 하자고 하시더니, 기도가 끝나자 또 다시 찬양을 함께 부르자고 하시는 게 아닌가. 내게는 잔잔한 충격이었다. 하지만 이것은 시작에 불과했다. 교수님께서 당신이 걸어오신 삶을 간증하기 시작하는데, 내 안에 계신 성령께서 활발하게 움직이시며 내 마음을 감동하기 시작하였다. 교수님의 고백은 내가 간직하고 있었던 의문들에 대한 답이었다. 시원했다. 마치 교수님의 인생을 그린 필름과 나의 인생을 그린 필름이 하나로 겹쳐지는 듯 했다. 나는 그 자리에서 성령의 강한 임재를 경험하게 되었다. 하나님께서는 그때까지만 해도 단단한 바위처럼 굳어 있었던 나의 마음을 망치와 못으로 쪼개어내듯이 하나하나 깨부수기 시작하셨다. 순간 무수히 많은 생각들이 도미노처럼 펼쳐지기 시작했다.

나는 우선 내가 살아온 20년 동안 얼마나 스스로가 인생의 주인이 되어 살아왔는지 깨달았다. 내가 감히 하나님을 '주님'이라고 부르면서, 그 고백과는 정반대로 내 자신이 인생의 모든 것을 계획하고 조정하고 성취해왔는지 깨달았다. 내게 있어 하나님 그 분은 내 인생의 보좌에 왕으로서가 아닌 손님으로 계셨던 것이다. 내 삶에 있어서 하나님은 내가 원하는 만큼의 경계선까지만 침범할 수 있는 액세서리와 같은 존재였던 것이다. 나의 우상, 나의 첫 자리는 오히려 나 자신, 내가 좋아하고 아끼는 피아노 그리고 그로 인한 성공과 명예였던 것이다.

나는 이것을 깨닫는 순간 눈물이 솟아올랐다. '아, 내가 이토록 죄인이었다니……. 하나님을 믿는다 하면서도 입술의 고백과 인생의 발걸음이 이토록 모순일 수밖에 없는 죄인이었다니!' 성령의 조명하심 가운데 드러난 내 모습은 너무나도 부끄럽고 참담했다. 내 안의 교만, 자기 사랑, 욕심, 혈기 등. 이 모든 것이 공중에 날리는 먼지가 햇빛 앞에서 드러나는 것처럼 모두 드러나 버린 것이다. 내게는 이 추악함을 가릴 만한 그 무엇이 절실하게 필요했다. 그때였다. 교수님께서 간증에 이어 예수 그리스도의 십자가 복음을 외치기 시작하셨다. 우리의 죄 때문에 저주를 받은 바 되사 십자가에 달려 죽으심으로써 모든 죄의 값을 다 치르셨다는 선포였다. 그리고 이것을 믿을 때 하나님께서는 우리를 '의롭다'고 칭하여 주신다는 선포였다. 나는 그 복음을 들으며 내 자신이 살아나는 것을 느꼈다. 그것은 분명 내가 20년 동안 듣고, 읽고, 배우고, 외웠던 그 복음임에 틀림없었다. 그러나 이 날 내 심령을 울리며 선포되어졌던 그 복음은 그야말로 '기쁜 소식' 그 자체였다.

내 죄가 하나님 앞에서 드러난 순간, 나는 쥐구멍이라도 찾아서 숨고 싶을 만큼 부끄러웠다. 그리고 그 죄로 인해 내가 얼마나 고통스러웠는지 영적인 시선으로 보게 되자 가슴 깊은 곳이 아려왔다. 내게는 정말 해결책이 없었다. 구원의 방법도 능력도 없었던 것이다. 죽음 외에는. 그러나 나를 너무나도 사랑하시는 예수 그리스도께서 나의 모든 죄악과 허물을 담당하시고 십자가에서 달려 죽으셨고 사흘 만에 부활하사 나를 얽매고 있던 죄와 사망의 권세를 모두 깨뜨려 주셨다는 사실에 나는 이제껏 누려보지 못했던 소망과 기쁨, 그리고 감격을 소유하게 되었다.

"우리가 아직 죄인 되었을 때에 그리스도께서 우리를 위하여 죽으심으로 하나님께서 우리에 대한 자기의 사랑을 확증하셨느니라" 로마서 5장 8절

나는 그저 기뻤다. 나는 그저 감사했다. 내가 나의 죄인 됨을 깨달을 수 있다니, 내 죄를 사하시려고 십자가에서 죽으시고 부활하신 예수 그리스도께서 나를 사랑하신다니 그리고 내가 이것을 진정한 믿음으로 화합하여 내 것으로 소유하게 되다니 또한 더 이상 죄와 사망의 권세가 나를 휘두를 수 없게 된 상태가 이토록 자유하고 평안하다니. 모든 것이 내게는 감격이었다.

그 후로 수업을 계속 듣고 수업을 통해 연결된 제자훈련모임(DTP)에서 훈련을 받으며 복음의 진리에 대한 깊고도 넓은 가르침을 받게 되었다. 수업과 훈련을 통해 내 안에 넘치는 은혜는, 한 마디로 여름 가뭄에 쏟아지는 소낙비와도 같은 것이었다. 내가 받은 구원이 하나님의 전적인 은혜요, 이로써 내가 하나님

앞에 의인으로 설 수 있게 되었다는 사실을 알게 된 나는 이렇게 고백할 수밖에 없었다.

"내가 그리스도와 함께 십자가에 못 박혔나니 그런즉 이제는 내가 사는 것이 아니요 오직 내 안에 그리스도께서 사시는 것이라 이제 내가 육체 가운데 사는 것은 나를 사랑하사 나를 위하여 자기 자신을 버리신 하나님의 아들을 믿는 믿음 안에서 사는 것이라"

갈라디아서 2장 20절

내게 주신 하나님의 은혜를 생각해볼 때 내가 하나님 앞에서 '나'를 주장한다는 것은 너무나도 어리석은 일이었다. 나는 드디어 이러한 고백을 드릴 수 있게 되었다.

"하나님, 이전에는 하나님께서 저에게 피아노를 그만 둘 수 있겠느냐고 물으신다면, '하나님 무슨 말씀이세요. 제가 이 일로 하나님의 영광을 드러내야죠. 말도 안돼요.'라고 대답했었죠. 하지만 지금은 '하나님께서 그렇게 하라 말씀하신다면 믿음으로 순종하겠습니다.'라고 대답할 수 있어요. 왜냐하면 이제는 저에게 있어서 가장 소중한 분은 하나님이시니까요."

"그러나 무엇이든지 내게 유익하던 것을 내가 그리스도를 위하여 다 해로 여길뿐더러 또한 모든 것을 해로 여김은 내 주 그리스도 예수를 아는 지식이 가장 고상함을 인함이라 내가 그를 위하여 모든 것을 잃어버리고 배설물로 여김은 그리스도를 얻고"

빌립보서 3장 7~8절

내 인생의 구주되신 예수 그리스도와 대면한 나는 다시금 하나님께 인생의 목적과 계획을 묻지 않을 수 없었다. 하나님께서 나에게 두 가지 말씀을 허락하셨다.

"그러므로 형제들아 내가 하나님의 모든 자비하심으로 너희를 권하노니 너희 몸을 하나님이 기뻐하시는 거룩한 산 제물로 드리라 이는 너희의 드릴 영적 예배니라 너희는 이 세대를 본받지 말고 오직 마음을 새롭게 함으로 변화를 받아 하나님의 선하시고 기뻐하시고 온전하신 뜻이 무엇인지 분별하도록 하라" **로마서 12장 1~2절**

"또 무리에게 이르시되 아무든지 나를 따라오려거든 자기를 부인하고 날마다 제 십자가를 지고 나를 따를 것이니라" **누가복음 9장 23절**

나는 연세대학교 캠퍼스를 바라보게 되었다. 내가 그토록 오기 싫어하고 피하려고만 했던 이 학교가 언더우드 선교사의 눈물과 땀으로 일궈진 복음의 진원지이며 나로 하여금 복음의 계시를 경험하게 한 생명의 은인과도 같은 곳임을 깨닫는 순간, 이 세상의 어떤 캠퍼스보다 더욱 소중하고 귀하게 여겨졌다. 또한 하나님께서 나를 연세대학교에 보내신 목적이 내가 이곳에서 복음을 듣고 사랑의 빚을 진 자로서 이 캠퍼스를 선교지로 삼고 수많은 영혼들에게 이 사랑의 빚을 갚는 자로 서게 하려 하심임을 깨닫게 되었다. 그리고 더 나아가 땅 끝까지 이르러 그리스도의 증인이 되는 삶에 나의 존재의 의미와 가치가 있음을 깨닫게 되었다.

하나님의 뚜렷한 부르심 가운데 매료되어 버린 나는 하나님의 인도하심 아래 5년째 캠퍼스를 밟고 있다. 지금까지 캠퍼스에서 만났던 영혼들만 해도 수백 명. 그중 복음을 전하고, 말씀을 가르치고, 눈물의 기도로 섬겼던 자들만 해도 수십 명. 하지만 아직도 하나님 앞에서는 부끄럽기만 하다. 내가 받은 은혜가 너무 크기에 아직도 나는 더 많은 이들에게 그리스도의 사랑을 나누어 주어야 한다. 앞으로의 인생이 내게는 아무런 흔적도 없는 새하얀 캔버스와 같아 보이지만, 분명 하나님은 앞으로 가장 멋진 구도의 스케치로 나를 그려주실 것이라고 생각한다. 나는 다만 믿음으로 하나님을 바라보며, 오늘도 한 걸음 한 걸음 나아갈 뿐이다. 나보다 나를 더 잘 아시고, 나보다 내 길을 더 잘 아시는 하나님께서 어린아이 같은 나의 손을 붙잡고 항상 나보다 한 걸음 먼저 내딛으시며 그렇게 나를 인도해주실 것이다. 그리스도의 재림을 예비하는 자로서의 그 길로. 하나님의 영광만을 드러내는 자로서의 그 길로.

성부, 성자, 성령, 삼위일체 하나님을 너무나도 사랑합니다. 샬롬!

김지은 _연세대 기악과 99학번. 기악과 학부와 동 대학원을 우수한 성적으로 졸업하고, 2008년 9월부터 박사과정을 시작했다. 99년 첫 학기부터 지금까지 계속 캠퍼스사역에 헌신하여 많은 영혼들을 주님 앞으로 이끌며 양육하는 제자훈련에 힘쓰고 있다. 이 글은 2003년 초에 썼다.

목적 있는 삶이라면,
고난은 감춰진 축복

글 유소연

내가 주님을 어떻게 만나게 되었는지 분명한 계기를 설명하는 것은 어렵다. 하지만 분명한 계기를 설명하기 어렵다고 내 안에 살아 계시는 주님을 의심하지는 않는다. 바울처럼 어떤 분명한 기회가 있었다면, 내 믿음이 정말 자랑스러울 정도로 신실하지 않았을까 하는 생각도 해보았지만, 분명한 기회보다 잠잠한 중에 또한 일상적인 삶 속에서 매일 매일 나와 만나 주시는 주님께 더욱 감사드린다. 단지 내 느낌만이 아니라 분명하게 내 안에서 역사하시며 나를 인도하시는 주님과의 인격적인 만남을 믿는다.

내 자아가 너무나도 강해서 주님 위에 서려고 했던 시간이 길었지만, 하나님은 그 시간을 통해 내가 단지 감정만으로 주님을 의지하지 않고, 감정이 사라졌을 때와 뜨거움이 잠시 없어졌을 때에도 주님을 믿고 같은 모습으로 주님을 섬기게 하는 방법을 알려 주었다.

고등학교 3학년 때부터 작년까지 약 3년 동안 나는 굉장히 괴로운 터널을 지나고 있었다. 물론 수험생활의 괴로움과 직접적으로 세상과 접하게 된 혼란스러움도 있었겠지만, 그보다 영적으로 나는 너무나 무뎌져 있었고 주님과 완전히 차단된 것 같은 느낌 때문에 괴로운 시간들을 보냈다. 나중에 후회할 정도로 주님을 원망했고, 매일 매일의 기도가 주님께 따지는 듯한 물음뿐이었다. 고난 속에서도 믿음이 더욱 신실해져 가는 우리 가족들과 주변 사람들을 보면서, 왜 나에게만 이런 시련을 주시는가 질문했다. 육체적인 고난은 얼마든지 견딜 테니 영적으로 주님을 뵙지 못하는 이런 괴로움에서만은 벗어나게 해달라고 기도했었다. 그때는 너무나 침체되어 있었기 때문에 간절하게 기도하지도 못했고, 언제나 지친 마음으로 주님께 마지막으로 매달린다는 심정으로 기도했다. 그렇게 기도하면서도 솔직히 내 기도가 응답될 것이라고 믿지 못했다. 영적인 침체가 계속될수록 주님과의 만남이 차단되었다는 괴로움에서 조금씩 벗어나기는 했지만, 그것은 내 영적인 상태가 회복되었다기보다는 무디어졌기 때문이었다.

하지만 주님을 붙잡는 일은 놓치지 않았다. 목사님의 말씀이 하나도 들어오지 않고 기도가 한 마디도 나오지 않을 때도 있었다. 그래도 주님 없이는 살 수 없었고 내가 너무나 부족하고 연약해서 주님을 붙잡지 않으면 한 순간도 살아갈 자신이 없었기 때문에 마음이 간절하지 않을 때에도 주님을 붙잡았다. 사실은 내가 주님을 붙잡은 것이 아니라 주님께서 내가 완전히 주님과 이별하지 않도록 나를 잡아준 것임을 믿는다.

지난봄 아버지가 하나님의 부르심을 받아 하늘나라로 떠나신 일은 내가 결정적으로 주님을 만날 수 있게 해주신 하나님의 뜻 안에서 예비된 일이었다. 건강하시던 아버지께서 급성 폐렴으로 갑자기 우리 곁을 떠나실 때, 나는 하나님의 뜻을 온전히 이해하지 못했다. 다른 믿음의 가정들에게는 기적처럼 역사하시는 주님이 왜 우리 가정에는 이렇게 큰 아픔을 주시는지. 마음의 커다란 고통과 함께 하나님께 여쭈어 보고 싶었다. 주님의 뜻은 어떤 것인지.

이제는 주님의 뜻을 희미하게나마 알 것 같다. 아버지가 이 세상을 떠나신게 그저 죽음이 아니라 새로운 생명을 얻는 일이었고, 또 그것이 주님께서 아버지의 생명을 뺏어가는 일이 아니라 생명을 주는 일이었다고 믿는다. 다른 사람들 눈에는 고통과 고난으로 보일지라도 하나님 편에서는 그것도 기적이 될 수 있음을 알게 되었다. 또한 주님은 주권자이신 하나님을 인정하고, 주님의 뜻을 따라가는 것이 어떤 것인지 알게 하셨다. 사랑하는 사람과 영원히 이별하는 것은 누구나 피할 수 없는 일이지만 그 피할 수 없는 일 가운데서도 하늘의 평안을 누리고 천국에 대한 소망으로, 아픔보다는 기대함과 설레는 마음을 주신 하나님께 감사드렸다.

이제는 온전히 주님께 헌신하는 삶을 살기 원한다. 나 자신을 위해 애쓰고 노력하고, 또 나 자신을 위해 기도하고 찬양했던 삶에서 벗어나 이제는 주님을 위해 살기 원하고 또 그런 삶을 위해 훈련받고 싶다. 아직도 아버지가 돌아가신 일 때문에 나는 자주 운다. 즐거운 날에도 크게 웃지 못한다. 하지만 마음이 아프면 아플수록 하나님의 사랑을 더욱 더 갈망하는 나를 발견하게 된다. 내 자신이 예전에는 이런 기도를 할 수 없었지만, 지금은 이렇게 기도한다. 삶이 너무나 형통해서 주님을 찾는 것을 잃어버릴 수 있다면, 차라리 힘들고 고통스럽더라도 하나님을 매일 찾을 수 있는 삶을 달라고 말이다.

'신약 배경사' 수업을 선택한 것은 다른 모든 학생들도 그렇겠지만, 내가 선택한 것이 아니라 하나님께서 나를 선택해주신 것이라고 믿는다. 이 수업을 선택하지 않았다면, 이 캠퍼스 안에서 내가 어떤 삶을 살았을지 생각하면 두렵다.

나는 아직도 이 수업의 첫 시간이 생생하게 기억난다. 마치 하나님에 대한 첫사랑을 회복시켜준 것 같은 그 수업 시간. 교수님이 이야기해주신 언더우드 선교사의 삶을 생각할 때마다 내 안에서 다시금 새로운 열정과 힘이 솟아나는 걸 느낀다. 이번 학기는 나에게 특히 육체적 정신적으로 힘든 시간이었다. 주말마다 고향에 내려가서 세 명의 학생을 과외하고 월요일 이 '신약 배경사' 1교시 수업을 듣기 위해 새벽차를 타고 올라오는 일을 반복했다. 생활비가 나올 곳이 없어서 이렇게밖에 살 수 없는 내 삶의 무게에 지치고 속상하고 힘들었지만, 지금은 이런 과정들을 통해 내가 얼마나 많이 성장했는지 느끼고 있다. 부잣집 아들에서 한 순간에 학비조차 감당할 수 없는 가난한 고학생의 시련을 겪었지만, 그 시간들을 통해 하나님의 특별한 사명을 감당할 수 있게 된 언더우드 선교사의 이야기를 들으면서 너무나 뭉클했다. 너무나 힘든 삶에 지쳐서 당장이라도 하나님을 원망할 것 같은 내 마음을 쓰다듬어주시는 하나님의 손길을 느낄 수 있었다. 언더우드 선교사 이야기를 들으며, 나는 내가 겪는 고난이 축복의 과정임을 의심하지 않기로 했다.

지금 나에겐 분명한 삶의 목적이 있다. 생명을 버려가며 사랑해주신 주님께 나도 내 생명을 귀하게 여기지 않고 헌신하는 것이다. 구체적으로 어떤 직업을 가지고 몇 살에는 무슨 일을 해야겠다는 생각은 매일 매일 바뀌지만, 선교사의 삶을 살아야겠다는 삶의 최종 목표에는 변함이 없다. 언더우드 선교사처럼 이 아픔의 시간들을 통해 하나님께서 필요하시는 곳이라면 어디든 달려 나갈 수 있는 그릇이 되고 싶다. 이제는 주님께서 불러주신다면, 주님께서 원하신다면, 손들고 나갈 자신이 있다. 주님이 원하시는 때에 원하는 자리에서 주님께서 나를 통해 하고자 하시는 일에 헌신하는 나의 삶이 될 수 있기를 진정으로 원한다.

유소연 _연세대학교 06학번. 2006년 1학기에 쓴 글이다.

내 삶을 빚으시는 손길

글 이가은

어린 시절

나는 목회자 가정의 둘째로 태어났다. 아토피를 앓았던 어머니는 나를 임신하고 계신 중에 임신 사실을 모른 채 독하다는 피부병 약을 지속적으로 복용하셨다고 한다. 후에 병원을 찾았을 때엔 기형아가 나올 것이라며 낙태 권유를 받으셨다. 그러나 부모님은 하나님 앞에서 마음을 굳게 먹고 나를 낳으셨고, 정상적인 나를 보며 감사하시면서 나의 이름을 '가은'(加恩)이라고 지으셨다. 부모님은 아직도 나에게 늘 '하나님의 은혜를 입은 아이'라고 하신다.

흔히 교회라 하면 대형교회를 떠올리고서 목회자 자녀는 세상 물정 모르고 깨끗한 곳에서 귀하게 자랐을 것으로 생각하는 사람들도 많지만, 나는 그렇지 않았다. 지방에서 건물 지하에 교회를 개척하신 부모님은 경제적으로 여유로울

날이 없었다. 유치원에 다니지 않는다는 이유로 주변 아이들로부터 맞고 따돌림 당하는 오빠를 본 부모님께서는 마음이 아파 한 달 남짓 유치원을 보내셨다. 후에 다른 지방으로 이사를 갔고 오빠는 한글은 아예 읽지도 못 하고 달랑 자신의 이름만 그릴 줄 아는 채로 초등학교에 입학했다. 두 살 아래의 나는 그 자랑스럽던 오빠의 유치원 가방을 들고는 동네 유치원에 매일 놀러갔다. 다른 유치원의 가방을 들고 와서는 놀이터에서 놀다만 가는 나를 안쓰럽게 본 유치원 원장님이 무료로 유치원을 다니게 해주셨다고 한다. 그런데 이러한 은혜는 시작에 불과했다. 우리 가정이 지극히 어려운 상황 가운데 있음에도 불구하고 하나님이 키우시고 입히셔서 후회 없이 많은 것을 하며 자랄 수 있었다. 내 나이 또래 여자 아이라면 누구든 꿈꿨을 피아노 학원을 다닐 수 있었고, 초등학교 고학년이 되어서야 교과에서 다뤘던 영어를 일곱 살 때 외국인 회화학원을 통해 접했다. 또 초등학교에 가서는 바이올린, 동요학원, 서예학원, 속셈학원 등 경제적 상황으로는 감당할 수 없는 모든 것이 하나님의 은혜로 채워졌다.

이름 석 자도 모르고 초등학교에 입학한 우리 오빠는 고학년이 될수록 공부를 무척 잘 했고 6학년 때부터 중학교 3학년 때까지 전교 1등을 놓치지 않았다. 이에 반해 반에서 10등 남짓 머물러 있었던 나는 오빠와 비교의식을 갖게 되었고 중학교 때에 전교 3등을 할 때까지도 알 수 없는 상처를 갖고 있었다. 부모님의 사랑 속에서도 조부모님, 친척들이 오빠에게 갖는 큰 관심과 사랑이 나로 하여금 오빠를 미워하게 만들었다. 오빠와 나는 앙숙이었다. 그러나 오빠가 집에서 멀리 떨어진 고등학교로 가면서 상황은 달라졌다. 오빠가 전액 장학금으로 3년을 책임져줄 학교의 시험을 통과하여 기숙사 생활을 하게 된 것이다. 재정적인 문제가 해결된다는 점도 좋았고 오빠를 안 봐도 되니 좋을 것이라고 생각했으나 막상 오빠가 보이지 않으니 마음이 너무 외로웠다. 문제는 오빠가 아니라 나를 비하하고 오빠를 미워하려 하는 내 마음이었던 것을 깨달았다.

고등학교 입학

나도 공부를 열심히 해서 오빠가 간 고등학교에 입학했다. 높은 경쟁률로 인해 떨어질 것이라고 생각했던 나는 '익산고등학교' 합격이 원하는 대학에 합격하기라도 한 것인 양 기뻤했고 만족해했다. 고등학교에서도 오빠는 여전히 공부를 잘했다. 그렇지만 나는 더 이상 오빠를, 나를 미워하지 않았기 때문에 공부에 대한 동기부여를 특별히 찾지 못했고 즐겁게 노는 데 관심을 쏟기 시작했다. 시험을 통해 뽑힌 아이들이 모인 학교였기 때문에 학업에 대한 경쟁과 스트레스가 심했던 상황에서 나는 늘 꼴찌를 하면서도 아무런 거리낌 없이 즐기며 살았다. 1년 후 오빠는 고려대에 입학했고 그런 오빠를 보며 '내가 지금 공부를 안 해서 그러지 나도 하면 금방 갈 수 있을 것이야!'라고 생각하면서 태평한 나날을 보냈다. 2학년 2학기가 끝날 무렵이 되자 조급한 마음이 생기기 시작했다. 점수를 보아하니 노력해서 올릴 수 있을 것 같지 않았다. 이미 꿈은 키울 대로 키워놓아 나도 고대에서의 대학생활을 할 것이라고 당연하게 여기면서도, 점수는 400점 만점에 260~270점이었으니 초조하지 않을 수 없었다.

겨울방학이 되었을 때, 학교의 재정적 후원을 받아 서울에 올라와서 강북 J학원에서 '겨울방학 수능 다지기 프로그램'에 참석했다. 하루 종일 꽉 짜여 있는 수업과 자습시간은 따라가기 힘들었다. 그렇지만 이렇게 포기할 수는 없는 법, 나름대로 예습 복습을 철저히 준비했고 자습시간에도 취약한 과목을 중심으로 짠 계획에 맞춰 열심히 공부했다. 5일 내내 학원 수업, 자습에 치이다가 주말이면 2~3시간의 자유 시간이 생겼는데 그때마다 아이들은 가고 싶은 대학을 둘러보곤 했다. 나는 고대에 가고 싶어 했고 친한 친구는 이대에 가고 싶어 했다. 결국 낯선 지하철을 타는 것이 걱정이 되어서 머물던 곳에서 한 정거장 떨어져 있는 이대로 나들이를 갔다. 나의 목표는 언제나 고려대였고, 여대에 대한 생각은 전혀 하지 않았지만, 대학에 와보는 것만으로도 예비 고3에게는 큰 도전이 되었다. 길고도 짧았던 겨울방학이 끝나고 고3이 되어 익산으로 돌아왔다.

드디어 3학년 첫 모의고사를 치렀다. 310점. 점수가 오른 듯 했으나 500점 만점으로 변환된 다음이었기 때문에 사실 향상된 것은 아니었다. 사실 1, 2학년 때까지 내가 마음껏 놀 수 있었던 것은 열심히 공부하면 잘 할 수 있다는 자신감 때문이었는데 열심히 노력한 후에 얻은 결과를 보고는 실망하지 않을 수 없었다. 이제 나는 무엇을 해야 하나. 열심히 해도 오르지 않는데 이제 어떡해야 하나. 많은 생각들이 나를 스쳐지나가던 중 갑자기 하나님이 떠올랐다. 여호와를 아는 것이 지식의 근본이라 했던가. 하나님은 만물의 주님이시라 했다. 마음이 가난해진 상태에서 바라보는 하나님은 더 크고 영화로워 보였고, 나는 그런 하나님을 붙잡기로 했다. 아니, 그런 하나님께 잘 보이기로 마음을 먹었다.

하나님과 만나는 즐거움

고3이 되어 마음이 조급해지자 친구들은 슬슬 고3 핑계를 대며 교회 다니기를 쉬거나 거리가 가까운 교회로 출석하기 시작했다. 마음이 조급해진 학교도 주일 아침에 있던 자유시간을 자습시간으로 바꾸었고, 그 시간에 교회를 가는 것은 손해로 보일 수밖에 없었다. 그러나 나는 하나님께 잘 보여야겠다는 약은 생각으로 30분 걸리는 우리 교회에 여전히 나갔다. 또 한 번도 해보지 않았던 주일학교 교사를 맡았다. 이에 대한 사람들의 반응은 대단했다. 담임선생님, 친구들, 심지어 부모님까지도 안하던 봉사를 고3 되니까 하냐면서 걱정스런 맘으로 나를 다그치셨다. 처음에는 나조차도 내가 바보같이 느껴졌다. 이렇게 한다고 뭐가 달라지겠는가. 차라리 하나님 영광을 위해서 그 시간에 더 열심히 공부하는 것이 낫지 않겠는가.

그러나 시간이 흐를수록 주일 예배와 주일 봉사가 너무나 귀하게 다가왔다.

특히나 아이들과 함께하는 시간에 그동안 무겁고 찌들었던 마음이 어린아이처럼 깨끗해지는 것을 느꼈다. 주일이 기다려졌고 하나님을 원하게 되었다. 하나님이 살아 계심을 사람들에게 알리고 싶었다. 하나님을 만나는 시간이 결코 헛된 것이 아니며 그분께서 역사하심을 직접 보여주고 싶었다. 내가 놀기 좋아하고 공부를 못 하는 것은 선생님들, 우리 반 아이들, 후배, 졸업한 선배 그리고 나도 익히 잘 아는 것이었기에 내 성적이 오른다면 그것은 하나님이 하신 것이라고 밖에 설명할 수 없음을 알았다. 그래서 하나님께 나를 써달라고, 내가 당신께 영광을 돌리고 싶다고 기도했다.

내 삶에 변화가 일어나기 시작했다. 늦잠꾸러기에 게으름뱅이였던 내가 새벽 5시만 되면 잠에서 깨어났고 그런 하루는 기도와 말씀 묵상으로 시작했다. 일어나서 씻는 순간에도 하나님께 오늘 하루를 부탁하는 기도가 절로 나왔다. 공부하고자 하는 욕구와 의지가 생겼다. 많은 분들이 겪어봐서 알겠지만 공부해야 하는 것을 안다고 해서 공부하고 싶은 마음이 드는 것은 아니다. 그러나 하나님은 나에게 공부하고자 하는 마음과 몸을 허락하셨다. 자습시간, 점심시간, 쉬는 시간에도 철저히 공부했다. 공부가 너무 즐거웠고 기뻤다. 공부하다가 피곤하거나 문제가 잘 안 풀리면 늘 가지고 다니던 성경책을 펴서 읽고 이렇게 기도했다. "하나님, 저는 다른 아이들처럼 학원을 맘 놓고 다닐 수도 없고, 과외를 받을 수도 없습니다. 영양제도 없고 보약도 먹지 못합니다. 하지만 하나님, 지혜의 근원되시고 만물의 주인이신 당신께서 저의 과외 선생님이 되어주세요. 제 힘이 되어주세요."

가장 먼저 기숙사를 나와서 가장 나중에 기숙사를 들어가는 내 발걸음은 너무나 가볍고 행복했다. 하나님과 함께하는 공부는 정말 너무나 신나는 일이었다. 나의 하루는 그 어느 때보다도 길고 깊이가 있었다. 나의 달라진 모습에 반 친구들, 선생님들, 후배들도 놀랐다. 나의 하루하루가 변화하는 동안 내 주변 또한 달라져 있었다. 흔히 고3이 되면 공부하기 좋은 환경을 만들기 위해, 혹은 공부하는 것을 자랑삼기 위해 소지하는 것들이 있다. 예를 들어 주황색 고무 귀마개, 책 받침대, 방석, 뽈테 등등이다. 그런데 언제부터인가 나의 친구들, 혹은 후배들 사이에서 자습할 때 성경책을 두고 보는 것이 유행이 된 것이다. 나는 정말 너무너무 감사했다. 그 아이들이 성경을 얼마나 열심히 보는지와 상관 없이, 공부하기에 앞서 성경을 묵상하는 행동을 통해 여호와를 아는 것이 지식의 근본이라는 말씀이 인정받는 것 같았다. 그때에 나는 이것만으로도 이미 당신께 영광을 돌린 것이라고 생각했고 감사했고 만족하였다.

그렇게 시간이 흐르고, 나는 여전히 공부를 즐거워하였으나 성적은 그리 잘 오르지 않았다. 그것에 대해 나는 절대 실망하지 않았다. 내가 2년을 놀았기에 당연한 일이었고, 하나님께서는 어찌 됐든 나를 가장 선한 길로 인도하실 것이기 때문에 나는 낙망하지 않고 다만 최선을 다했다. 그리고 언제나 이 말씀을 붙잡았다.

"여호와는 내 편이시니라 내가 두려워하지 아니하리니 사람이 내게 어찌할까"
시편 118편 6절

나는 종종 여기서 사람을 시험으로 고쳐서 읽었다. 사실 공부할 때 자신의 낙담뿐 아니라 타인의 시선 때문에 크게 낙담한다. 열심히 공부하는데도 불구하고 성적이 오르지 않으면 친구들에게 비아냥거림을 받기 때문이다. 그런데 놀랍게도 나는 다른 이의 시선이 보이지 않았다. 성격상 다른 사람의 시선과 말에 신경을 많이 쓰는데도 불구하고 내가 그러한 시험에 빠지지 않았다는 것은 정말 하나님이 앞의 말씀을 통해 나를 보호하셨기 때문일 것이다.

또한 나에게는 엄청난 후원자들이 있었다. 다른 아이들은 디데이 때 꽃다발,

초콜릿, 금목걸이 등 화려하고 아름다운 선물들을 받았지만 나는 오빠에게서 자그마한 일기장을 받았다. 오빠는 일기장 각 장마다 말씀을 적어줬고 매일 새벽 나를 위해 기도했다. 또 우리 부모님도 매일 새벽에 나를 위해 기도하셨다. 나는 세상 그 어떤 부요한 선물보다도 하나님을 아는 귀한 사람을 선물로 주신 것에 감사했다.

　고3 학생들은 공부도 열심히 하지만 그만큼의 스트레스를 풀 만한 것이 필요했다. 남자들은 축구를 했고 여자들은 가끔 드라마나 영화를 봤다. 물론 나는 힘이 들지 않았을 뿐더러 주일마다 재충전을 하고 왔기에 아이들이 휴식할 때도 철저히 공부했다. 언젠가 한 번은 고민을 하다가 2시간짜리 영화를 본 적이 있는데 그것이 내가 고3 때 본 유일한 영화였다. 뭔가 냉정한 듯하지만 사실

따져보면 친구들이 노는 시간이 내가 교회에서 섬기는 시간보다 더 많았다. 즉, 이성적으로 판단해 보아도 교회에서 섬기는 것이 손해가 되지 않았던 것이다.

여름방학이 되어 본격적으로 공부했다. 시간이 많아졌기에 훨씬 더 능률적으로 공부할 수 있었다. 하루하루 즐겁고 기쁘게 방학을 보냈고 성적은 10~20점 정도가 올라 있었다. 이번 방학이 마지막 기회라고 할 만큼 중요했기 때문에 학교에서는 모의고사를 치르지 못 하게 했다. 혹여나 모의고사로 좌절하여 공부를 멈출까 하는 걱정 때문이었던 것 같다. 여름방학이 지나가고 2학기 첫 모의고사를 봤다. 수능 전 마지막 방학을 보내고 난 후의 시험이라 아주 중요했다. 나는 모의고사 전 날 밤에 이렇게 기도했다. "하나님, 정말 성적이 오를 것 같아요. 오를 것 같은 믿음이 자꾸 솟아나요. 그렇지만 하나님, 혹시라도 오르지 않더라도 절대로 낙심하지 않게 해주세요. 저에게 공부하는 기쁨을 주신 것만으로 감사해요. 그러니 끝까지 최선을 다 하게 해주세요."

시험을 보는 내내 마음이 편안했다. 저녁까지 시험을 마치고 식사를 하고 점수를 확인하러 가는 길에 가슴이 떨렸다. 두둥! 나의 점수는 440점이었다. 한 달 전보다 무려 100여점 이상이 오른 것이다. 나는 정말 복도에서 뛰며 하나님을 찬양했다. 하나님은 정말 살아 계셨고 그분의 영광을 드러내셨다. 교실에 들어가 보니, 여느 모의고사 때처럼 분위기가 침울했다. 분명히 겸손한 마음으로 조용히 감사해야 하는데 참을 수 없는 기쁨과 감사의 분출 때문에 '성적 올랐음'을 감출 수 없었던 것 같다. 그동안 열심히 했던 나를 지켜봐왔던 친구들이 나에게 점수를 물어보았고 나는 하나님이 하신 일을 전했다. 정말 고려대에 합격할 것 같다는 생각을 가지고 그 후로도 끝까지 최선을 다했다.

수능시험이 닥쳤다. 그러나 성적은 생각과 달랐다. 난이도가 너무 낮아서 만점을 많이 배출했다는 수리의 점수가 20점이나 떨어져서 고려대는 물론이고 냉철하게 볼 때에 4과목을 보는 대학에 지원을 하지 않는 것이 오히려 이득이라

할 수 있는 상황이었다. 수리를 제외한 등급과 수리를 합한 등급의 차이가 9등급이었으니 꿈은 저 멀리 사라져버린 듯 했다. 나는 그동안 해주신 일을 다 잊고 하나님께 실망을 표현했고 내 생활은 무너져 갔다. 대학 지원에 대한 고민을 하고 싶지 않아서 자고 먹고 노는 생활을 했다. 이러한 생활 때문에 부모님과의 갈등도 심해졌다. 그러던 어느 날 오빠의 권유로 서울에 올라갔다. 오빠와 나는 서울 곳곳을 구경하고 쇼핑을 했다. 하루 종일 돌아다니다가 도착한 곳은 오빠가 서울에서 다니는 교회였다. 마침 금요일이라 철야예배에 갔는데 예배 도중 마음이 풀어졌고 뜨거운 눈물을 흘리게 되었다. 그동안 하나님께서 나에게 보여주신 당신의 사랑을 점수 하나만으로 외면하고 돌아선 내 모습이 보였고, 이런 나를 아직도 사랑하시는 하나님의 마음이 느껴졌다. 예배 시간 내내 울며 하나님께 회개했다.

이화여대 기독교학과 입학

그렇게 하여 오게 된 곳이 바로 이곳 이화여대다. 사실 수리 점수 때문에 이대를 꿈꿀 수 없었으나, 논술 덕택에 합격할 수 있었다고 생각한다. 나는 이대를 가리라고 생각해 본 적이 없었기 때문에 논술 준비를 전혀 하지 않았고, 논술 시험 5일 전에야 서울에 올라와 학원을 다녔다. 시험 5일 전에 학원을 가서 무엇을 얻을 수 있단 말인가? 나는 그 5일 동안 내가 정말 논술을 못 한다는 것을 알았을 뿐이다. 논술로 합격하는 사람은 드물지만 논술로 불합격하는 사람은 많다는 선생님 말씀은 곧 "너는 떨어질 애야."라고 말하는 것으로 들렸다. 사실 그랬다. 특별한 서론을 원했기에 쓰는 예화는 글의 통일성을 해쳤고, 분량은 언제나 부족하였으며, 시간에 맞춰서 써보지도 않았기 때문에 두려운 마음은 더 커졌다. 그러나 논술 문제를 받고 정말 놀랐다. 고3 때 유일하게 본 영화의 내용이 논술 주제와 딱 맞아 떨어졌기 때문이다. 감사하게도 영화 스토리로

서론에서 결론까지 쓸 수 있었고 30분이 남아 충분히 퇴고할 수도 있었다. 나는 이 모든 것을 하나님께 감사하지 않을 수 없었다. 하나님의 도우심으로 이대에 오게 되었기에 대학생활을 당신에게 드리겠노라고 약속했다.

05년도, 나는 '새내기'라는 낯선 이름을 달고 환영을 받았다. 그러나 나는 풋풋한 마음보다는 대학생활에서 최대한 많은 것을 얻어야 한다는 마음이 가득했다. 부모님께서는 등록금을 감당하실 수 없어서, 오빠가 방학 동안 과외 다섯 개를 한 돈으로 나의 등록금을 마련했기 때문이다. 3월, 학교 곳곳에는 동아리를 알리는 포스터로 가득했다. 고등학교 시절, 하고 싶었던 것이 많았던 나는 대학에 펼쳐져 있는 동아리 세상에 반했다. 연극, 밴드, 오케스트라, 뮤지컬, 합창 등 이목을 끄는 것들이 많이 있었으나 얼떨결에 친척 오빠의 손에 이끌려 ESF라는 기독교 동아리에 가입했다. 나는 언제든 나갈 준비를 하고 있었고 동아리 홍보 기간이 끝난 후에는 다른 곳에 가지 않아서 그냥 머물고 있을 뿐이었다.

시간이 흐르고 10월 쯤 되자 고등학교 친구들이 하나 둘 자신의 동아리 활동을 뽐냈다. 어떤 아이는 연극 주인공을, 한 친구는 밴드부에서 일렉 기타를 연주하고, 또 한 친구는 오케스트라에서 첼로를 맡기도 했다. 친구의 공연에 갔다가 꽃이나 들어주는 들러리가 된 내 모습을 발견했다. 친구들이 저마다 대학에서 얻은 것을 뽐낼 때 나는 그저 서 있기만 해야 하는가. 친구들의 말도 그랬다. "넌 거기에서 뭐하는데?" 라는 질문에 아무 말도 할 수 없었다. 허무한 듯한 마음을 갖고 친구들과 어울리다가 동아리 예배에 늦었다. 말씀 중이었지만 아무 말도 들리지 않았고 내 머리 속에선 친구들의 소리와 내 안의 소리가 교차했다. 억울한 마음에 속으로 물었다. "하나님, 제가 지금 무엇을 하고 있는 것입니까?" 고통스런 마음 가운데 하나님의 속삭임이 느껴졌다. "네 친구가 자신의 내면을 표현하기 위해 연극을 할 때에 너는 다른 사람을 위해 기도하는 법을 배웠고, 네 친구가 자신의 가치를 높이기 위해 악기를 배울 때 너는 나를 향해 찬양하는 법을 배웠다. 나는 이 세상을 창조한 하나님이 아니더냐. 네가 지금 하고 있는 것은 그 어떤 것보다 소중하고 귀한 일이란다. 너를 내게 맡기렴. 너를 아름답게 빚을 것이다." 그분의 위로에 눈물이 얼굴에 흘러내렸다. 하나님은 또 말씀하셨다. "가은아, 나는 너에게 많은 달란트를 주었단다. 묵히지 말고 나를 위해 사용하렴." 그 후로 나는 ESFer로서 모임과 예배를 기쁘게 참여하고 있다.

요즘은 실로 '고학(苦學)' 생활이라고 할 수 있는 대학생활 가운데서 오히려 그 어려움들 가운데서 내 옛 자아가 깨지고, 가난이라는 상황 덕분에 하나님의 풍성한 공급을 더 확실하게 체험하고 있다. 이렇게 나의 외적인 어려움과 내적인 부족함 가운데서도 내가 하나님의 사람으로 빚어져 간다는 것을 느낄 때마다 감사드릴 수밖에 없다. 이 글을 읽는 분들도 하나님의 세심하게 빚으시는 손길을 힘입어 날마다 살아가시길 바라며 글을 맺는다.

이가은 _이화여대 기독교학과 05학번. 이화여대 기독학생연합회 회장으로 섬겼다. 이 글은 2006년 2학기에 쓴 것이다.

온전한 치유, 온전한 회복 질병&절망

박지원

조현용

이사야

송윤지

예수께서 모든 도시와 마을에 두루 다니사 그들의 회당에서 가르치
시며 천국 복음을 전파하시며 모든 병과 모든 약한 것을 고치시니라

마태복음 9장 35절

오호라 너희 모든 목마른 자들아 물로 나아오라 돈 없는 자도 오라
너희는 와서 사 먹되 돈 없이, 값없이 와서 포도주와 젖을 사라 너희
가 어찌하여 양식이 아닌 것을 위하여 은을 달아 주며 배부르게 하지
못할 것을 위하여 수고하느냐 내게 듣고 들을지어다 그리하면 너희가
좋은 것을 먹을 것이며 너희 자신들이 기름진 것으로 즐거움을 얻으
리라

이사야 55장 1~2절

3기말 결핵을 치유 받고

글 박지원

내가 가장 좋아하는 계절은 가을이다. 내가 이 세상에 태어난 날도, 다시 새롭게 태어난 날도 가을이기 때문이 아닐까? 가을은 참 아름다운 계절이다. 해마다 그런 가을은 어김없이 다시 찾아오지만 1995년 가을은 내 평생에 잊지 못할 특별히 더 아름다운 가을이다. 왜냐하면 그 가을에 나는 예수님을 내 죽음의 삶에 구세주로 영접하고 새 생명을 얻었기 때문이다.

몸이 점점 안 좋아진다고 느끼게 된 것은 1995년 늦봄 무렵부터였다. 학교생활을 하기 힘들 정도로 체력이 떨어졌고 도무지 기운이 하나도 없었다. 전부터 있던 장염 증세는 더욱 심해져서 무엇을 조금 먹기만 해도 모두 설사를 해버렸다. 그리고 한밤중에도 한두 시간 간격으로 깨어 화장실에 가서 힘들어해야 했다. 이러다 보니 얼굴빛은 파리해지고 열 기운으로 볼만 발그레해졌다. 날은 점점 더워져갔지만 나는 너무나 추워서 밖에 다니기가 힘들 정도였고 학교에서 돌아오면 오한이 나서 이불을 몇 개씩 뒤집어쓰고 덜덜 떨었다. 그리고 밤마다 40도 안팎을 오르내리는 열 때문에 정신을 잃기 일쑤였다.

기침은 심해져서 마치 알레르기 천식 환자 같은 증세를 보였고 호흡마저 곤란해졌다. 혈압도 급격히 떨어졌다. 여름이 지나면서 정말로 금방이라도 죽을 것처럼 몸이 힘들어졌다. 처음에는 단순히 몸이 약해서 그러려니 하시고 대수롭지 않게 여기시던 어머니가 걱정이 되셨던지 병원에 가봐야겠다고 여기저기 좋은 병원을 알아보시기 시작했다. 당신을 닮아 심장이 약해서 그런 천식과 저혈압 증세를 보이는 줄 아셨던 어머니는 유명한 심장 전문의가 있다는 한 내과 병원을 알아내셨다.

1995년 9월 14일, 그날도 여전히 학교에 갈 준비를 하고서 나는 어머니와 함께 일단 병원에 들르기로 했다. 내 차례가 되어 진찰실에 들어가자 의사 선생님은 첫 눈에 내가 심상치 않음을 알아차리시고는 체온과 혈압을 재 보셨다. 열은 39도가 넘어 있었고 혈압은 70/40 이었다. 당장에 X-ray를 찍고 소변 검사와 혈액 검사를 받으라고 하셨다. 소변 검사와 혈액 검사를 받고 오니 이미 X-ray 결과는 도착해 있었고 의사 선생님은 굉장히 화가 나 있었다. "아니, 애가 이 지경이 되도록 부모란 사람이 뭐하고 있었어?" 느닷없는 호령에 우리는 놀랄 수밖에 없었다. "폐렴인줄 알았는데 결핵이야. 왼쪽 폐는 완전히 망가졌어. 어떻게 이런데도 병원에 올 생각을 안 했어. 죽으려고 작정했어? 벌써 오른쪽도 먹어 들어가고 있잖아. 며칠만 늦었어도 애 죽일 뻔했어. 당장 입원해!"

나는 결핵 3기말이었고 1년 6개월 정도 휴학을 하고 치료를 받아야 한다고 했다. 그날로 나는 환자복으로 갈아입고 1인실에 입원했다. 하루 종일 눈물이 났다. 펑펑 소리 내어 울 힘은 없었다. 그냥 멍청히 창밖만 바라볼 뿐이었다. 머릿속에는 오만가지 생각이 다 떠올랐다. 내가 말로만 듣던 폐병 환자가 되어버

린 것이다. '폐병 환자! 지금은 이렇게 주저앉을 때가 아닌데……. 이제 3학년 2
학기니 언론사 취업 준비도 본격적으로 시작해야 하고 과외 아르바이트도 계속
해서 학비를 벌어야 하고 빨리 졸업해서 경제적으로 집에 뒷받침도 해야 하는
데……. 그런 나에게 1년 6개월을 휴학하고 치료를 받으라니.' 이건 사형 선고나
다름없었다. 나 같은 폐병 환자를 어느 누가 반기겠는가? 모든 것이 무너지는
순간이었다.

  나는 충청남도 광천에서 2남 2녀 중 장녀로 태어났다. 학교를 다닐 나이가 되
었을 때 어머니 친구 분의 소개로 삼육초등학교라는 안식일교회 계통의 학교에
입학하게 되었다. 우리 가정이 교회를 다니지는 않았지만 거기서 구약을 성경
시간에 배우며 자연스레 기독교적 세계관을 갖게 되었다. 초등학교 4학년 초
우리 가족은 서울로 이사하게 되었다. 한창 건설 붐이 일던 때에 큰 철물 도매
상을 해서 돈을 많이 모으신 아버지가 서울 종로 한복판에 6층 높이의 건물
을 한 채 사게 된 것이다.

  꿈에 부풀어 서울로 전학을 온 나는 시골 아이답지 않게 줄곧 1등을 하며 아
이들과도 잘 적응했다. 그 무렵 우리 집은 부유하고 행복해서 더 이상 바랄 게
없었다. 그런데 5학년이 끝날 즈음 아버지 사업이 기울기 시작했다. 사업이 힘
들어지자 어머니는 여기저기 점을 보러 다니기 시작했고 그것도 아무 소용이
없자 물에 빠진 사람 지푸라기라도 잡는 심정으로 교회에 나가기 시작하셨다.
그때에 맞추어 나도 같은 반 친구의 소개로 '산돌교회' 유년부에 나가기 시작했다.
그때는 그저 교회에서 친구들과 어울리는 게 너무나 좋았다. 마침 이성에 대한
호기심이 싹틀 때이기도 했고 교회는 그런 점들을 충족시켜 주었다.

  그러다가 6학년 여름방학 때에 결국 아버지 사업이 부도로 망하게 되었다.
아버지 어머니의 말다툼 소리가 자주 들리기 시작했고 우리 집 살림 형편은 너
무나 어려워졌다. 한 번 모든 것을 잃고 나자 너무나 무기력해진 아버지를 대신

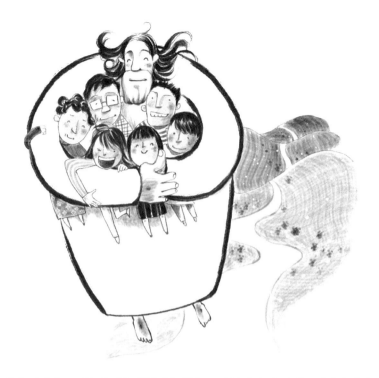

해서 어머니는 모든 살림을 책임져야 했다. 그때부터 우리 집에는 웃음소리가 끊겨버렸고 무능력한 아버지에 대한 우리들과 어머니의 원망은 불신의 골을 깊게 만들어갈 뿐이었다.

집안 사정이 이렇게 되자 어린 나이였지만 장녀인 나는 엄청난 책임감을 느낄 수밖에 없었다. '어떻게 해서든 집안을 일으켜야 한다. 좋은 대학을 가고 빨리 졸업해서 좋은 직장을 가져야 한다. 그리고 출세해야 한다.' 이런 각오는 나에게 강박관념으로 자리 잡았고 나는 죽어라고 공부에만 매달리게 되었다. 고2 때까지 그럭저럭 다니던 교회를 집어치우게 된 것도 그런 이유에서였다. '하나님은 우리를 도와주지 않는다. 세상에 누구를 믿겠나? 나를 믿을 수밖에 없다. 나만 잘 하면 된다. 내가 잘 나면 된다.' 이렇게 다짐하며 이를 악물었다.

첫 해 학력고사에서 서울대 영어교육학과를 지망했다가 보기 좋게 떨어진 나는 또 한 번 하나님을 원망할 수밖에 없었다. 가정 형편은 어려웠지만 명문대 입학만이 유일한 희망이라고 생각했던 나와 어머니는 재수를 하기로 결심했다. 그리고 나는 연세대에 입학하게 되었다. 대학을 입학하기도 전 2월부터 나는 학비를 벌기 위해 과외 아르바이트를 시작했다. 학비와 용돈을 다 내가 벌어야 했기 때문에 다른 것을 할 틈이 없었다. 오로지 공부와 아르바이트, 이것이 내 대학생활의 전부였다.

간혹 너무나 사는 게 버거울 때는 멋도 내보고 놀기도 했지만 소용이 없었다. 이런 것들은 잠시나마 위안은 될지언정 내게 진정한 마음의 평안을 가져다주지는 못했다. 과 활동도 해보고 소개팅도 해보며 탈출구를 찾으려고 해보았지만 내게 닥쳐 있는 현실은 너무나 암담하기만 했다. 이런 고민과 짐들을 털어놓을 친구도 없었다. 내 자존심이 그걸 허락하지 않았다. 친구들은 내 가정 형편이 이렇다는 것을 알지 못했고 난 그것을 숨기기 위해 애쓸 수밖에 없었다. 너무나 힘들었다. 가슴속에 이만큼 응어리가 져 있는데 풀어지지도 않고 무거워서 없애버리고 싶어도 그건 내가 해내기에는 역부족이었다. 어디에다가 하소연을 하고 싶어도 할 수 없었고 나는 얼굴을 찡그린 채 참아낼 수밖에 없었다.

어머니의 노력으로 살림살이는 조금씩 나아가기 시작했지만 부모님의 사이는 더욱 나빠졌다. 그러다가 내가 대학교 2학년 때 결국 이혼하시고 말았다. 어머니는 몇 년 전부터 교회와는 담을 쌓고 계셨다. 어머니에게 실질적으로 아무런 도움도 주지 않는 하나님이 어머니에겐 필요 없으셨던 것이다. 부모님의 이혼, 이것은 내게 출세에 대한 욕망을 더욱 부채질했다. 왜냐하면 이런 파탄 난 부끄러운 가정을 무마시킬 수 있는 것은 자식들이 잘 되는 것 밖에 없다고 어머니도 우리도 스스로에게 못 박았기 때문이다. 아버지가 떠나버리고 남겨진 어머니, 나, 동생들은 하나로 똘똘 뭉칠 수밖에 없었다. 우리에게는 서로밖에 믿을 사람이 없었다.

그런데 그런 나에게 복음을 전하는 친구가 하나 있었다. 나와 같은 과 동기인 장은하라는 친구였다. 은하는 내게 조심스럽게 예수님 이야기를 하며 교회에 나갈 것을 권했다. 그리고 나를 위해서 기도했다. 그렇지만 나는 늘 같은 소리로 일축해버렸다.

"나는 지금 하나님의 존재를 머리로는 믿어. 만일 내가 마음으로 믿게 되면 그땐 교회에 나갈게!"

이 세상에는 나밖에 믿을 사람이 없다며 이를 악물고 앞만 보며 달려온 내게 폐결핵 3기말 이라는 진단은 세상의 끝과도 같은 것이었다. 결국 병원에 검사하러 간 날 입원을 하게 된 나는 아무도 없는 병실에서 고열과 심한 기침으로 괴로워해야 했다. 여동생이 고3이었기 때문에 어머니가 하루 종일 내 옆에만 계실 수는 없었다. 몸이 많이 약해져 있던 나는 밤마다 악몽에 시달렸다. 늘 귀신에게 쫓기는 그런 꿈이었다. 소스라치게 놀라 깨고 나면 병실 안은 너무나 썰렁하고 조용했다. 무섭고 떨려서 불이란 불은 다 켜댔다. 간호사들의 당직실이 복도 끝이라서 주위에 사람이 있다는 느낌이 조금도 들지 않았다. 너무나 무서웠다. 이대로 더 혼자 있다가는 미쳐서 죽을 것만 같았다. 죽는다는 게 너무 두려웠다. 그렇게 병실에 있은 지 이틀째 되던 날이던가, 은하가 찾아왔다.

은하와는 거의 같은 강의를 신청해 놓았었다. '성서와 기독교' 시간도 은하의 손에 이끌려 들어간 강의였다. 우리 학교는 '기독교의 이해'가 교양 필수 과목이었기 때문에 어쩔 수 없이 강의를 들어야 했고 기왕이면 덜 지루하고 덜 피곤하게 만드는 것으로 골라듣고 싶었다. 그래서 이반 저반을 기웃거리다가 결국은 수강신청 변경 전날 어떤 교수님의 반으로 들어가게 된 것이다.

편안하게 놀며 들을 수 있으리라는 기대와는 달리 교수님은 첫 시간부터 내 얼굴을 찡그리게 만드셨다. 교회에 출석해서 주보를 내라는 것이다. 그리고 하나님이 우리를 사랑하신다며 우리 맘대로 살아서는 안 된다고 하셨다. 이건 교양 수업이 아니라 완전히 교회였다. 난 속으로 '내일 수강 변경 해야지.'하며 이만큼 입을 내밀고 투덜거리며 앉아 있었다. 그런데 그런 나에게 교수님이 자꾸만 눈길을 주시는 것을 느낄 수가 있었다. 그리고 그 첫 시간 이후에 나는 입원을 하게 되었다.

은하는 학교 소식을 잔뜩 안고 왔다. '성서와 기독교'의 그 교수님이 내 소식을 은하를 통해서 듣고 같은 수업을 듣는 학생들과 기도를 하고 계신다는 것이다. 알지도 못하는 나를 위해서 말이다. 그러면서 은하는 교수님이 주셨다며 〈주님은 나의 최고봉〉이라는 책을 건네주었다. 그 책의 앞장에는 교수님의 위문편지도 곁들여 있었다.

은하가 돌아간 후 나는 교수님이 주신 묵상 설교집을 읽기 시작했다. 하나님, 예수님, 십자가, 나라는 연약한 존재, 이런 것들이 하나하나 떠오르기 시작했다. '나는 정말 약한 존재구나. 몸이 아파 죽을 지경이 되니까 내가 이전에 세웠던 계획, 나의 이상, 나의 미래, 이 모두가 부질없어지는구나. 내 삶이 내 생각대로, 내 의지대로 되는 게 아니구나. 그럼 내 삶은 누구의 생각대로, 누구의 의지대로 만들어지는 걸까? 그렇다면 하나님인가? 내가 내 삶의 주인이 아니라는 것은 분명하다. 그렇다면 내 삶의 주인은 누구인가?' 이런 많은 복잡한 문제들을 해결하지 못하고 짊어진 채 나는 5일 만에 열이 내려 퇴원을 하게 되었다.

학교를 휴학하면 나만 낙오자로 평생 남을 것 같아 나는 고집을 부렸다. 그래서 간신히 수업만 나갔고 덕분에 나를 걱정해주셨던 교수님과도 개인적으로 만날 수 있었다. 그러나 여전히 내 마음은 무너져버린 미래에 대한 강한 애착과 미련으로 너무나 아프고 우울했다. 그러면서도 점점 그 교수님이 전하시는 복음에 귀를 기울이게 되었다.

"지원양! 육체적으로 죽는 것보다 더 무서운 게 영적 죽음이에요. 우리가 예수님을 떠나 있는 한 우리는 영적으로 죽어 있는 상태인 거예요. 자신의 학생증을 두 번이나 잃어버렸다가 회개하고 예수님을 영접한 후 하나님 자녀라는 영적 신분증과 학교 신분증을 함께 다시 찾았다는 한 여학생처럼 지원이는 자신의 참된 신분을 찾아야 해요. 지원이의 삶은 지원이의 것이 아니고 지원이를 지으신 분, 창조주 하나님의 것이에요. 왜냐하면 하나님과 단절되고 죄악에 빠져 버린 지원이를 버리시지 않으시고 그분의 귀한 독생자 예수님을 보내셔서 우리 죄를 대속하게 하셨으니까요. 그러니 이제 지원이의 삶의 주인은 바로 지원이를 살리신 예수님이시지요. 지원이가 예수님을 믿기만 하면 구원을 받아요. 예수님이 지원이를 위해 돌아가셨고 또 부활하셨다는 것을 믿기만 하면 지원이는 영생을 얻고 다시 하나님의 자녀가 될 수 있어요."

내 마음속에 많은 갈등과 의문이 생겨났다. 과연 이것이 진실인지 아닌지. 그렇지만 내 마음은 서서히 예수님을 향해 열리기 시작했다. '사망에서 생명으로. 죽음이라는 게 어떤 것인지 나는 경험해 보지 않았던가! 육체적 죽음도 이렇게 무섭고 힘든 데 내 영이 이렇게 죽어 있고 만일 영원히 죽는다면? 그건 생각만 해도 끔찍한 일이야. 내가 그냥 죽도록 내버려두지 않으시고 아직까지 숨을 쉴 수 있게 하시는 것도 하나님의 은혜구나. 내 육체의 생명을 연장하셨듯이 분명히 내 영의 생명도 살려 주실 거야. 예수님만 믿으면. 분명히 하나님은 살아 계셔. 나에게 일어난 이 모든 일이 그 증거야. 감사합니다. 하나님. 저를 이렇게 살려주셔서 감사합니다.'

1995년 10월 13일, 나는 그 교수님의 인도로 예수님을 영접하였다. 그리고 은하가 다니던 지구촌교회에 나가게 되었다. 예수님을 마음 속에 모셔 들인 이후로 나에게는 놀라운 변화가 일어났다. 무엇보다도 믿을 수 없을 만큼 마음이 평안해졌다. '예수님은 나 같은 병자, 가난한 사람, 힘없는 사람들을 안아주시러 오신 분이다. 세상 사람들은 나를 버린다 해도 예수님만은 변함없이 나를 사랑하실 것이다.'라는 확신이 마음속에 가득했고 그래서 너무나 행복했다. 얼굴 표정이 너무나 밝아졌다는 주위 사람들의 말에 거울을 봤더니 거울 속에서 내가 환하게 빛나고 있었다. 내가 살아 숨 쉬는 것 자체가 내 감사 기도의 제목이었고 '세상이 이렇게 아름다울 수가 있구나!'하는 감동으로 내 입에서는 찬양이 끊이질 않았다.

내가 집착하고 있던 세상적인 명예, 출세만을 좇는 것은 모두 헛된 일이고 내 욕심을 채우기 위해 그런 것들을 원한다면 이루어지지 않는다는 것이 분명해졌다. 시간에 쫓기던 마음도 여유가 생겨 천 년을 하루같이, 하루를 천 년같이 하신다는 하나님의 말씀을 의지하고 힘을 얻게 되었다. 나는 갓난아이처럼 신령한 것인 말씀을 사모하게 되었고, 언제 어디서나 주님과의 동행이 그리도 좋을 수가 없었다.

> "수고하고 무거운 짐 진 자들아 다 내게로 오라 내가 너희를 쉬게 하리라"
> **마태복음 11장 28절**

이 말씀처럼 나는 내 짐을 주님 앞에 내려놓고 대신 주님의 짐을, 주님의 십자가를 짊어지기로 한 것이다. 그리고 큰 부작용 없이 건강은 점점 좋아져 빠른 속도로 회복되기 시작했다.

그해 12월 24일, 나는 침례를 받았다. 그 겨울 내내 아픈 중에도 나는 내 안에 계신 예수님을 느끼고 배우며 그분과의 교제를 누릴 수 있었다. 주님은 늘 나의 곁에서 나를 지켜주시고 나의 치료자요, 위로와 평안이 되어주셨다. 더욱이 감사한 것은 이런 나의 변화를 지켜보던 나의 가족들 중 재수하던 여동생과 어머니가 그 다음 해에 예수님을 영접하게 된 것이다. 연이어 군대에 간 큰 남동생과 고등학생이던 막내 남동생도 예수님을 영접하게 되었다. 이제 우리 가족은 서로가 아니라 정말로 믿고 의지할 수 있는 분을 만난 것이다.

"주 예수를 믿으라 그리하면 너와 네 집이 구원을 얻으리라" **사도행전 16장 31절**

이 말씀처럼 내가 한 것이라고는 예수님을 믿은 것밖에 없는데 하나님이 나와 내 집을 구원하셨다. 이 얼마나 놀라운 일인가!

지구촌교회 대학부에 출석하던 중에 지금의 남편인 형제와 교제를 시작했고, 귀한 믿음의 돕는 배필이 되게 해달라고 기도하면서 1997년 7월 결혼했다. 그리고 결혼한 지 일주일 만에 미국으로 이민을 가게 되었다. 남겨 놓고 떠나는 어머니와 동생들이 마음에 걸렸지만 하나님이 지키시리라는 믿음으로 기도할 뿐이었다. 그 후 남은 가족들에게 여러 가지 힘든 일들이 있었지만 그때마다 하나님은 가족들을 보호하시며 피할 길들을 주셨다. 모두들 열심히 신앙생활을 하며 그 믿음이 날로 자라게 해주셨다. 그리고 하나님의 은혜로, 헤어진 지 5년 만에 아버지와 어머니가 재결합을 하시게 되었다. 멀리서 그 소식을 들은 나는 너무나 기뻐서 눈물을 흘렸다. 다시 한 번 우리 인생의 주관자는 하나님이심을 깨닫게 해주셨다.

미국의 수도 워싱턴 D.C.의 근교 버지니아에 와서 장세규 목사님이 시무하시는 버지니아 지구촌 교회에 다니게 되었다. 이곳에 오자마자 구역예배인 셀 모임에 남편과 함께 셀 원으로 동참하면서 적극적인 신앙생활을 계속해 나갔다. 하나님은 하와이로 가게 될 줄 알았던 우리의 진로를 갑작스럽게 바꾸시며 이곳으로 오게 하셨다. 그리고 우리의 계획과는 다른 일들을 준비해 놓고 계셨다. 점점 시간이 흘러감에 따라 우리를 여기까지 오게 하신 이 모든 것이 다 하나님의 계획이심을 깨닫게 해 주셨다.

언어가 다르고 문화가 다른 남의 나라에서 적응하며 사는 것이 쉽지는 않았고 그 과정 중에 한 발 한 발 손잡고 인도하시는 그 하나님만 의지하는 법을 배우게 하셨다. 그리고 지난 몇 년 동안 여러 참된 믿음의 선배들을 만나게 해주셨고 그 분들을 통해 참되고 꾸준한 신앙생활을 하는 본보기의 삶들을 보여주셨다. 너무나 귀한 가르침이었다. 왜냐하면 진짜로 어른이 되어보니 하루하루의 분주한 일상 속에서, 여러 가지 다른 배경과 생각을 가진 사람들이 모인 미국이라는 곳에서 참된 신앙인의 삶을 꾸준히 사는 게 그렇게 쉬운 일만은 아니었기 때문이다.

또한 한 3년 전부터 남편과 함께 셀 모임의 리더로 모임을 이끌고 섬기면서 나의 연약하고 죄악된 모습들을 더욱 더 보게 하셨고 하나님의 사랑을 무한정으로 나누며 사는 게 나의 힘으로는 참으로 어렵다는 것을 깨닫게 하셨다. 감사하게도 그런 나를 하나님은 여전히 한결같이 사랑하신다. 예수님을 믿기 전에는 숨기고만 싶던 과거의 아픈 상처들이 지금은 다른 사람들의 처지를 진심으로 이해할 수 있게 해주는 바탕이 되었다.

또한 그 힘든 과정 중에서 배운 여러 가지의 귀한 열매들, 예를 들어 나의 행동에 내가 책임을 져야한다는 것, 세상을 잘못된 잣대로 재가며 살면 결국은 나뿐만 아니라 내 주변의 다른 이들에게도 말할 수 없는 고통을 안겨준다는 것, 또한 우리 마음에 정말로 참된 예수님을 향한 구원의 확신과 고백이 없다면 아무리 세상적인 눈으로는 문제없이 잘 사는 것 같아도 실제로는 죽은 삶이라는 것 등 이런 것들은 그 무엇과도 바꿀 수 없는 보배로 나를 지금의 나로 만들어주었다.

한 살이라도 젊었을 때 이런 배움의 과정들을 겪을 수 있는 것도 또한 감사하다. "나의 가는 길을 오직 그가 아시나니 그가 나를 단련하신 후에는 내가 정금같이 나오리라"하신 욥기의 말씀을 떠올리며 나를 살리시고 내 안에 살아계신 하나님을 찬양합니다. 할렐루야!

박지원 _연세대 불어불문학과 93학번. 1995년 가을학기 초 폐결핵 3기 진단을 받고, 그 학기에 예수님을 영접한 후 치유함을 입었다. 졸업 후 미국 해군성 공무원으로 일하는 남편과 워싱턴에서 지구촌교회 목장 사역을 하고 있다. 이 글은 2003년에 썼다.

왜 하필 나였을까?

글 조현용

"절벽 가까이로 나를 부르셔서 다가갔습니다. 절벽 끝에 더 가까이 오라고 하셔서 더 다가갔습니다. 그랬더니 절벽에 겨우 발을 붙이고 서 있는 나를 절벽 아래로 밀어버리시는 것이었습니다. 물론 나는 그 절벽 아래로 떨어졌습니다. 그런데 나는 그때까지 내가 날 수 있다는 사실을 몰랐습니다."

　-로버트 슐러

　나는 현재 나이가 스물셋이고 연세대학교에 다니고 있다. 내가 아래에 기록하는 내용은 나에 관한 이야기라기보다는 내 인생의 여정을 계획하신 분을 알게 된 계기에 관한 것이다. 왜 하필 나였을까?

　어머니는 1982년 나를 낳으셨다. 첫 아이를 보게 된 지 2년여 만에 둘째 아이인 동생이 태어났고, 그로부터 6개월 후 아버지는 심장마비로 갑자기 쓰러지셨다. 결혼 3년이 채 못 되어 남편을 잃은 어머니는 생계를 꾸리기 위해 작은 가게를 시작했다. 첫 돌이 지나지 않은 동생은 고모 집에서 입학 전까지 맡아 길러주겠다고 데려갔고, 어머니는 나를 키우며 시어머니를 모시고 생업을 시작하셨다.

나에게는 어렸을 때 보았던 어머니의 힘들어하던 모습이 기억에 많이 남아 있다. 밤 시장에서 어린 나에게 전화를 걸어 힘들게 이야기 하시던 어머니의 목소리를 나는 잊을 수 없다. 그렇게 전화를 받을 때면 나는 항상 많이 울었다. 지금도 그때를 생각하면 눈물이 많이 난다.

동생이 학교에 입학할 즈음에는 고모 댁에서 자라던 동생을 데려와서 함께 살게 되었다. 어머니의 많은 노력 덕분에 우리 형제는 풍족하지는 않았지만 그렇다고 전혀 부족할 것도 없는 어린 시절을 보냈다. 특히 첫째인 나는 더욱 그랬다. 우리 형제는 명랑하게 자랐고, 돌이켜 보면 어린 시절에는 즐거운 추억이 가득하다. 모두 어머니의 노력 덕분이었다.

중학교에 입학할 무렵 어느 일요일, 어머니께서 우리 형제를 어딘가로 데려가셨다. 교회였다. 교회에 대한 인상이 그리 좋지는 않았지만, 어머니의 의견에 따라 교회에 가는 것은 당연했다. 그때부터 매주일 교회에 출석하게 되었다. 교회에서 아이들과 노는 것은 사실 별로 재미가 없었다. 그렇지만 설교를 듣는 것은 꽤 재미있었다. 나는 설교 듣는 것을 즐겼다. 이 당시에는 어머니의 새로운 사업이 아주 잘 진행되었다. 우리 가정은 경제적으로 많이 넉넉해졌고 생활은 재미있었다.

나는 어디에서든 주목 받는 아이였고 아이들과의 관계에서 항상 중심에 있었다. 어느 새 고등학교에 입학할 때가 된 나는 당시 서울에서 가장 들어가기 어려웠던 한 외국어고등학교에 입학했다. 그런데 고등학교 입학 무렵에 다시 가세가 기울기 시작했다. 어느 날 집안이 경제적으로 많이 어려워진 것을 알게 되었다. 예상은 하고 있었지만 생각보다 경제적 손실의 규모가 컸다. 어머니께서 새로 시작하신 일이 잘 풀리지 않았고 연쇄적으로 어려움이 밀려왔다. 집도 없어지고 돈도 모두 날아가 버렸다. 뭔가 이상하다는 것을 느꼈다. '설마······.'

나는 우리 가정에 그런 어려움이 닥칠 거란 생각은 단 한 번도 해보지 않았다. 집이 없어졌기 때문에 우리 가족은 이사를 가야만 했다. 서울의 경계에 있는 그린벨트 지역으로 이사를 했다. 지하실이었는데 부엌도 있고 화장실도 있었다. 마음은 상했지만 살 곳이 생겨서 다행이라고 생각했다.

얼마 있지 않아서 나는 학교의 학생 대표로 선출 되었다. 나는 교외활동에서도 두각을 나타냈고 체육활동 등에서도 중요한 역할을 했다. 비록 생활은 점점 어려워졌지만, 나의 재능을 발휘할 수 있어서 기뻤다. 그래서 학교에서의 생활은 견딜 만 했다. 등록금을 내지 못했고, 급식비를 내지 못해서 식당에 가면 벽에 큼지막하게 내 이름이 붙어 있어서 창피했고, 책값이 없었고, 차비가 없어서 친구들에게 부탁을 해야 했지만, 학교에 다닐 수 있다는 것과 내가 그 중심에 있다는 사실이 기뻤다.

하지만 집에 돌아오면 밀려오는 상실감을 견디기 힘들었다. 집안의 모든 벽은 곰팡이로 뒤덮여 악취가 풍겨왔고, 곰팡이는 옷가지와 책에도 옮겨왔으며 심지어는 나의 몸에도 달라붙어 나를 괴롭게 했다. 하수구는 때마다 역류했으며 그때마다 위층 식당에서 버린 썩은 음식 찌꺼기가 밀려 올라왔다. 비가 많이 내릴 때는 집안이 온통 물에 잠기기도 해서 가뜩이나 습기가 차고 넘치는 집에 있는 모든 물건을 썩게 했으며 심지어는 벽에 달린 찬장까지도 삭게 만들었다. 공부하는 책들도 모두 썩어버렸음은 물론이다.

겨울엔 집이 너무 추웠다. 하지만 난방비가 없어서 난방을 할 수 없었고, 한겨울에도 찬물만 사용하는 것이 참 힘들었다. 집에서도 말을 할 때마다 입김이 나왔고 자기 전에 자리에 누워 숨을 쉴 때면 내 자신이 가습기가 된 기분이었다. 상대적으로 높은 생활수준의 가정을 배경으로 가진 학교의 친구들 사이에서 나는 많이 괴로웠다. 눈은 높아져 있는데 현실은 그렇지가 않았으니 그럴 수밖에 없었다.

어머니는 당시 외삼촌의 음식점 등에서 일하시면서 생계를 유지하셨다. 그러던 어느 날 어머니께서 신학교에 가시겠다고 하셨다. 어머니께서 경제활동을 멈추시면 가정의 수입은 아예 전무하게 되는 것이었지만 나는 어머니의 의견에 찬성했다. 그리고 어머니는 신학생이 되셨다. 이 사실을 아는 친지들과 주변의 사람들은 어머니를 비난했다. 사람이 자기 앞가림부터 해야 하는 거라고들 했다. 하지만 나는 어머니를 신뢰했다. 그리고 어머니가 하나님을 신뢰한다는 사실을 알았고 하나님께 순종한다는 사실도 알 수 있었다. 현실적으로는 바보 같은 결정이었고, 후에 나 또한 종종 어머니가 원망스러울 때도 있었지만, 가장 중요한 것은 바로 이 결정이었다.

어머니의 신학생 생활 이후 생활은 점점 더 어려워졌다. 당연한 일이었다. 그리고 나는 언제부터인지 몸에 아픔을 느끼기 시작했다. 원래 나는 몸이 약한 편이어서 자주 앓곤 하는데 이렇게 아픈 적은 없었다. 골반 부근이 많이 아팠는데 병원에 갈 수 없었다. 우리 가족은 의료보험의 혜택을 받지 못했기 때문이다. 자주 몸이 아팠던 나는 병원에 못가는 것을 당연하게 여기며 늘 참았지만, 이건 정말이지 너무 아파서 참을 수가 없을 지경이었다. 후에 알게 되었지만(시골에 갔을 때 고모의 강권에 못 이겨 남의 의료보험증을 빌려서 진단을 받았다.) 나는 '강직성 척추염(척추관절부터 시작해 대나무처럼 굳어가는 질병)'이라는 질병을 앓고 있었던 것이었다. 하지만 돈이 없어서 병원에 갈 엄두도 못내는 내가 할 수 있는 일은 아픈 것을 참는 일 뿐이었다.

어려운 시간들이 지속되자 내 마음 속에 있던 자존감들이 무너져가기 시작했다. 생활에 찌들어서였는지 나는 내가 꾸었던 꿈들을 기억해낼 수조차 없었다. 꿈이 무엇인지 기억이 나지 않았다. 내 내면은 말할 수 없이 황폐해져 갔다. 사람들에게 마음을 열 수도 없었다. 내 이야기와 슬픔 그리고 고민들을 나누고 싶었다. 그렇지만 내게는 아무도 없었다.

그렇게 시간을 보내던 어느 겨울날이었다. 고3이 되기 얼마 전이었기 때문에 같은 반 친구들은 열심히 공부를 하고 있었고, 나는 그 모습을 교실 뒤에 서서 우두커니 쳐다보고 있었다. 나는 참 마음이 아팠다. 그렇지만 눈물이 나지도 않았다. 그런데 문득 교실 뒤편에 성경묵상집(QT책자)이 버려져 있는 것을 보았다. 아이들은 제각기 열심히 공부를 하고 있었고, 나는 여전히 뒤에 서서 그 책을 읽어 나갔다. 한 시간 쯤이나 되었을까, 한 부분에서 이것이 나를 위한 것이라는 것을 느꼈다. 이사야 55장. 나는 이 말씀에 마음이 깨졌다. 살아계신 하나님을 느꼈다.

그 후 변화가 시작되었다. 우연히도 교실 뒤에서 자꾸 무언가 버려져 있는 것을 줍게 되었다. 재미있게도 버려진 성경묵상집 다음에는 성경책이었다. 그 책에서 나는 매일 조금씩 말씀을 접하게 되었다. 나는 달라졌다. 집엔 여전히 끔찍한 곰팡이가 넘치고, 난 완전한 빈털터리였지만 견딜 수가 있었다. 성경을 읽을 때면 기쁨이 있었다.

시간이 지나고 나는 대입에 실패하게 되었다. 난감했다. 대입은 뒤로 밀어두고 돈을 벌어야겠다는 생각을 했다. 어떤 일에 뛰어들어야 할지 생각하고 각오를 다졌다. 그런데 문제는 몸이 아프다는 것이었다. 너무 아팠다. 아무것도 할 수가 없고 화장실도 내 힘으로 갈 수가 없었다. 재채기를 한 번 할 때면 온몸의 진동으로 인해 극심한 고통이 밀려왔다. 그렇게 시간이 흘러갔다. 어머니는 낙심한 나를 데리고 철야예배와 새벽예배에 모두 데리고 가셨다. 예배가 시작할 때에 닫혀 있던 마음은 예배가 끝날 때엔 늘 무너져 있었다.

고통이 덜 한 상태가 계속되었지만 육체노동을 할 정도는 아니었다. 나는 이미 달리기를 할 수 없을 정도가 되어 있었다. 몸이 달리기를 잊어버렸다. 집에 가만히 있을 수밖에 없었다. 집에는 아무도 없었고, 쌀도 없었다. 돈도 없었다. 라면 한 개가 그렇게 비싸다는 사실에 절망했던 기억이 생생하다. 정말 막막했다. 유일한 낙이라면 어머니를 따라서 새벽예배에 나가 기도하는 것이었다. 그때만은 마음이 편했다. 사실 교회에서 매일 빵과 우유를 주었는데 그것을 먹는 기쁨도 상당했다.

하지만 시간은 계속 그렇게 진행되었다. 대입시험을 다시 보아야 할 것 같다는 생각은 굴뚝같았지만 상황은 변화되지 않았다. 가진 책도 많지 않았고, 사실 하루하루 먹는 것이 더 급했다. 새벽예배에 가서 기도하면 매일 울기만 했다. 그러다 하루는 정말 마음이 답답하고 한편으로는 서럽기도 해서 설교 도중부터 계속 울었다. 그날은 기도도 나오지 않고 계속 울기만 했다. 얼마나 많이 엉엉 울었던지 지금도 기억이 생생하다. 기도밖에 할 수 있는 것이 없었다.

그런데 어느 날이었다. 얼굴만 알고 있던 어떤 교회의 목사님께서 전화를 하셔서 만나자고 하셨다. 영문도 모르고 터벅터벅 그 교회의 교육관을 향해서 걸어갔다. 그런데 그분께서 하시는 말씀이 그 교회의 어떤 장로님께서 수험생활 동안 내 교육비를 지원하겠다고 하셨다는 것이었다. 그분 얼굴도 모르는데, 어떻게 그러실 수가 있었을까? 나는 그 목사님과 함께 울먹일 수밖에 없었다. 화장실에 들어가서 계속 울었다. 하나님께 참 감사했다. 하나님을 느낄 수가 있었다. 이 일은 내 믿음 자체를 바꿔놓은 경험이다. 그 후로 참 많은 도움을 받았다. 이상하게도 정말 급하게 필요한 때만 되면 어디선가 도움의 손길이 있었다.

나는 이제 대학생이다. 나의 어머니는 이제 신학교를 졸업하고 교역자로 활동하신 지 3개월 쯤 되었다. 아직도 나는 아플 때가 많아서 움직이지 못할 경우도 있고, 집에는 여전히 곰팡이가 가득하다. 게다가 여전히 경제적인 어려움에 둘

러싸여 있다는 것을 느끼고 있다. 얼마 전까지 계속 우리 가족은 곰팡이가 피어 있는 쌀로 밥을 해서 먹었다. 그럼에도 불구하고 나와 내 가족에게는 많은 변화가 있다.

왜 하필 나였을까? 나는 아직도 이 문제에 대해서 생각한다. 물론 때로는 원망스러울 때도 있다. 하지만 어려움이 생겨날 때마다 하나님을 느낄 수가 있었고 그때마다 감사했다. 많은 일들이 있었고, 나는 하나님을 믿게 되었다. 내 믿음이 아주 작다는 것을 알지만 분명한 것은 내가 하나님을 믿게 되었고 하나님의 은혜를 안다는 것이다.

"그는 주 앞에서 자라나기를 연한 순 같고 마른 땅에서 나온 뿌리 같아서 고운 모양도 없고 풍채도 없은즉 우리의 보기에 흠모할 만한 아름다운 것이 없도다 그는 멸시를 받아 사람들에게 버림 받았으며 간고를 많이 겪었으며 질고를 아는 자라 마치 사람들이 그에게서 얼굴을 가리는 것 같이 멸시를 당하였고 우리도 그를 귀히 여기지 아니하였도다" 이사야 53장 2~3절

내가 하나님을 믿을 수 있는 이유는 많은 일들 가운데 항상 함께 계시는 하나님의 아들 예수 그리스도를 발견했기 때문이다. 전능하신 하나님께서 정말 나를 도와주시는 것을 느낀다. 그래서 참 행복하다. 나는 주님께서 나를 당신의 품으로 끌어당기셨다는 것을 느낀다. 그리고 내게 말씀하시는 것이 들린다. "두려워하지 말고, 이제 날아보렴."

－에필로그－

오늘 드디어 어머니께서 신학교를 졸업하셨다. 동생과 함께 어머니의 졸업식에 다녀왔다.

지난 4년 동안 어머니께서 힘든 훈련을 잘 마치신 것이 너무 감사하고 기쁘다. 어머니가 신학을 하시는 4년 동안 아무런 수입 없이 살아야 했기에 때때로 많이 힘들었지만 어머니께서 하나님의 일을 하기 위해서 겪어야 하는 훈련의 시간이었기에 오히려 감사했다. 덕분에 하나님의 은혜를 아주 조금이나마 더 알 수 있었던 시간이었다.

얼마 전에는 어머니께서 매주 신학교에서 있는 산상철야예배에 4년간 개근하셔서 상으로 작은 성경을 한 권 받아오셨다. 동기 중에서 오직 2명만이 개근을 하셨단다. 얼마나 힘드셨을까 싶기도 하고 벌써 4년이라는 시간이 흘렀구나 싶기도 했다.

성경의 글씨가 너무 작다고 하셔서 내가 가진 성경과 어머니의 것을 바꿨다. 비록 개근한 상이 작은 성경책 한 권이지만 어머니께서 4년간 매주 화요일 밤을 산에서 철야하시며 기도하신 것이 우리 가족에게 얼마나 큰 은혜로 다가왔는지, 이미 너무 큰 상을 우리 가족 모두가 받은 것이다.

약 한 달쯤 전에는 어머니의 사역지가 결정되었다. 교역자의 채용이 어려운 때에 귀한 곳에서 일하실 수 있게 되어서 감사하다. 2주 전에는 사역지가 좀 멀고 차가 없어서 힘들어하시던 어머니에게 자가용이 갑자기 생겼다. 어머니의 첫 심방 바로 전날에 차가 생겨서 어머니는 어린아이처럼 기뻐하셨다. 매 순간 순간 채워주시는 은혜가 참 놀랍고 지난 4년간 그렇게 지내 온 것이 또한 너무 놀라울 따름이다.

조현용 _연세대 철학과 02학번. 2002년 이 간증문을 썼다. 모든 질병을 완치받은 후 2008년부터 MBC 방송국에서 기자로 일하고 있다.

가난한 선교사 자녀로서

글 이사야

　나는 기독교 가정에서 자라났기 때문에 태어나서 지금까지 자연스럽게 인생 전반에 걸쳐 예수님을 알고 함께 했다 해도 좋을 것이다. 그러나 예수님을 안 것에 불과한 것이지 구원에 이르는 믿음을 가진 것은 아니었다. 내가 어렸을 적 매주일 마다 교회에 나갔고 부모님이 선교사이셨기 때문에 나는 천국에 갈 수 있다고 생각했다. 즉, 나는 부모님의 신앙에 의지했고 진정한 구원에 대해서는 전혀 알지 못했다.

　나는 부모님을 따라 네 살 때 필리핀에 갔다. 거기에서 유치원부터 5학년 때까지 필리핀 학교에 다녔다. 그곳은 사립학교였는데 부자들만 다니는 곳이어서 내 친구들은 모두 부유한 가정의 아이들이었다. 필리핀 전직 대통령의 딸이 우리 옆 반에서 공부할 정도였다. 3학년 때까지 나는 내가 가난한 선교사의 딸이라는 것에 대해서도, 또 다른 사람들의 시선에 대해서도 전혀 생각해 보지 못했다.

나는 반에서 유일한 외국인이었기 때문에 학교에서는 꽤 인기가 높았다. 매년 학급임원으로 선출되기도 했다. 모든 사람들은 나를 무척 좋아했다. 왜냐하면 그들이 보기에 나는 똑똑하고 활발하고 재미있고 예술적이고 부자이고 또 예뻤기 때문이다. 나는 우리 반에서 비교적 하얀 피부의 얼굴이었다. 필리핀 남자들은 하얀 피부를 가진 여자를 좋아한다. 모든 학급 친구들은 내가 유일한 외국인이기 때문에 부자라고 생각했었다. 필리핀 사람들은 모든 외국인들, 특히 흰 피부를 가진 사람들은 부자라고 생각하는 경향이 있다.

이처럼 학급에서 완벽한 아이로 인식되었으나, 사실상 내 내면은 극심한 갈등을 겪고 있었다. 항상 부자 친구들과 나를 비교했고 내가 선교사 자녀라는 것이 너무나 싫었다. 내 친구들에게 가난한 선교사 자녀라는 것을 알리고 싶지 않았다. 친구들이 나를 싫어하고 나를 있는 그대로 받아들이지 않을 것이라고 생각했기 때문이었다. 친구들이 집에 오고 싶다고 할 때마다 나는 거짓말을 해서 집에 못 오게 했다. 지금 생각해 보면 참 어리석은 일을 했던 것 같다. 그러나 그 당시에는 대저택에 사는 친구들에게 우리 집을 구경시켜 준다는 것은 무척 괴로운 일이었다.

6학년 때 한국인 선교사 자녀들을 위한 학교로 전학을 가게 되었는데 그 이전까지만 해도 예수님을 알아야 한다는 필요성에 대해서 진지하게 생각해 본 적이 없었다. 3학년 때부터 5학년 때까지 나는 내 곁에 있는 사람들에게 인정받기 위해서 특별한 사람으로 보이려고 애쓰느라 무척 바빴던 것이다.

사람들이 나의 부모님에 대해서 가난한 선교사라고 말하는 것처럼 나를 당황스럽게 한 것은 없었다. 그 당시 친구들 대부분은 심지어 선교사가 무엇인지 알지도 못했다. 필리핀 학교생활을 다시 돌이켜 보면 재미있는 기억들이 참 많지만 나는 내 자신에게는 물론 친구들과 가족에게조차 결코 정직하지 못했다는 것을 깨달았다. 겉으로는 무척 행복하고 완벽해 보였지만 내 삶은 거짓으로 가득했고 내면적으로 너무나 많은 갈등과 고뇌에 시달렸다. 내가 사는 방식이 마음에 안 들었고 돈이 많다면 이 모든 문제들이 해결될 수 있을 것이라고 생각했다.

그러나 감사하게도 하나님은 이런 나를 계속 내버려두지 않으셨다. 6학년이 되었을 때 우리 가족들은 잠시 한국에 나가려고 했으나 몇 가지 이유로 그냥 필리핀에 머물기로 했다. 언니와 나는 한국인 선교사 자녀들을 위한 학교로 전학을 가게 되었다. 필리핀 학교에는 중학교가 없기 때문이었다. 한국 친구들과 사귀어 본 적도 없었고 한국인들과 한국어로 공부하는 것도 처음이었기 때문에 전학을 간다는 것이 무척 두렵게 느껴졌다. 그 당시 나의 국어 실력은 정말 형편없었다. 그리고 그 학교는 학급당 4명에서 6명이 수업을 받기 때문에 홈스쿨이나 마찬가지였다. 대형 사립학교였던 필리핀 가톨릭학교에서 한국인 선교사 자녀들을 위한 소규모 학교로 전학 가게 된 것은 내게 있어 정말 엄청난 변화였다. 비록 국어를 공부하느라 진땀을 빼긴 했지만 6학년 시절은 내 인생의 중요한 전환점이 되었다.

내가 새로 전학 간 학교는 기독교 학교였기 때문에 일주일에 한 번은 다함께 예배를 드렸고 매일 아침 수업 전에도 기도 시간이 있었다. 또 학교에서 주최하는 수련회도 몇 번 있었는데 그 수련회는 우리가 하나님과 영적인 교제를 하도록 도와주었다. 학교에서 이처럼 성경을 읽고 기도를 하고 또 찬양을 하도록 여러 가지 것을 제공해주었기 때문에 나는 성경에 대해서 더 많은 것을 알게 되었고 바로 '나'의 인생에 있어서 예수님이 어떤 분이시며 그분이 왜 이 땅에 오셔서 십자가에서 죽으셔야만 했는지를 깨닫기 시작하였다.

하나님은 이렇게 학교생활을 통해서 내게 많은 영적인 사실들을 가르치셨다. 당시 내가 깨달았던 것 중에서 가장 중요한 점은 하나님이 나를 '있는 모습 그대로' 사랑하시고 받아주시기 때문에 내가 어떤 거짓이나 가식 없이 주님께로 나아가길 원하신다는 것이었다.

6학년 때는 하나님에 대해서뿐만 아니라 나의 참된 정체성에 대해서도 알게 되는 시기였다. 그해 마지막, 무척 고통스러웠던 사건을 통해 예수님은 나를 만나주셨다. 성탄절 방학이 끝나고 다시 학교가 시작하기 바로 전날, 끔찍한 사건이 두 선교사 가정에 일어나 선교사였던 목사님과 그 아들 그리고 다른 선교사의 아들이 살해되었다. 이 두 가정의 자녀들은 바로 내가 다니던 학교의 학생들이었기 때문에 충격이 더했다. 한 명은 우리 언니의 동급생이었고 다른 한 명은 7학년에 재학 중이었다.

그날 밤 우리 선생님으로부터 이 소식을 처음 듣고서는 어찌할 바를 몰랐다. 내가 알고 지내던 사람들에게 이런 일이 생길 줄은 꿈에도 생각해 본 적이 없었다. 물론 내가 죽은 그 사람들과 그리 가까이 지낸 것은 아니었지만 나는 유가족들과 친구들이 슬픔에 빠진 것을 볼 수 있었고, 나 역시 그들을 잃은 슬픔에 아파했다. 하나님이 왜 이런 비극을 허락하셨는지 계속 물었고 또 잘못한 것 없는 사람들에게 왜 이런 고통과 슬픔을 주셔야만 했는지 받아들일 수가 없었다. 또 그렇게 젊고 재능이 많은 사람들을 데려가셔야만 하는 이유가 무엇인지도 도저히 이해할 수 없었다. 그들이 살았더라면 주님을 위해서 더 많은 일들을 할 수 있었을 텐데 말이다.

사고가 있은 후 얼마 동안 나는 하나님을 원망했다. 그러나 시간이 지날수록 나는 차차 주님의 시각에서 일들을 바라볼 수 있게 되었고 주님이 가지셨던 위대한 계획을 깨닫기 시작했다. 내가 경험한 그런 슬픔과 혼란 가운데서 나는 주님께 대해 비통한 감정을 아뢰는 것을 넘어서 주님이 나의 조언자이시며 위로자가 되심을 고백할 수 있었다. 이 사건을 통해서 너무나 많은 것을 배웠다. 주님이 그 기간 동안에 내게 가르쳐 주신 가장 중요한 것이 있다면 주님은 모든 피조물들에게 뿐만 아니라 우리가 살아가는 동안에 경험하게 되는 모든 상황 속에서 주권자가 되신다는 것이다. 또한 로마서 8장 28절의 "하나님을 사랑하는 자에게는 모든 것이 합력하여 선을 이루느니라."라는 말씀의 의미를 깨닫게 되었다.

필리핀에서 선교사 자녀로서 비록 어려운 시기도 있었지만 하나님은 나를 축복하셨고 그러한 축복은 내가 겪은 어려움과는 비교할 수 없음을 이제는 안다. 또한 선교사 자녀로서의 삶을 회상하면 할수록 주님께서 내 삶 속에서 어떻게 선하게 일하셨는지 더욱 감사하게 된다. 주님은 수많은 아이들 중에서도 특별히 선교사 자녀로 나를 선택하셨다는 확신에 감탄하지 않을 수 없다. 하나님은 나를 위하여 엄청난 계획을 가지고 계시며, 내가 그분께 나의 모든 것을 기꺼이 드리게 될 때 주님은 나를 사용하신다는 확신이 오늘의 나를 세우며 이끄는 힘이 되고 있다.

14년 동안 물론 어려움도 많았지만, 하나님의 은혜로 필리핀에서 선교사 자녀로 살다가 2003년 연세대학교에 입학하여 처음으로 한국에서 공부하게 됐다. 문화충격, 언어와 함께 여러 가지로 힘든 일이 있었지만 나름대로 1학년을 잘 보내고 크리스마스 방학 때 내 고향 같은 필리핀에 갔다.

미국에서 공부하는 언니도 와서 2년 만에 온 가족이 모였고 2달 동안 필리핀에서 가족들과 보낼 것이란 생각에 정말 행복하기만 하였다. 오래 만에 모인 것이어서 더 알찬 시간을 보내고 싶었다. 그래서 우리 가족은 큰마음 먹고 Palawan이라는 아름다운 섬에 갈 계획들을 세웠었다. 그런데 하나님은 우리 가족을 위해 아무도 상상하지 못한 다른 계획을 예비하고 계셨다.

겨울 방학 때 필리핀에 도착 하고 여름옷으로 갈아입자 가족과 나를 만난 모든 사람들은 살이 너무 많이 빠진 나의 모습에 깜짝 놀랐다. 엄마 눈엔 내가 정상으로 보이지 않았다. 태어나서 아파서 병원에 가본 적이 한 번도 없어서 괜찮다고 생각했지만 일단 엄마 말을 듣고 성탄절이 지나자 바로 필리핀에 있는 작은 한국 메디컬 센터에 가서 검사를 받기로 했다. 간단한 검사를 받았는데 결과가 별로 좋지 않게 나왔다. 의사선생님께서는 종양일 가능성이 있다고, 하루 빨리 한국에 가서 대학병원에 재검을 받아보라고 제안하셨다. 당시 종양이 무엇인지 몰랐지만, 그것은 귀에 안 들어왔다. 집에 온지 일주일 밖에 안됐고 Palawan에 가는 것에 대해 기대감이 가득 차 있었기 때문이다. 그러나 비행기 티켓을 구할 때까지 온 가족은 나를 위한 기도로 주님께 매달리며 부르짖기 시작했다. 방학 계획들을 다 버리고 일주일 동안 목이 터지도록 전심으로 주님께 부르짖었다. 태어나서 그렇게 마음을 다해 기도를 많이 해 본적은 그때가 아마 처음이었을 것이다. 정말 모든 것이 다 소용 없었다. 오직 갈급한 마음으로 하나님께 매달렸다.

나를 찾아오신 주님

　그때 하나님은 나에게 다가와 정말 놀라운 사실을 새롭게 알려주셨다. 내가 태어나기 전부터 하나님께서는 나를 택하셨고 나는 처음부터 선별된 자녀라는 것이다. 내가 여태까지 상상한 것 보다 훨씬 나를 많이 사랑하시고 그분의 이름을 위해 크게 쓰길 원하신다는 말씀을 하셨다. 그때 나는 감동의 눈물을 그칠 수 없었다. 온 우주를 지으신 만군의 하나님이 나를 택하셨다니! 나 같이 부족한 존재를 사용하길 원하신다니! 설교와 찬양 가사들을 통해 항상 들으면서 살아왔었지만 그때 처음으로 내 가슴 깊이 와 닿았다. 하나님은 나를 태초부터 그렇게 사랑하시고 나를 바라보고 계셨는데 나는 주님께 신실한 신부가 되지 못했음을 깨달았다. 여태까지 나는 영적으로 간음하여 살아왔다는 것을 깨닫게 하셨고 하나님 앞에 고개를 들 수 없을 만큼 너무 부끄러웠다. 세상과 타협하며 살아온 나의 모습을 떠올리면서 통곡의 눈물과 회개로 주님 앞에 나갔다. 너무나도 부정한 삶을 살아온 나인데도 하나님은 끝까지 나를 포기하지 않으시고 여태까지 내가 그분께 돌아오기만을 기다리신 것이다. 이 세상을 창조하신 전능의 하나님이 나를 택하시고 나를 사랑하신다는 게 아무것도 아닌 나로서는 정말 놀랍기만 하고, 말로 표현 할 수 없을 만큼 큰 영광이었다. 나는 너무 감격했고 행복했다. 하나님의 사랑과 은혜가 무엇인지 깨닫게 되었다.

　하나님은 나에게 계속해서 안심하고 낙심치 말라고 말씀하셨다. 정말 놀랍게도 고등학생 때 주신 이사야 43장 1절에서 3절의 약속을 다시 기억하게 하시면서 하나님은 내가 더 큰 믿음을 갖길 원하셨다. 내 몸에 정확히 무슨 이상이 있는지, 얼마나 심각한지 전혀 몰랐지만 하나님은 나를 치유하기 원하신다고 하셨다. 그리고 이 일을 통해 나를 연단하기 원하신다고 말씀하시면서 세상에서 한 번도 경험하지 못한 평안을 주셨다. 그리고 아주 오랫동안 내 마음을 옭아매었던 것들로부터 자유를 누리게 하셨다.

그 한 주간은 정말 짧은 시간이었지만 나의 내면에는 엄청난 일들이 일어나고 있었다. 그때 내가 맛본 하나님의 사랑은 그분의 전체 사랑의 만분의 일도 안 될 텐데, 그 사랑은 세상이 주는 사랑과는 너무나 달랐고 그 무엇과도 바꿀 수 없는 것이었다. 사람을 좋아하는 나는 그때 친구들과 연락할 엄두가 나지를 않았다. 현재 하나님께서 나의 삶 속에서 중요한 일을 시작하고 계신다는 것을 아주 강하게 느꼈고 부르심에 순종하기 위해서는 내가 그분을 나의 삶의 모든 영역에 주님으로 인정해야 한다는 것을 깨달았다. 그래서 나는 내가 하나님보다 사랑하는 것들을 생각나는 대로 버리기로 했다. 내가 어려서부터 아낀 소유품을 없애버렸고 내가 초등학교 때부터 모은 돈도 모두 하나님께 드리기로 결심했다. 나에겐 정말로 소중하고 큰돈이었지만, 내가 여태까지 하나님보다 더 사랑하고 아끼던 향유옥합을 하나님께 아낌없이 바치기로 한 것이다. 어차피 나는 빈손으로 이 세상에 왔는데 지금 내가 가지고 있는 모든 것은 하나님의 것이고 죽으면 다 소용 없는 것들이니까 세상에 대한 미련을 버리기로 했다. 그 주간부터 하나님의 사랑과 은혜로 받은 감격 때문에 얼마나 행복했는지 모른다. 하나님 안에서 참 기쁨과 평안을 매일 누릴 수 있었다. 세상이 주는 기쁨과 만족과는 확실히 달랐다. 마치 내 마음에 늘 느꼈던 빈 공간이 가득히 채워진 느낌이었다.

뿐만 아니라 처음으로 영적 자신감을 얻게 되었다. 나 같은 사람이 이 만물을 지으신 하나님의 자녀라는 것이 다시 한 번 너무나 감격스러웠다. 그렇게 위대하신 하나님이 나의 편이라는 것을 생각할 때 세상이 마치 내 손안에 있는 것처럼 두려울 게 하나도 없었다. 하나님이 처음으로 그렇게 가깝게 느껴졌다. 항상 열등감에 시달리며 살았던 난 하나님 앞에 존귀한 자이고 그렇게 값진 존재라는 걸 깨달으면서 내면의 치유를 조금씩 경험할 수 있었다. 그 결과 내 자신을 더 소중히 여기고 사랑하고 싶은 마음이 우러났다.

하나님의 약속

안심하라는 주님의 말씀과 치유하신다는 주님의 약속을 붙잡고 성령 충만한 마음으로 연초에 나는 엄마랑 급히 한국으로 귀국했다. 우리는 하나님의 도우심만 믿고 병원에 가서 좋은 소식을 기대했다. 그런데 병원에 가자마자 나는 당일에 입원하게 되었고 수술이라는 건 정말 설마 했는데 의사선생님은 수술 날짜부터 잡는 것이었다! 바로 그날부터 2주 동안 정확한 진단을 위해 많은 검사들을 받았고 결국 악성 종양, 쉽게 말하면 암이라는 진단을 받게 됐다. 만 19세에 암에 걸렸다는 사실에 온 가족과 주위 사람들은 모두 놀랐다.

엄마랑 병실에서 검사 받는 기간 동안 매일 예배드린 기억이 난다. 그리고 난 생각날 때 마다 긍정적인 말과 찬양으로 내 몸과 영혼을 축복했다. 내가 바로 영적 전투에 있고 내가 싸워야 할 것은 혈과 육이 아니라 바로 악한 세력, 즉 사단이라는 것을 깨닫게 해주셨다. 영적 세계가 보이기 시작했고 조금씩 그것에 대해 이해가 가기 시작했다.

하나님은 큐티와 여러 사람들을 통해 나를 치유하시겠다고 약속해주셨기 때문에 나와 엄마는 낙심하지 않았다. 오히려 선한 목적과 큰 계획이 있으신 하나님을 신뢰하면서 마음이 너무 평안하고 감사가 정말로 넘쳤다. 예전엔 큐티를 해도 말씀들이 나의 삶에 와 닿지 않았고 적용이 안됐는데 내가 겸손히 주님께 구하고 의지하니 말씀을 통해 하나님의 음성을 들을 수 있었다. 말씀의 능력을 체험하면서 그때 나는 말씀의 중요성을 깨달았다. 하나님의 음성을 들으면서 내 자신부터 하나님이 나를 통해 하실 일들이 기대가 되기 시작했다. 나를 사용하기 원하신다는 그 자체가 나에겐 큰 영광이고 행복이었다.

Born Again

2004년 1월 19일, 나는 세상에 다시 태어났다. 정말 하나님의 은혜로 수술은 성공적이었다. 마취에서 깨자 처음으로 숨 쉬고 살아있다는 그 자체가 너무 행복했고 오직 하나님의 놀라운 은혜로 내가 살아있음을 깨달았다. 병원에 있으면서 나는 아주 작고 사소한 일에 행복이 있다는 것을 배웠다. 다 말하자면 정말 끝이 없지만, 우리가 일상생활에 아무 생각 없이 당연하게 여기며 하는 행동들이 정말 하나님의 은혜이고 참 기적이라는 것을 깨달았다.

수술 후에 기운을 조금씩 회복하자, 항암치료를 받아야 한다는 사실을 뒤늦게 알게 됐다. 머리카락 빠진 환자들을 보면서 나는 두려워지기 시작했고 사단은 이것을 통해 나를 낙심하게 만들려고 했다. '환자'라는 것은 나에게 정말 너무나도 어울리지 않는 단어였다. 나는 내 앞에 누워있는 환자들 같이 되는 것이 너무 싫었고 나에겐 일어날 수 없는 일이라고 생각했다. 주치의 의사선생님은 치료가 끝나면 머리카락이 다시 자란다고 별거 아닌 거처럼 말씀하셨지만 여자로서는 받아들이기가 참 힘들었다. 마음이 많이 무거워지자 내 마음을 쏟아 부을 수 있는 분은 하나님뿐이었다. 머리카락이 외모의 90%를 차지한다는 소리를 들은 적이 있는데 이것이 다 빠지면 정말 추해 보일 거라고, 너무 싫다고, 받아들일 수가 없다고 하나님께 하소연 했다. 항상 긴 생머리가 나의 트레이드마크였고 머릿결이 좋다는 얘기를 들으며 살았는데 까까머리 사야는 남도, 나도 상상 못할 일이었다.

그러나 시간이 좀 지나자 하나님께서 나에게 원하신 것은 다른 것보다 나의 몸과 마음과 나의 생명이었다. 바로 나의 전부를 원하신 것이다. 죽을 수밖에 없는 나였는데 하나님은 은혜로 나의 삶을 연장해주셨고, 내 몸과 내 삶은 이제 내 것이 아니라 주님의 것이라는 것을 알려주셨다. 그분께 나의 모든 것을 바치기 원하셨다. 그리고 하나님은 자신의 모든 것을 나를 위해 포기하셨는데 잠시 동안 빠질 머리카락을 포기 못하겠는가? 라는 생각이 들었다. 그래서 나는 내가 사랑하던 머리카락을 포기하면서 내 모든 것이 어차피 주님의 것이라고 나의 삶을 주님께 의탁하였다.

7개월 동안 나는 3주마다 병원에 입원해서 9차례 항암치료를 받았다. 3일 동안 입원해서 12시간 연속으로 그 지독한 약물 치료를 받았다. 내 암은 남들보다 특이하고 의사 말에 의하면 희귀해서 남들이 받는 항암제보다 3배 비쌌고 정말 독했다. 치료 받고 나면 일주일 내내 약물의 고통스러운 부작용에 시달려야 했다. 그 일주일이 얼마나 길게 느껴졌는지 모른다. 치료를 받으면서 면역도 엄청 떨어지고 끊임없는 구토증 때문에 고통스러웠지만 하나님은 이렇게 생각지도 못한 일을 통해 역사하셨고 나를 연단하셨다. 이 연단을 통해 나를 정금과 같이 온전하고 새롭게 하실 하나님과 그분의 약속들을 생각하면서 굳게 설 수 있었다. 뿐만 아니라 많은 사람들의 기도가 나에게 얼마나 큰 위로와 힘이 되었는지 모른다. 믿는 자들의 기도가 얼마나 강하고 능력 있는지 경험했다. 한국과 필리핀 그리고 다른 나라에서도 나를 위해 수많은 사람들이 금식을 하며 눈물로 기도를 해주셨다. 아무것도 아닌 나인데 오로지 하나님의 자녀라는 이유 하나 때문에 얼마나 많은 사랑을 받았는지 모른다. 하나님께 모든 감사와 영광을 올린다.

예전의 나의 모습을 지금 되돌아보면 내가 얼마나 하나님과 멀어진 삶을 살고 있었는지 보게 된다. 특히 대학에 입학하면서 한국문화 또 대학문화에 적응하면서 내 삶은 하나님과 더욱 멀어졌음을 고백한다. 너무 분주하게 살았고 하나님과 나만의 개인시간을 소홀히 했다. 겉으로는 MK(선교사 자녀)이고 교회 생활과 봉사도 열심히 했었지만 내 마음엔 평강과 기쁨이 없었고 나의 관심은 온통 세상적인 것에 있었다. 그러면서 내 신앙생활은 점점 형식적인 신앙생활로 변했다. 하지만 하나님은 나를 그냥 내버려 두지 않으셨고 상상도 못한 일을 통해 나에게 하나님의 측량하지 못할 사랑과 은혜를 부어주셨다.

치료를 받으면서 육적으로는 아프고 고통스러웠지만 하나님께서 이 일을 통해 나를 육적으로만이 아니라 영적으로도 예전보다 훨씬 더 강건케 하셨고, 지금도 그렇게 하고 계신다. 잊고 지내던 하나님과의 첫사랑을 회복하게 하셨고, 아무리 많은 것을 가졌다 해도 생명이 없으면 그 모든 것은 아무 소용없다는 것을 절실히 깨닫게 하셨다. 또한 내 삶에 그리스도가 없다면 내가 가진 모든 것, 즉 나의 생명까지도 아무 소용이 없다는 것을 깨달았다.

필리핀에 살면서 나의 가족은 여러 가지로 많은 고난을 겪었었지만 그럴 때마다 하나님은 우리들의 기도, 특히 부모님의 기도로 우리 가족을 그 어려움 가운데 건져내셨다. 그러나 이번에는 나의 기도와 나의 부르짖음과 나의 결단을 듣기 원하시는 것을 느꼈고 나의 믿음을 더욱더 강하게 하셨다. 이 질병을 통해 나를 연단시키셨고 나는 주님을 만났다. 하나님이 사랑하는 자를 가만히 두지 않으시고 책망하여 징계하신다고 말씀하셨듯이 하나님은 내게 이번 기회에 사랑의 연단을 주신 것이다. 나의 차지도 않고 뜨겁지도 않던 미지근한 믿음의 삶을 그냥 내버려두지 않으신 것에 얼마나 감사한지 모른다.

내 삶은 주의 것

나는 지금 꽃다운 나이 만 22살이다. 한창 좋을 때이고 세상적인 관심도 많을 때이고 친구들과 배낭여행도 다니고 즐길 때이다. 나도 하고 싶은 건 많지만 그것보다 더 중요한 것을 배웠고 지금도 배우고 있다고 생각한다. 내 삶의 목적을 알려주셨고 살면서 내가 자랑할 것이 진정 무엇인지, 나의 삶에 중심이 무엇인지 확실히 알게 해주셨다.

나를 향한 하나님의 계획이 있기에 내가 아직 이 세상에 살아있다고 믿는다. 나는 내게 생명을 주신 하나님을 사랑하고 이렇게 건강하게 살아있다는 것에 날마다 감사한다. 덤으로 사는 나에게는 하루하루가 큰 축복일 수 밖에 없다. 그래서 매일 기대하는 마음으로 산다. 나의 모든 것은 그분의 것이니 나는 내 삶을 하나님을 위해 살기 원한다.

세상 사람들이 볼 때는 어린 나이에 암에 걸려서 안타까워하고 불쌍하다고 생각하겠지만 오히려 이것이 나의 자랑이다. 이 일을 통해 나는 하나님을 만났고 그분의 특별한 사랑과 은혜를 받아서 오히려 더 큰 자신감을 얻었다. 그리고 청년의 때 놀라운 하나님의 은혜를 체험하게 돼서 얼마나 감사한지 모른다. 정말 힘들고 아파서 눈물도 많이 흘리고 고통스러울 때도 많았지만 고통이 큰 만큼 하나님의 나를 향한 계획이 크다고 난 믿는다.

우리가 세상에 살면서 우리가 원하는 대로 또한 계획한 대로 안 될 때가 참 많을 것이다. 그래도 우리가 주님 안에 소망이 있을 때 어떤 어려움이 다가와도 그 고난 속에서도 참 평안과 기쁨을 누릴 수 있다. 오히려 그 고난은 축복의 기회라고 믿고 기대하면 정말 그렇게 될 것이라고 믿는다. 우리가 전혀 기대하지 못한 일이 일어날 때에도 그 모든 일 가운데 역사하시고 합력하여 선을 이루시는 하나님만을 믿고 의지하면 놀라운 하나님의 섭리를 보게 될 것이다. 그리고 이런 고백이 저절로 나오게 될 것이다. "하나님은 절대 실수 하시지 않으시고 실망시키지도 않으시는 분이다"라고 말이다.

> "내가 그리스도와 함께 십자가에 못 박혔나니
> 그런즉 이제는 내가 산 것이 아니요
> 오직 내 안에 그리스도께서 사신 것이라
> 이제 내가 육체 가운데 사는 것은
> 나를 사랑하사 나를 위하여 자기 몸을 버리신
> 하나님의 아들을 믿는 믿음 안에서 사는 것이라"
>
> **갈라디아서 2장 20절**

이사야 _연세대 사회계열 03학번으로 정치외교학을 전공했다. 2008년 8월 졸업했다.

내 삶을 책임져 주시는 하나님

글 송윤지

내 삶에 임하셨던 하나님

이렇게 내 삶에 임하셨던 하나님을 나눌 수 있게 되어 무척 기쁘고 설렌다. 요즘 신입생 사역을 하면서 작년에 내가 어땠는지 되돌아보게 된다. 어머니가 CCC 출신이셨기 때문에 나는 대학에 기독교 동아리라고는 CCC밖에 없는 줄 알고 입학한 날 데스크로 찾아가서 가입신청서를 작성했다. 가입한 다음에는 훈련에 대한 욕심도 있어서 화요 순장학교와 금요채플을 빠지지 않고 참석했고 CCC 멤버로서 정체성을 확립해 가려는 과정 가운데 있었다.

그러던 어느 날 작년 5월 3일 LTC 둘째 날 훈련에 참가하고 나서 집에 가는 길에 학교 앞 횡단보도에서 오토바이에 치이는 어이없는 교통사고를 당했다. 몸이 회복되는 과정 속에서 하나님을 무척 원망했다. 하나님이 도대체 나를 기억하고나 계시는 걸까, 내가 그동안 하나님 앞에서 나름대로 충성한다고 했던 것들은 그럼 다 헛것이었나, 이런 생각들을 한동안 계속했다. 그래서 시간이 그렇게 많이 남아돌았던 와중에도 성경을 한 번 펴보지도 않았고 기도도 하지 않았고 찬송가가 입에서 흥얼거려지면 일부러 가요를 생각해 내서 가요를 흥얼거리곤 했다. 말하자면 나는 그때 하나님께 삐진 것이었다. 그리고 마음 속 깊이 내밀한 곳에는 하나님이 나를 지켜 주시지 않았다는 상처가 남아 있었다.

일곱 가지의 축복을 발견하게 된 교통사고

그러나 작년 12월에 CCC 금식 수련회가 끝나고 집에 가는 길에서, 나는 내가 겪은 사고가 하나님께서 나를 지켜주시지 않은 것이 아니라 사망이 달려오는 그 순간에 천사들을 보내어 위기 가운데서 나를 건지신 것이었음을 깨달을 수 있었다. 사실 이 사고 속에는 럭키 세븐, 나에게 일어난 일곱 가지의 축복이 들어 있었다.

첫 번째 복은 '휴학'에 관한 것이다. 알다시피 1학년 1학기는 웬만한 일로는 휴학이 되지 않는다. 그 일이 벌어진 때가 마침 중간고사 끝나고 성적을 확인하는 기간이었는데, 아무튼 하나님께서는 그런 방법으로 내가 새 마음으로 학기를 시작할 수 있도록 배려해주셨다.

두 번째 복은 학교 앞 횡단보도에서 사고를 당한 중에 경험한 일이다. 학교 앞에서 버스를 타고 가려고, 정류장으로 가는데 횡단보도에서 오토바이에 치이는 사고를 당했다. 세브란스 병원이 코앞이었기에 구급차가 5분 안에 왔고 10분 안에 응급실에 갈 수 있었다. 말하자면 나는 아주 최적의 장소에서 사고를 당한 것이다.

세 번째 복은 좋은 목격자이다. 주변에 무척 사람들이 많았고, 목격자들 중에서 한 분은 구급차에 태워주지도 않았는데도 걸어서 응급실까지 쫓아오셔서 나를 돌봐주시고 수속을 도와주셨다. 나중에 가해자와 진술이 엇갈릴 때도 그분이 많은 도움을 주셨다.

네 번째 복은 가방이다. 내가 대학 입학했다고 엄마가 가방을 하나 새로 사오셨는데 그것을 아껴두었다가 그날 처음 들고 나갔었다. 그런데 마침 그 가방이 내가 오토바이에 치여 쓰러지는 순간 내 머리를 보호해주었다. 그렇지 않았다면 아마 뇌출혈이 발생했을지도 모르는 상황이었다.

다섯 번째 복은 그 오토바이 운전자가 방향을 바꾸려고 그나마 속력을 줄이고 있었던 것이었다.

여섯 번째 복은 뻔뻔한 가해자이다. 하나님은 그를 통해 우리 가정이 물질적으로 범죄하지 않도록 하셨다. 재정적으로 플러스가 되게도 하지 않으셨지만 마이너스가 되게 하지도 않으셨다.

마지막 일곱 번째 복은 바로 내가 친구들과 놀거나 공부하고 나오는 중이 아니라 CCC의 LTC 훈련을 마치고 돌아가는 길에 사고를 당했다는 것이다. 사고 소식을 듣고 온갖 친척들이 세브란스병원 응급실에 모두 모였는데 그중에 한 분이 속상한 마음에 이렇게 말하셨다. CCC 활동 끝나고 일어난 일이니까 CCC 담당자가 책임을 져야하는 것이 아니냐고 말이다. 나는 그때 누워서 혼자 '아, 그럼 언균 간사님? 영수 간사님?' 이런 생각을 하고 있었는데, 그때 엄마가 했던 말을 잊을 수가 없다. "CCC 책임자는 하나님이십니다. 하나님께서 윤지를 책임져주실 것입니다."라는 믿음의 고백이었다.

하나님의 치료

하나님은 정말로 치료에 급속히 개입하셨다. 그때 내 진단서를 보면 견관절부 좌상, 기뇌증, 뇌진탕, 두개골 골절, 목의 염좌, 외상성 경막 외 혈종, 폐쇄성 비골간의 골절 등 이렇게 지금 들어도 어지러운 용어들이 나열되어 있었는데 이중에 병원에서 직접적으로 해준 치료는 왼쪽 다리에 했던 깁스밖에 없었다. 그 외 모든 것은 하나님이 만지셨고 하나님이 회복시켜 주셨다. 아스팔트 바닥에 긁혀서 오른쪽 얼굴이 완전히 나갔었는데, 그걸 보고 언균 간사님께서 흉터가 남을까봐 노심초사하시면서 하셨던 약속을 나는 잊지 않고 있다.

"윤지야, 걱정하지 마라. 4학년 2학기가 되면 좋은 형제를 하나 소개시켜줘서 시집보내 줄 테니, 이거 흉터로 남을까 걱정하지 마라."라는 약속을 말이다. 아주 깊이 파였던 피부들이 하나님께서 왕성한 세포분열을 명하심으로 흉터 없이 치료가 되었다. 정말 놀라운 하나님의 섭리하심이 그 가운데 있었다. 몸은 사고 전과 후가 동일하게, 상한 것이 하나도 없이 온전하고 흠이 남지 않은 상태로 회복되었다. 하다못해 꿰맨 데도 없었고 치아 하나, 신발, 가방까지 잃어버린 것조차도 하나 없었다. 나 송윤지의 하나님 그리고 CCC의 책임자되신 하나님이 나를 정말로 책임져주셨다. 앞으로의 인생도 하나님이 구름기둥과 불기둥으로 지키시고 책임져 주실 것을 믿는다. 또한 내 삶에 역사하셨던 하나님이 여러분 그리고 우리를 지키시고 책임져 주실 것을 믿는다. 하나님은 우리를 책임져 주시는 분이시다.

송윤지 _연세대학교 이학계열 06학번. 교통사고를 극복하고 복학하여 건강하게 재학 중이던 2007년에 쓴 글이다.

그날에 우리는 한가족 **통일이 오면**

– 새터민 간증

문명진

이수민

윤영진

김성수

(새터민 학생들은 가명임을 밝힙니다.)

하나님이 이르시되 그가 나를 사랑한즉 내가 그를 건지리라 그가 내 이름을 안즉 내가 그를 높이리라 그가 내게 간구하리니 내가 그에게 응답하리라 그들이 환난 당할 때에 내가 그와 함께하여 그를 건지고 영화롭게 하리라

시편 91편 14~15절

하나님의 사랑에 감격하여

중국에서 하나님을 알고

나는 북한의 함경북도 김책시에서 태어났다. 내가 북한을 탈출하여 중국에 있으면서 지낸 날들은 참으로 힘든 날들이었다. 아무런 인연도 없고 오라는 사람도 없는 남의 나라 땅에서 그것도 시시각각으로 따르는 생명의 위험은 참으로 힘든 고통이었다.

이런 고통 속에서 살면서도 굳이 사랑하는 고향을 떠나야만 했던 것은, 그런 상황보다도 더 북한의 상황이 안 좋았기 때문이었다. 그러나 중국에서 나는 새로운 세상을 보게 되었으며 새롭게 사는 법을 알게 되었다. 바로 하나님을 알고 나의 진정한 모습을 보았기 때문이다.

모기장 이론

당시 북한은 '고난의 행군'을 계속한다고 하면서 정권의 안전을 위해 '선군정치'를 계속 강화하였다. 굶주림과 추위 그리고 형편없는 경제생활은 북한 전 국민의 생활을 더욱더 어렵게 만들었다. 그리고 사람들의 머릿속에 '자본주의적인 사고방식'이 자리 잡기 시작하자 그것을 반대한다는 명목으로 '모기장' 이론을 내놓고 그것을 전국에 일반화 하려고 하였다. '모기장 이론'이란 창문을 열고 시원한 공기는 받아들이지만 모기는 들어오지 못하게 한다는 것이다. 즉 식량을 비롯한 서구 자본주의 국가의 지원은 받아들이지만 문화나 그 외 다른 사상적인 면에서는 철저히 단속을 하겠다는 것이었다. 그로 인하여 개인들에게 시장의 길은 열려 있었지만 사상적인 문제에서의 타협은 더욱더 허용하지 않았다. 이런 관계로 북한의 시장은 조금 활성화 되었지만 다른 면에서, 특히 주민 통제에 있어서는 다른 시기보다 더 강화되었다. 그리하여 북한의 일반 서민들은 식량과 경제생활의 악화와 함께 새롭게 통제를 당해야만 했다. 그 실례로 2001년에 북한에서 대대적인 호구 조사 사업을 진행하였던 것이 바로 그것이다. 이렇듯 북한은 안팎으로 철저히 기아선상에 놓여 있으면서도 주민통제의 강화를 위해 대외적인 명분을 가지려고 노력하였던 것이다.

하얼빈 식당

바로 이러한 시기에 수없이 많은 사람들이 탈북하였는데, 나도 그 사람들 중 한 사람이 되었다. 내가 중국에 처음 도착한 곳은 중국 길림성 '장백현'이었다. 장백현은 중국의 길림성에서도 산간오지로 소문난 곳이며 그곳의 '이도강'이라는 마을에서 보면 백두산이 보이는 곳이기도 하다. 나는 그곳에서 3개월 정도 일을 하다가 그곳 주인(내가 머물던 집 주인으로 조선족)의 처남이 하얼빈에서 왔을 때, 그 사람을 따라 하얼빈으로 갔다. 하얼빈에서 나는 그 처남이 일하는 식당에서 일을 하다가 중국에 오신 한국의 선교사님을 우연히 만나게 되었다. 그리하여 나는 그분의 소개로 기독교에 대하여 알게 되었다.

성경 통독반에서 두 손 들다

그러나 나는 처음에는 종교는 마약이라는 북한의 교육 이론에 젖어 있었으므로 쉽게 하나님에 대하여 믿으려고 하지 않았다. 그때 선교사님은 나를 성경 통독반으로 데리고 갔다. 그러나 나는 그곳에서 성경을 읽기보다는 절망과 타락 속에 세월을 보냈다.

나는 선교사님들의 친절을 거짓과 기만으로 보고 그들의 사랑이 진정한 것이 아니며 무언가를 감추고 있는 것이라고 생각하고 그들을 믿으려고 하지 않았다. 나의 완고함에 대하여서는 당시 중국 여기저기에 있던 성경 통독반에 널리 알려져 문명진이라면 모든 사람들이 두 손을 들고 반대할 정도였다. 그래서 일부 사람들은 나를 통독반에 두지 말고 보내라고까지 하였다. 나는 이러는 그들을 보고 내 생각이 맞았다고, 이들의 가식적인 사랑은 믿을 수 없는 것이라고 생각하였다.

그분의 사랑에 감격하여

그러나 나를 처음 그곳으로 데려오신 그분만은 나를 믿고 끝까지 내 편이 되어서 나를 변호해주셨다. 내가 그분의 사랑에 감동하게 된 계기는 하얼빈의 겨울 추위를 이겨내면서 3개월 동안을 나만을 위하여, 밤에 내가 사는 집으로 와서 나를 위하여 기도하여주고 눈물을 흘려주신 것이었다. 나는 큰 충격을 받았고, 눈물로 회개하고 하나님을 믿고 하나님과 함께하는 삶을 살게 되었다. 그로부터 항상 나의 마음 속에는 이사야서 41장 10절 말씀, "두려워 말라 내가 너와 함께 함이라. 놀라지 말라 나는 네 하나님이 됨이라. 내가 너를 굳세게 하리

라. 참으로 너를 도와주리라. 참으로 나의 의로운 오른손으로 너를 붙들리라."
와 찬송가 405장이 절로 흐르게 되었다.

멀리 베트남과 캄보디아 그리고 태국의 어려운 길에서 하나님께 기도할 때 하나님은 나에게 응답하여주셨다. 또한 내가 한국에 와서도 연세대학교에 입학하기 위하여 시험을 치기 전에 하나님께 드린 기도도 하나님은 들어주셨고 나를 오늘의 나로 만들어주셨다. 이렇듯 하나님은 믿고 노력하는 자에게는 끊임없는 행복과 무한한 영광을 주시는 분이시다. 앞으로도 오직 하나님 한 분만을 바라보면서 주를 위해서 사는 사람이 될 것이다.

하나님의 택하심을 받아

삶과 죽음의 경계선을 넘어

세월은 화살같이 흘러 한국에서 어느덧 네 번째 겨울을 맞이했다. 삶과 죽음의 경계선을 넘어 미지의 세계에 대한 희망과 두려움을 안고 대한민국에 도착하던 때가 엊그제 같은데 벌써 4년이라는 세월이 지났다. 4년간의 한국생활은 내 생애에서 가장 행복하고 보람찬 나날이었다. 조용히 과거를 회상해보면 내가 살아온 20여 년은 너무나도 가슴 아프고 무미건조하게 흘러가 버린 듯 싶다. 인간의 초보적인 표현의 자유마저 박탈당한 땅에서 허수아비처럼 앵무새처럼 남이 하라는 대로 끌려 다니면서 인생을 살아야 했다. 몇 백만이 굶어 죽고, 얼어 죽으면서도 원망 한번 해보지 못하고 그들이 시키는 대로 각본을 읽어야 했고 그대로 살아야만 했다. 친구의 어머니가 굶주리다 돌아가셔서, 그 장례를 치

일어나 빛을 발하라 193

러 준 일이 있었다. 그리고 그 친구 집에 놀러 갔다가 우연히 토끼풀을 가마솥에 끓여서 먹는 것을 보았다. 다른 사람들의 어려움이 우리 집이라고 비켜간 것은 아니었다. 예전에 우리 집은 아버지가 무역 사업을 하셔서 밥 먹고 사는 데는 어려움 없었는데 어느 날 갑자기 아버지의 사업이 기울기 시작하면서 거의 1년 만에 집안이 망하게 되었다. 갑자기 찾아온 생활의 어려움은 이루 다 말할 수 없었다. 먹을 것이 없어서 3일 동안 굶고, 땔감이 없어서 추운 겨울 냉방에서 잠을 자야 했고, 어머니가 병이 생겼지만 약 사먹을 돈이 없어서 집안 장물을 팔아 겨우 병을 치료했고, 그나마 살던 집까지 빼앗기게 되어 정말 졸지에 거지가 되어버렸다. 더욱 힘들었던 것은 내가 대학교 졸업을 6개월 앞둔 상황에서 집안이 풍비박산이 되었기 때문에 학교를 그만 둬야 했던 것이었다. 이로써 나는 정말 희망을 잃어버렸다. 물론 졸업을 하였더라도 변변한 일자리도 없었겠지만 말이다.

한국으로 갈 수 있으리라는 한 가닥 희망

나는 이런 삶은 사람으로서 사는 게 아니고 이렇게 살다가는 희망도 없으리라고 생각하게 되었다. 어릴 때부터 내 꿈은 세계를 여행하는 것이었다. 아마도 나의 이런 호기심이 중국을 올 수 있게 한 밑바탕이 되었을 것이다. 어느 날 집에 아버지 친구 분이 오셔서 그분에게서 중국 소식을 전해들을 수 있었다. 나는 며칠 고민하다가 중국에 가기로 결심했다. 중국에 가서 배부르게 먹고, 열심히 일해서 돈 벌어 가지고 오겠다는 생각을 하게 된 것이다. 북한을 떠날 때는 고향에 다시 돌아올 수 있다는 생각으로 국경을 건넜다. 그렇게 탈북이 시작되었다. 그러나 생각했던 이상적이고, 평범하고, 행복한 생활은 나를 기다리고 있지 않았고, 이때부터 북조선 사람으로, 탈북자로 규정된 생활을 겪게 되었다.

여성들 대부분은 시골 농촌의 노총각한테 시집가고, 젊은 여성들은 인신매

매단에 팔려 온갖 수모와 성적 폭행을 당하기도 했다. 많은 사람들이 살 길을 찾아 산속을 헤매고, 지하 세계에서 숨어서 한 줄기의 희망도 없이 돌아 갈 수도 없는 고향을 그리워하면서, 두고 온 부모, 형제를 걱정하면서 하루하루를 살아가고 있다.

중국식당에서 석 달 정도 일한 적이 있었다. 한참 후에도 월급 줄 생각을 안 하기에 사장에게 조용히 물어보았더니 사장이 하는 소리가 "나는 네가 어디서 온 사람인 줄 안다. 내가 먹여주고, 잠자리도 주는데 시키는 대로 일만 해라."였다. 나는 아무 대꾸도 못하고 돌아서 하염없이 눈물만 흘리며 원망했다. 나는 왜 중국에 왔는가? 나는 어떻게 살아가야 하는가?

길을 지나가다가도 공안(경찰)을 보면 나를 잡으러 올까봐 겁에 질려 뒷걸음질 쳐 달아나고, 소방대나 병원 구급차의 사이렌 소리를 들어도 공안국에서 나를 잡으러 온 줄 알고 심장이 콩알만 해져서 안절부절못하면서 살아야만 하는 중국의 생활은 정말 북한에서는 체험하지 못했던 또 다른 인간 이하의 삶이었다. 북한에서는 추위와 굶주림에 고통당했다면, 중국에서는 불법자라는 신분 때문에 인간 이하의 밑바닥 생활을 하였다. 나라 없는 백성은 상갓집 개만도 못하다고 영화나 책에서나 봤음직한 구절이 나에게는 현실이 되었다. 그 주인공은 바로 나 자신이었다. 이때처럼 집 없는 나그네의 설움을 절규해 본 적이 없었다. 나는 어느 사이 소심한 겁쟁이가 되어 버렸다.

말 수도 적어지고, 웃음도 사라지고, 사람을 만나면 의심부터 하게 되었다. 그러던 중 TV에서 나오는 한국 드라마를 보면서 남한은 내가 어릴 적부터 알아왔던 암담한 땅이 아니라 풍요한 경제와 선진 문명을 가진 민중이 살기 좋은 나라임을 느낄 수 있었다. 호기심과 의심으로 반신반의하면서도 언제부터인지는 몰라도 한국을 천국처럼 동경하게 되었고, 꼭 가보고 싶은 마음이 자리 잡게 되었다. 그리고 언젠가는 한국에 갈 수 있으리라는 한 가닥 희망과 막연한 기대감이 그나마도 나를 살 수 있게 해준 유일한 생명력이었다. 그러던 중 알고 지내던 고향 친구가 한국에 갔다는 소식을 듣게 되었다. 그 후 그 친구로부터 연락이 왔는데 한국에 오면 대한민국 국적도 주고, 집도 주고, 대학도 보내 주고, 정착금도 준다는 반가운 이야기를 듣게 되었다. 나는 그 말이 믿기지 않아서 세 번에 걸쳐 통화하면서 묻고 또 사실을 확인하고 나서 한국행을 결심하게 되었다. 나는 두 달 만에 그 친구의 도움으로 한국으로 오는 비행기에 몸을 실었다. 솔직히 탈북할 때만 해도 고향에 돌아 갈 수 없다는 생각은 하지 않았기 때문에 그렇게 서럽지는 않았다. 그런데 한국행 비행기를 타고 창밖을 보니 저절로 눈물이 나왔습니다. 이제는 정말 고향으로 돌아 갈 수 없구나 하는 서럽고 착잡한 마음과 또 다른 희망을 가지고 떠나는 기쁨이 교차되는 감정이 걷잡을 수 없이 일어났다. 과연 내가 선택한 이 길이 옳은 것일까? 한국은 정말 천국일까? 이렇게 여러 가지 생각을 하는 사이에 드디어 난 인천공항에 도착하였다.

하나원에서 제2의 인생을 시작하고

한국을 애타게 동경해 온 나였지만, 정작 한국에 도착해서는 북한에서 오랫동안 받아온 적대교육과 악선전으로 여러 가지 의구심이 들기도 했다. 하지만 중국에서의 공포와 두려움에서 벗어났다는 안도감으로 위안을 받기도 했다. '다시 시작하자! 지난 과거는 다 잊고, 제 2의 인생을 사는 거야! 이제부터 난 한 살이야!' 정말 새 인생을 멋지게 살리라 생각하면서 하나원에서의 석 달간 교육에 열심히 참가했다. 오랜만에 공부를 하려고 하니 권태감도 들었고 머리에 기억이 잘 되지 않아 애도 먹었지만 그때마다 북한과 중국에서 고생하며 살던 생각이 떠올라 절대로 헛된 시간을 보낼 수 없었다.

한국에서의 첫 경험은 사기를 당한 일이었다. 부모님을 모셔오려고 한국 브로커(전문적으로 북한 사람들을 한국으로 보내 주는 일을 하는 사람)에게 돈

천만 원을 사기당한 것이다. 정착금으로 받은 돈을 고스란히 잃어버렸다. 돈이 입금되자마자 그 브로커는 아무런 소식도 없이 사라지고, 연락도 할 수 없었다. 일주일 후에 겨우 전화 연락이 되어 통화를 했는데, 그 브로커는 중국에서 공안국에 잡혔다고 거짓말을 했다. 나중에 나도 나름대로 알아보았는데 그 브로커는 버젓이 중국에서 흥청망청한 생활을 하면서 또 다른 북한 사람들을 물색하여 사기음모를 벌이고 있었다. 그런데 나는 그때 한국에 온 지 한 달도 안 됐기 때문에 여권도 발급 못 받고, 외국으로 나가지 못하는 상태에 있었다. 중국에 계신 부모님들은 하루하루 한국행 소식을 기다리면서 숨어 다니고 있는데 정말 나는 어떻게 할 방법이 없었다.

하나님께 인도받아 부모님과 함께 사는 복을 누리며

그런데 옆집 아주머니가 내 안타까운 사연을 들으시고 같이 기도하자고 하면서 아주머니가 다니시는 교회로 나를 데리고 가셨다. 그 옆집 아주머니는 나하고는 아무 상관이 없는 정말 평범한 동네 아주머니셨다. 내 손을 꼭 잡고 눈물을 흘리시면서 나를 위해 그리고 우리 부모님을 위해 기도해주시는 아주머니의 모습에 나는 위로를 받으면서, 감사하지 않을 수 없었다. 나는 한국에 와서 교회라는 것을 처음 알았고, 또 그 아주머니를 통해서 교회의 사랑을 처음으로 느끼게 되었다. 그때 아주머니는 하나님께서 나의 현재 어려움과 부모님의 고통을 잘 아시기 때문에 내가 간절히 기도하면 꼭 들어주신다고 같이 기도하자고 하셨다. 한국에서 처음 사회생활을 하는 나는 아는 사람도 없고, 돈 빌릴 데도 없고 직장도 없는 고아와 마찬가지 상태에 있었다. 나는 아주머니의 말대로 하나님께 의지하고 기도하는 것밖에는 할 수 있는 것이 없었다. 얼마 후 아주머니는 내 경제적 사정도 아시고 부모님의 한국행 경비를 도와주시겠다고 하셨다. 처음 그 이야기를 듣고 나는 고맙기도 했지만 또 의심하는 마음도 가졌다. 기도

는 같이 해줄 수 있지만 내가 무슨 담보가 있다고 돈을 빌려주시겠다고 하시는
지 그때는 정말 이해가 안 됐다.

그 후 부모님은 베트남, 태국을 거쳐 무사히 한국으로 입국하셨다. 그리고
나는 그 다음해에 대학교에 입학했고, 우리 가정은 다시 같이 모여서 행복하게
살게 되었다. 하나님을 만나기 전까지, 나의 지난 과거는 그저 치욕스럽고, 분
통하고 억울하고, 기억하고 싶지 않은 시간들에 불과했다. 정말 머릿속을 지워

주는 지우개가 있다면 말끔히 지워버리고 싶은 시간들이었다. 그러나 하나님을 알게 된 이후로 나는 하나님의 선택을 받은 복 받은 사람이며, 또 내 과거는 하나님께서 저 불모지 북한에서 나를 선택하시어 중국에서의 시험의 날들을 이겨 낼 수 있도록 지켜주시고 대한민국으로 인도해주신 귀중한 시간이었다는 것을 알게 되었다. 비록 시작은 미약하나 하나님의 보호하심과 성령님의 축복 속에 우리의 미래는 창대하리라 믿는다.

눈물이 변하여
기쁨이 되게 하시는 하나님

글 윤영진(가명)

위대하신 하나님의 기적

이 글을 통해서, 나의 연약한 인생에 개입하시고 인도하시며 행하신 위대하신 하나님의 기적의 역사를 나누고 싶다. 내가 만났던 사랑의 하나님, 상한 마음의 눈물을 닦아주시며 위로해주셨던 하나님, 내 삶과 비전이 되신 그분을 독자들이 만나기를 그리고 독자들이 무관심 속에 지나쳤던 남북의 통일과 북한의 복음화를 위한 비전들을 발견하는 귀한 기회가 되기를 기도한다. 또한 미약한 내 모습들을 통해 내가 아니라, 내 삶의 주인공 되신 하나님만 드러나길 간절히 바란다.

나는 남한에서 보자면 멀고도 가까운 나라인 북한의 작은 바닷가 마을, 함흥에서 평범한 가정의 차남으로 태어났다. 철없던 시절, 일찍 아버지를 잃고 어머니의 양육으로 성장했다. 중학교까지 나는 불의한 권력에 의해 종교의 자유와 인권을 박탈당한 채 수백만의 국민을 아사시킨 김일성과 김정일을 찬양하고 숭배했다. 왜냐하면 내가 북한에서 배운 것은 김 부자의 거짓된 역사들과 사상뿐이었기 때문이다.

중학교 때 열악한 가정 형편으로 인해 나는 외삼촌을 따라 굶주림의 세계를 벗어나 중국으로 향하게 되었다. 그때 나는 가슴이 찢어지는 듯한 아픔을 겪었다. 가족과 생이별을 하게 되었고, 게다가 외삼촌마저 두만강 물에서 잃고 말았다. 다시는 기억을 되살리고 싶지 않은 고통을 겪은 것이다. 나는 너무 두려웠다. 아무도 내 곁에 없다는 것 그래서 혼자가 되었다는 것이 고통스러웠다.

중국에서 어려웠던 삶

중국에서의 삶도 만만치 않았다. 문화와 언어 그리고 사람들까지도 낯선 외국에서 홀로 살아야 한다는 것은 14살의 어린 나로서는 도저히 감당해 낼 수 없는, 피할 수만 있다면 피하고 싶었던 길이었다. 하지만 북한과는 달리 굶주림만은 면할 수 있었기에 힘들지만 극복해야만 한다고 생각했다. 하루 세 끼 배부르게 먹는 것이 북한에 있을 때 나의 작은 소원이었다. 그래서 하루 종일 고된 막노동을 하면서도, 너무 힘들고 지쳐서 일하던 작업복을 입은 채 잠들어 버리면서도, 금 같은 청소년 시절을 일터의 먼지바람과 함께 날려 보내면서도 견뎌 낼 수 있었다. 하지만 내 마음속 깊은 부분에 자리 잡고 있었던 곪아 터져버린 상처와 아픔이 나를 너무 힘들게 했다. 마음을 털어놓을 상대가 아무도 없는 광야에서는 하나님 외에는 위로가 있을 수 없었다. 도저히 나 자신도 그리고 이 세상 어느 누구도 치유할 수 없는 그 부분을 예수님을 영접함으로써 회복하게 되었다.

하나님은 선교사님 한 분을 내게 보내주셨고 그분으로부터 예수 그리스도의 복음을 듣게 하셨다. 나를 향하신 하나님의 계획이 있었음을, 두만강 가에서 삼촌을 잃은 아픔과 가족과 헤어져 혼자가 되어버렸다는 두려움 때문에 가슴을 치며 울부짖었던 그 암흑의 시간에도 나와 함께 계셨음을, 상처로 얼룩진 마음을 달래며 공사판에서 일을 할 때도 하나님은 나를 위로하시고 눈물을 닦아주고 계셨음을 알게 되었다. 예수님이 나를 사랑하시고 내 죄를 위하여 십자가에 달려 죽으셨음을 믿으면서부터 내 내면에는 감사와 평안 그리고 구원의 참 기쁨이 생기게 되었다. 김일성과 김정일을 찬양하던 마음과 입술이 천지를 지으시고 나를 만드신 사랑의 하나님을 노래하며 예배하기 시작했다. 삶의 의미가 생겨났고, 오로지 주님만을 위해 살고 싶다는 소망을 갖게 되었다. 그래서 선교사가 되어 많은 영혼들, 특별히 북한의 불쌍한 영혼들을 하나님께로 인도하겠다고 하나님께 서원하기도 했다.

생사를 예측하기조차 어려운 중국의 감옥에서도, 한국으로 탈출하던 중 갇혔던 몽골의 감옥에서도 나와 함께하셨던 주님을 의지하고, 죽어도 주님을 위해 죽으리라는 믿음과 담대함으로 찬양하며 기도했을 때 초대교회의 사도들에게 일어났던 감옥 문이 열려 걸어 나오는 기적들을 체험했다. 또한 험난한 가시밭길과 같은 중국, 몽골이라는 광야에서 하나님은 나의 믿음을 연단하셨고 눈동자 같이 보호해주셨다.

내가 중국에서 살 때 이야기이다. 한번은 중국공안에 잡혀 일주일 동안 감옥에 갇혀 있었는데 감옥에 있는 동안 나는 하나님께 울부짖었다. 하나님을 만나길 원한다고 말이다. 내가 홀로 손을 들어 찬양하고 눈물로 기도할 때 하나님은 나에게 평안한 마음을 허락하셨다. 그래서 나는 "하나님, 만일 하나님 뜻이 제가 먼저 복음 받은 자로서 북한에 다시 가서 복음 전하는 사명을 감당하길 원하신다면 저는 순종하고 따르겠습니다. 하지만 하나님, 저는 아직 더 살고 싶은 마음도 있습니다. 아직 좀 더 배우고, 좀 더 크고, 좀 더 친구들과 어울려

지내고 싶은 소원이 있습니다. 제게 피할 길을 허락해주세요. 허나 주님 뜻이라면 북한에도 기꺼이 가겠습니다. 기꺼이 죽겠습니다."라는 어찌 보면 모순되는 것을 동시에 구하는 번민의 기도를 드렸다. 일주일 째 되는 날 중국 공안이 내가 갇혀 있는 방에서 죄수를 한 명 데리고 나가면서 열쇠를 잠그지 않고 나갔다. 나는 하나님의 도우심을 간구하며 문을 열고 밖으로 무작정 나갔다. 아찔한 모험이었다. 사실 내가 갇혀 있는 방을 나와도 그 방 외부에는 수많은 공안원들이 그곳을 지키고 있기 때문에 탈출은 거의 불가능한 일이었다. 그런데 그 많던 경찰은 온데간데없고 단지 몇 명의 경찰만 남아 있었다. 게다가 경비실 안에 있는 두 명은 텔레비전을 크게 켜고 정신없이 지켜보고 있었고, 다른 공안원들은 출구 앞에 가로놓여 있는 지프차 때문에 내가 밖으로 나오는 것을 볼 수가 없었다. 기적이었다. 의심할 여지없이 하나님께서 내게 허락하신 피할 길이었다. 사람의 도움으로부터 완전히 차단될지라도 나에겐 여호와의 전능하신 팔이 함께하고 있었다.

통일을 위한 나의 기도

이스라엘이 광야의 생활을 마치고 축복의 땅 가나안으로 들어갔던 것처럼, 하나님은 자유와 인권이 보장되는 꿈의 나라, 한국 땅으로 나를 인도하셨다. 그리고 사랑하는 지구촌고등학교를 거쳐 오늘에 이르기까지 변함없는 사랑으로 함께 동행해주셨다. 이 글을 읽는 사람들은 한국에서 태어나 생활할 수 있다는 것, 아무런 제한도 없이 하나님을 믿고 찬양하며 예배할 수 있다는 것이 얼마나 큰 축복인지 과연 알고 있는지 궁금하다. 그리고 그것에 대해 얼마만큼이나 감사하며 지내는지도 잘 모르겠다. 한국은 배고파서 굶주려 죽어간 북한의 많은 사람들이 그토록 가고 싶어 했던 나라다. 정당한 인간의 권리임에도 불구하고, 정당한 노동의 대가를 지불해달라고, 자유와 인권을 보장해달라고 한 번도 외쳐보지 못하고 죽어간 사람들이 그토록 간절히 바라던 희망의 나라다. 내게도 한국은 죽도록 가보고 싶은 나라였다. 내가 지금 그 꿈의 나라 한국에서 살고 있다는 것이 얼마나 감사한지 모르겠다.

더 이상 배고프지 않고, 더 이상 쫓기지 않고, 하고 싶은 것을 할 수 있는 이곳에서 하나님은 이사야처럼 내 민족을 품고 북한의 인권과 탈북자들을 위하여 일할 수 있는 비전을 주셨다. 북한의 인권 탄압에 못 이겨 북한을 탈출한 북한 주민들은 제3국에서도 성폭행과 인신매매를 당하고, 불법 체류하는 탈북자라는 이유로 노동의 대가도 제대로 받지 못하는 등 비인간적인 대우를 받으며 살고 있다. 남북이 분열된 것, 수많은 북한 주민들이 고통당하고 있는 이 모든 현실들은 하나님 마음의 아픔인 것을 안다. 이는 우리 민족의 아픔이며 가시다. 분열을 싫어하시는 하나님은 연세대학교의 모든 교수와 학생들이, 남한의 모든 기독교인들이, 남과 북의 갈라지고 분열된 모든 모습들이 사랑으로 하나가 되길 원하신다. 지금도 그들이 피 눈물을 흘리며 부르짖는 구원의 소리를 하나님은 들으시고 마음 아파하시며 눈물을 흘리고 계신다. 하나님의 마음을 아프게 하는 분열, 우리 민족의 가장 큰 아픔이며 비극인 분단된 남과 북의 회복과 통일을 위해 기도해야 한다. 하나님 마음의 아픔을 기쁨으로 바꿔드리는 기독교인이 참다운 하나님의 제자요 자녀라고 생각한다.

최근에 나는 최춘선 할아버지 다큐멘터리와 〈어느 청년 노동자의 삶과 죽음〉이라는 책을 통해 소중한 깨달음과 큰 감동을 얻고 주체할 수 없는 눈물을 흘린 적이 있다. 다큐멘터리는 한때 김구 선생과 함께 독립운동을 하셨던 최춘선 할아버지가 한반도의 분단을 가슴 아파하시며 30여 년의 긴 세월을 맨발로 다니시면서 복음과 통일을 외치시는 것을 내용으로 하고 있었다. 할아버지는 영하의 추운 겨울에도 부르튼 맨발로 힘겹게 걸으시며 예수 그리스도를 전하셨다. 사람들이 "힘들 텐데 신발을 신지 않느냐?"고 물었을 때 할아버지는 "힘들지 않다. 통일되면 그때 가서 신발을 신겠다."고 대답하곤 하셨다. 할아버지는 남과 북의 분열이 하나님의 마음을 아프게 하는 것임을 알고 계셨다. 그래서 할아버지는 자신도 육체적인 고통을 통해 하나님의 아픈 마음을 나누고자 했던 것이다. 분명 할아버지는 하나님의 마음에 합한 자였다고 생각한다. 그렇게 죽는 순간까지 할아버지는 맨발로 지하철 안에서 복음을 전하시다가 하나님 곁으로 가셨다. 내가 그 다큐멘터리를 보고 눈물을 흘린 이유는 할아버지가 불쌍해서가 아니라 한반도의 분단으로 인해 할아버지가 얼마나 마음 아파하셨는지를 깨닫고 또 얼마나 통일을 간절히 염원하셨으며 운명의 순간까지 노력하고 희생하셨는지를 깨닫고 너무 고마워서 울었다. 그리고 내 마음에 할아버지와 같은 통일의 간절함이 없음을 깨닫고 내 자신이 너무 불쌍해서 울었다.

〈어느 청년 노동자의 삶과 죽음〉이라는 책은 전태일 씨가 사랑하는 자신의 어린 동생들, 숨 막히는 인권박탈의 작업장에서 일하는 수많은 사람들을 위하여 자신의 목숨을 서슴없이 불태우는 내용을 담고 있었다. 자신의 죽음을 통해 그들이 겪는 고통의 진상을 세상에 알려 사람들을 그 지옥 같은 암흑에서 벗어나게 하고자 했던 한 평범한 청년 노동자의 이야기였다. 죽어서 많은 열매를 맺게 하는 하나의 씨앗이 된 그의 삶을 보면서 그에게는 자신을 죽여 가면서까지 열렬히 사랑한 섬김의 대상이 있었음을 알게 되었다. 그리고 하나님의 구원의 감격과 은혜를 잊어버리고 신앙의 게으름과 나태함으로 해이해진 나에게 무엇을 위해 어떻게 살고 죽어야 하는지를 깨닫고 재확인시켜준 게 고마웠다. 그리고 새로운 맘으로 결단하는 시간도 갖게 되었다. 최춘선 할아버지와 전태일 씨처럼 그리고 우리 예수님처럼 세상의 모든 것을 버리고 오직 하나님의 뜻을 바로 알고 목숨 바쳐 주님의 뜻에 순종하여 주님을 기쁘시게 하는 하나님의 사람이 되고 싶다는 결단을 하였다.

나는 지금 이렇게 기도하고 있다. "하나님의 눈물을 가진 자가 되길 원합니다.

우리 민족의 아픔이고 가시인 분단을 제거하고 북한 주민들의 눈물을 닦아 주는 자가 되길 원합니다. 하나님, 저들을 섬기는 사람이 되겠습니다. 저를 보내 주십시오."

또한 하나님의 역사를 기대하며 준비하고 있다. 왜냐하면 보잘것없는 나를 향하신 하나님의 놀라우신 계획이 있음을 믿기 때문이다.

한 살배기 새터민의 삶

글 김성수(가명)

사랑한다. 동생아!

　대학에서 겨울방학을 맞아 집으로 떠나려던 나는 집에서 걸려온 한 통의 전화를 받았다. 군대에 자원했던 여동생이 병에 걸려 감정제대(의병전역)되었다는 것이었다. 제대로 먹지도 못하며 그렇게 당에 충실하셨던 아버지는 간복수로 자리에 누워 운신을 못하신 지 6개월째, 장기 환자이신 어머니는 '고난의 행군(북한에서 아사자들이 대량 속출하던 1995~1999년을 칭하는 용어)' 시기에 접어들면서 심장병과 관절염에 심부전증까지 겹쳐 숨쉬기와 걷기도 어려운 상황이었다. 거기에 병에 걸려 집으로 돌아 온 동생, 생각할수록 숨이 막히고 앞이 안 보였다.

　도에서 한명밖에 갈수 없는 중앙대학(평양대학)에 합격하였을 때 주변의 분들이 가정 형편을 고려하고 포기하라고 하셨지만, 그래도 북한에서 누구에게나 동경의 대상이었던 평양의 일류 대학에 도전하고 싶은 욕망에서 나는 고달픈 대학생활을 하던 중이었다.

좋은 친구들과 선생님들의 도움으로 궁핍한 물질생활을 이겨내며 살아오면서 항상 집에 대한 걱정이 머리에서 떠나지 않고 있었다. 오늘 내일 돌아가실지도 모르는 부모님을 보면서 약 한 첩 제대로 지어드리지 못하는 안타까운 심정으로 죄책감에 시달렸다.

우리 형제들 중에 유일한 여자이자 막내였던 동생은 어렸을 때부터 나를 무척 따랐다. 동생은 고등중학교(북한에서는 중학교와 고등학교가 따로 없고 6년 과정의 고등중학교가 있다.)시기에 성적도 학교에서 가장 높았고 사로청부위원장(한국의 총학생회와 비슷한 북한의 청년조직의 부회장격)을 맡아하면서 선생님들과 동료들의 사랑과 부러움을 받았었다.

그러던 그에게 학교에서는 상급학교(북한에서 고등중학교 졸업생들이 가는 전문학교와 대학을 이르는 말)를 추천했지만 동생은 집안형편을 생각하고 스스로 자진하여 군에 입대하였다. 그런 동생이 군대에서 훈련하던 중 추락사고가 생긴 것이었다. 동생은 6개월 이상을 환자로 지내다가 제대 조치가 되었다. 부모님이 모두 병으로 누워 있는 집에 차마 아픈 티도 내지 못하는 동생을 보며 위중하게 생각하지 않았던 것은 나의 큰 오류였다.

나중에 나는 동생의 뇌에 이상이 온 줄도 모르고 똑바로 걷지도 못하느냐고 화를 내기도 했었다. 지금도 그 생각을 하면 눈물이 난다.

새 학기가 시작되어 학업에 몰두하고 있을 무렵, 일생을 당원과 공장의 지배인으로서 당과 수령에게 충실했던 아버지가 병상에서 밥 한 그릇, 약 한 첩 제대로 써보지 못하시고 세상을 떠나셨다. 많은 업적을 올리시고 여러 사람들의 존경을 받아오셨던 그야말로 당에 충실하였던 고지식한 분이었기에 더욱더 원통했다. 나는 그때까지 울어보지 못했던, 앞으로도 울어보질 못할 많은 눈물을 흘리며 통곡했다.

장례를 마치고 난 후에야 나는 동생의 병이 악화되어 아예 병상에 누워버린 사실을 알게 되었다. 도병원에서는 병에 대한 정확한 진단도 내리지 못하고 막연하게 평양 중앙병원에 후송증만을 떼어준 상황이었다.

북한은 제도 자체는 무상치료이지만 국가사정이 어렵다는 이유로 병원들에서 진단만 해주고, 처방약은 본인들이 시장에서 해결해야만 한다. 집에서는 동생을 평양에 보낼 돈도, 평양에 거처할 곳도 모두가 막연한지라 속수무책으로 있던 차였다. 나는 더 생각할 여지도 없이 동생을 데리고 평양으로 올라왔다. 병원을 찾았으나 대기자들이 꽤 되었다. 접수를 하고 기다렸으나 찾아주지 않아 의사에게 문의하니 병원에서 우선적으로 해주어야 할 대상들이 있어서 그렇다는 것이었다. 지방에서 온, 그것도 대학생 교복을 입은 학생이 하찮게 보인 것이었다.

그렇게 하루가 가고 할 수 없이 동생을 데리고 하룻밤을 지냈다. 초봄이라 밤 날씨는 제법 쌀쌀하였다. 난방장치도 없는 방에서 동생에게 내 교복을 벗어 덮어주었으나 추위 떠는 동생이 가여워 나는 꼭 껴안고 옆에 누웠다. 그런데 내 얼굴 앞에 놓인 동생의 머리에 벌레들이 기어 다니는 것이 아닌가! 나는 동생이 잠들기를 기다려 벌레를 잡아주기 시작했다. 동생의 머리에는 나의 뜨거운 눈물이 떨어지고 있었다. 당직 서는 간호원이 들어와 눈물을 글썽이며 다음날 아침 첫 시간에 "당 비서 동지를 찾아가라."고 귀띔해주었다. 다음날 당 비서를 찾아간 나는 불쌍한 내 동생을 살려달라고 애원하였다. 당 비서는 바로 해당과에 전화를 하였고 덕분에 동생의 종합검진을 받을 수 있게 되었다. 의사들은 이제는 살아날 가망이 없으니 집에 데려가 먹고 싶어 하는 것을 사 먹이라고 하였으나 나는 그럴 수 없었다. 그건 동생을 그대로 죽게 하는 것과 다름없었다. 나는 피어보지 못한 꽃과 같은 동생을, 그것도 나라를 위해 군사복무를 하다가 다친 애를 치료라도 꼭 해주길 애원하며 일주일 동안 입원 허락을 받았다. 그러나 동생의 뇌는 점점 곪아가고 있었으며 이제는 대소변도 가리지 못하게 되었다. 아무리 사랑하는 내 동생이라지만 성인인 여동생의 속옷을 빨아서 갈아입히는 것은 낯 뜨거운 고생이었다. 그렇게 일주일이 지나 퇴원하게 되었으나 동생은 이제는 중심도 제대로 잡지 못했다. 결국 집에 온 지 7일 만에 동생은 영영 눈을 감고 말았다. 나는 책이나 영화에서만 보아왔던 마지막 숨을 몰아쉬며 숨넘어가는 소리를 난생 처음으로 들었다. 내 눈에서는 아버지 때 그렇게 많이 흘렸던 눈물이 한 방울도 나오지 않았다. 멍하니 동생을 내려 보기만 하였다. 형님이 옷을 갈아입히려고 동생의 몸을 씻겨주려고 하였다. 나는 내가 하겠다고 했다. 동생은 제대한 후 사회 옷을 사 입은 적이 없었다. 돈도 없었고 입고 나설 기회도 없었다. 하는 수없이 군복을 입혀 보낼 수밖에 없었다.

결국 한밤중에 관도 없이 헌 이불에 쌓인 동생을 차도 구할 수 없어 손수레에 싣고 산으로 행했다. 아, 가슴이 아프다. 손수레를 밀고 한밤중에 도로 한복판으로 가는데 서민들이면 누구나 무서워하는 야간순찰대(북한의 생활난이 극심해지자 범죄자들이 생겨나면서 이를 막기 위해 경찰들과 사민들로 이루어진 조직)의 호각소리가 울리며 서라고 소리쳤다. 그러거나 말거나 나는 정신이 나간 듯 돌아보지도 않고 갈 길을 갔다. 동생을 산에 묻고 집에 돌아온 후 살아있는 것이 죄짓는 것만 같아서 한밤중에 온 동네가 떠나갈 듯한 소리로 통곡했다. 그 후 어머니마저 한 많은 세상을 떠나가셨다. 나는 이렇게 소중한 가족을 비참하게 잃었다.

나는 지금도 그때의 일을 생각하면 가슴이 찢어지는 듯하다. 동생이 잘 걷지 못한다고 짜증냈던 일, 마지막 길을 갈 때 옷이 없어서 제대할 때 입고 온 군복을 입혀 보낸 일, 관도 없이 헌 이불에 동생을 떠나보낸 일.

동생아, 부디 천국에서만은 행복하게 아빠, 엄마랑 잘 있기를 죄 많은 오빠가
소망한다.

탈북 후 한국에서의 삶

탈북자는 누구나 이야기한다. 자유를 찾아 대한민국의 품에 안겼다고…….
그 자유가 무엇이기에 사랑하는 사람들을 뒤에 두고, 선친들의 뼈가 묻혀 있
는 그 땅을 뒤로 하고 목숨을 건 탈출을 행하였는가? 인류가 오래전부터 원하
고 실현하여온 자유! 인간의 본연으로부터 출발하고 누구라도 최소한의 자유
를 누리려는 욕망은 너무나도 당연한데 우리가 나서 자란 저 땅은 어찌하여 자
유의 불모지로 전락되어 버린 것인가? 자유에 너무나 목말랐기에 새터민의 호
칭에 대한 논의 때에도 '자유인'이라고 하자는 의견도 나왔었다.

우리 새터민들이 판이한 두 제도에서 살아온 어쩔 수 없는 차이때문에 한국
에 와서 많은 시행착오를 겪고 있다. 언어의 차이를 비롯한 문화의 차이, 일상
생활에서의 차이에서 나타나는 어려운 점들에 두고 온 가족에 대한 걱정과 그
리움, 건강상의 어려움, 가족갈등의 어려움과 취업능력의 어려움 등. 무엇보다
먼저, 잘살아 보자고 온 우리들의 경우에는 경제적인 어려움이 가장 크다.

대한민국의 일원임을 증명하는 주민등록증을 받고 이 사회의 구성원으로서
보금자리를 트는 순간에는 내 앞길에 장밋빛 인생만 있을 것 같은 상상도 해보
았다. 공항에 내린 순간부터 하나원(새터민의 국내정착을 도와주는 교육기관)
을 수료하기까지 마음속으로 단단히 각오하며 이방 세계의 적응을 꿈꾸었다.
하나원을 수료하는 누구나 그러하듯이 나 역시 외로움과 썰렁함의 극치를 맛보
며 첫날밤을 보냈다. 그러나 그것은 이제 시작에 불과하였다. 휴대폰도 없었던
나는 연락하라고 하신 회사 사장님 생각에 전화를 하러 공중전화를 찾아 나섰
다. 공중전화는 쉽게 찾았지만 카드가 없었다. 카드를 사용한다는 말은 들었지

만 어디서 구입하고 어떻게 사용하는지도 몰랐다. 밤이라 붙잡고 물어볼 사람도 없었다. 무작정 거리로 향했는데 아파트 단지를 벗어난 거리는 그야말로 불야성이었다. 북한에서 선전하던 '깡통을 차고 거리를 방황하는 거지들이 욱실거리는 서울'이 아니라 밤이면 불빛하나 없이 암흑의 세계로 변해버리는 북한에 비하면 그야말로 별천지, 천국이었다. '슈퍼마켓'이라고 간판이 걸려 있는 자그마한 가게에서 구레나룻이 더부룩한 주인아저씨를 만났다. 우리 새터민들이 북한 말투로 이야기를 하면 조선족인가, 어디사람인가 하고 의아해하며 쳐다본다는 말을 들은지라 나는 조심스럽게 말을 건넸다. 북한에서 온 사람들에 대한 태도가 각각이고 더욱이 배타적인 감정을 가지고 계시는 분들이 있다는 것은 이미 알고 있었지만 가게 주인은 처음으로 물건을 사러 온 내게 열심히 살아가라고 격려해주시며 전화카드를 무상으로 주셨다. 나는 감사하게도 중국에서나 한국에서나 좋은 분들을 많이 만났다. 내가 근무하던 학교의 동료교사들에게 이런 말을 했더니 "이제껏 좋은 사람 만났지만 이제는 나쁜 사람 만날 차례"라고 하며 한바탕 웃은 적도 있었다. 나는 항상 범사에 감사하고 그분들의 기대와 사랑에 보답하기 위해서 더 열심히 살고자 다짐했다. 그 마음을 간직하고 착실히 연습을 한 끝에 1종 보통 운전면허증을 땄고 이것이 한국에서의 첫 자격증이로구나 하는 생각에 가슴이 뿌듯했던 경험을 잊을 수가 없다. 이후에 컴퓨터 자격증을 따기도 했다.

우리가 언제나 작은 것에 감사할 줄 아는 것이 중요하며 또 모든 것을 긍정적으로 바라보며 최선을 다해 노력할 때, 하나님은 우리를 도우며 우리 곁에는 좋은 사람들이 생겨날 것이라 믿고 확신한다.

세금도 한번 낸 적이 없고 남자라면 누구나 지키는 국방의 의무도 지킨 적 없는 우리 새터민에게 주택을 보급해주고 사회에 적응하라고 지원금도 주는 등 여러 가지 혜택에 늘 감사한 마음이다. 언제나 보답하고자 하는 마음으로 살아

갈 것이다.

우리는 영웅이 아니다. 큰일을 하고 금의환향(錦衣還鄕)한 사람들도 아니다. 대접받으려고 하는 자세, 무엇인가 불만족해 하고 늘 모자라다고 생각하는 마음가짐으로서는 이 사회에 발붙일 틈이 없다고 생각한다.

나는 1년 남짓 된 한국생활이지만 아직 제대로 물건을 사본 적이 없다. 적응하기 위해서는 쇼핑도 하고 여러 곳을 돌아보기도 해야겠지만 아직까지 마음 놓고 물건을 사러 다녀 본적이 없다. 중국에서 단돈 2원을 아껴 점심도 거르며 살던 때와 마찬가지로 북한 돈의 가치와 비교하면 차마 돈을 쓸 수가 없다. 지금도 나는 남들이 쉽게 써버리는 돈 천원을 북한에서의 가치로 생각하면서 지갑에서 꺼내게 된다.

우리들이 북한에서의 생활, 북한을 떠나 올 때의 그 초심을 잃지 않았다면, 중국에서 당한 무시와 천대를 잊지 않았다면, 북한에 남아 있는 가족들과 굶주리는 수많은 사람들을 생각한다면 천원의 무게가 가볍게 느껴지지는 않을 것이다.

나는 지금도 여러 대학교들과 단체들 그리고 많은 사람들과 함께 북한의 핵문제, 인권문제, 교육실태, 대학생활, 일상생활, 종교문제, 새터민 문제, 남북통일에 관한 일련의 문제 등 북한의 여러 측면에 대한 이야기들을 하고 있다. 최근에는 북한에 대한 책을 쓰시는 분의 일을 협조해드리는 아르바이트도 하고 있으며 대학교나 대학원에서 북한학을 전공하시는 분들의 논문 집필도 도와주고 심사하시는 분들의 북한에 대한 궁금증도 풀어드리고 있다. 내가 아는 것이 많아서가 아니라 태어나고 자라온 북한과 그곳에서 아직까지 독재의 사슬에 묶여 자유의 진미를 모르고 살고 있는 사람들에게 관심을 가져주시는 분들이 고맙기 때문이다. 또 그분들로 말미암아 남한에 적지 않게 만연되어 있는 북한과 새터민에 대한 그릇된 견해와 입장을 조율하는 데 나의 자그마한 힘이라도 보탬이 되었으면 하는 바람이다.

원망하는 인생은 미물에게서도 원망을 받으며, 감사하는 인생은 언제나 감사하는 일만 생기는 법이다. 그런 속에서 나는 북한의 지난날을 생각하며 언제나 그들을 위한 마음으로, 그들 앞에 떳떳이 서기 위한 생각으로 악착같이 살아갔다. 최선을 다하며 사는 사람에게는 언제나 기회가 찾아오는 법이다. 나는 하나원 수료 후 3일 만에 고마운 지인의 도움으로 지방에 있는 중고등학교로 내려가 근무하게 되었다. 치열한 경쟁사회인 한국에서 동경의 대상인 교사 공무원의 직업을 갖게 된 나를 두고 사람들은 로또복권에 당첨됐다고도 하였다.

나는 새 생명을 주신 하나님의 은혜로 지금도 웃고 앞으로도 웃을 것이다. 나를 만나는 많은 분들은 너무나 밝아 보인다고, 자기들이 생각했던 새터민들의 모습과는 달리 자신감이 넘쳐 보인다는 말씀을 해주셨다. 그것이 듣기 좋으라고 하신 말씀이라도 난 좋다. 내가 더욱 그렇게 살 수 있도록 나를 지켜주시는 하나님이 계시니까…….

지금 하나원에 오려고 하시거나 하나원에 계신 새터민분들!

천금 같은 그 기간을 아끼십시오, 하나라도 배우고 하나라도 알기 위해 노력하십시오. 하찮은 것, 불필요한 것, 하지 말아야 할 것들에 마음과 정신을 빼앗기지 말고 중심을 찾고 목표를 향해서만 질주하세요. 그래서 한국사회에 걸맞은 통일의 역군, 통일된 조국의 기둥들로 거듭납시다. 따라가기도 앞서가기도 만만찮은 사회가 바로 한국사회입니다. 그러나 너무 부담 갖지는 마십시오. 행복은 멀리 있지도, 어려운 것도 아닙니다. 우리 모두 행복한 내일을 위하여 오늘에 충실합시다. 찾아오는 기회를 그냥 흘러 보내지 않고 인생의 도약대로 만들기 위해 일상에 최선을 다합시다. 오늘도 고난의 일로를 걷고 있는 북한을 생각하고 우리의 고향사람들인 북한의 부모형제자매들을 잊지 맙시다! 여러분들의 모든 일이 잘 되길 우리 함께 기원하면서 우리 모두 통일조국의 미래를 향하여 앞으로 나아갑시다!

내가 나 된 것은 특별 간증

올리비아 럼 Olivia Lum

이화숙

전용관

내가 나 된 것은 하나님의 은혜로 된 것이니 내게 주신 그의 은혜가 헛

되지 아니하여 내가 모든 사도보다 더 많이 수고하였으나 내가 한 것이

아니요 오직 나와 함께하신 하나님의 은혜로라

고린도후서 15장 10절

하나님이 주신 은혜의 트로피: 올리비아 럼^{Olivia Lum}의 삶

글 림만온Lim Man Onn, 유은주 역

올리비아 럼은 기술 혁신 부문에서부터 기업 부문에 이르기까지 싱가포르에서 '2003년도 올해의 훌륭한 여성'으로 선정되었다. 올리비아는 점잖으면서도 품위 있는 모습을 지니고 있지만 실상 그 배경은 이와는 사뭇 달라서 역경의 가시밭과 그것을 딛고 성공하기까지의 극렬한 싸움이 있었다. 또한 그 배경에는 할머니의 절대적인 사랑과 하나님의 놀라운 은혜가 있었다.

올리비아 럼은 말레이시아의 수도인 콸라룸푸르에서 250킬로미터 떨어진 페락 주의 작은 오두막에서 태어났다. 그러나 어머니는 올리비아가 태어나자마자 곧 그녀를 버렸고, 그 후 올리비아는 그녀가 할머니라고 불렀던 60세의 친절한 부인에 의해 양육되었다. 9세가 되던 해부터 그녀는 자립하게 되었다. 올리비아는 고무 채취를 하기도 했고, 등나무 가방을 짜기도 했고, 빵이나 과일에서부터

복권에 이르기까지 여러 가지 물건을 팔러 다녔다. 그런 중에도 올리비아는 공부를 잘 했고, 학교 선생님의 말씀에 따라 1977년에는 싱가포르에 와서 고등학교까지 마쳤다.

이후 대학 등록금을 대기 위해서 보험에서부터 화장품, 화분, 기념품에 이르기까지 다양한 물건들을 팔아 돈을 벌었고 싱가포르의 카통과 부킷 티마 등지의 공사 현장에서 매점을 운영하기도 하였다. 드디어 1986년 그녀는 싱가포르 국립대학에서 이학 학사를 취득하였고 Glaxo라는 연구소에 화학자로 취직하게 되었다. 3년 반이 지난 28세에 그녀는 Glaxo를 그만 두었고 싱가포르 화폐로 2만 달러를 가지고서 한 명의 직원과 한 명의 기술자를 데리고 수질 처리 회사를 설립했다.

처음 몇 년간은 경험이 부족했기 때문에 어려움도 많았다. 회사를 키우기 위해서 그녀는 매일 최소 5명의 고객을 방문하기로 계획을 세우고 매일의 목표를 이루기까지 쉬지 않고 일했다. 회사가 작아서 좋은 인재를 선발하는 일에도 어려움이 많았다. 왜냐하면 대부분의 사람들이 중소기업보다는 유명한 기업에서 일하기를 원했기 때문이다. 그러나 그녀는 자신의 문제를 보기보다는 서서히 부상하는 중국의 시장에 초점을 두고 중국의 제약 분야와 산업 분야에 멤브레인(membrane) 기술을 소개하기로 마음먹었다. 중국에서도 초기에는 역시 어려움이 많았는데 중국은 연장자와 경험을 존중하는 나라로 젊은 여성인 그녀가 쉽게 받아들여지지 않았기 때문이었다. 그러나 2~3년 뒤에는 사업이 점차 성장하게 되었다.

싱가포르로 돌아온 그녀는 수많은 산업 프로젝트를 확보하는 데에 주력하여 결국 1999년에 싱가포르의 주롱 조류 공원에서 펭귄의 울타리를 치는 데에 그녀의 회사인 Hyflux가 독점적으로 초여과장치(ultra-filtration) 멤브레인 시스템을 이용한 수질 재생 프로젝트를 처음으로 따냈다. 그 이후로 Hyflux는 싱가포르에서 두 군데의 수질 설비 공장을 차리게 되었고 또 싱가포르에서는 최초로 해수의 염분을 제거할 수 있는 기술을 가진 회사로 상을 받기도 했다.

Hyflux는 2001년 싱가포르의 주식 거래에 상장되어 오늘날에는 가장 인기 있는 회사가 되었다. 현재 Hyflux의 주가는 상장가의 700% 이상을 웃도는 시세이며, 올리비아 럼은 Hyflux에서 일억 천이백만 주의 지분을 가지고 있으며 이는 2억 달러 이상의 가치다. 그러나 이러한 성공에도 불구하고 그녀는 조금도 변한 것이 없이 여전히 겸손하다. 그녀는 자신이 성공할 수 있었던 모든 공로를 처음 사업에 뛰어들 때 자신을 믿어준 사람들에게 돌린다. 특히 성공의 가장 중요한 열쇠는, 그녀를 양육했던 할머니가 해주신 충고들, 즉 사람들을 사랑하고, 열심히 일하고, 인생에서의 고통은 기억하지 말라고 하시던 충고들에 근거한 높은 도덕적 가치 덕분이었다고 올리비아는 말한다.

올리비아는 지난 날 고통도 많았지만 그 모든 것을 잊을 수 있었던 까닭은 바로 할머니의 절대적인 사랑 때문이었다고 한다. 그 사랑은 자신의 마음을 가득 채웠으며 그 결과 고통이 있더라도 그것을 곧 잊을 수 있었다고 말한다. 또한 할머니는 올리비아를 끊임없이 믿어주고 그녀가 어떤 경쟁에서든 승리할 것이라는 신념으로 용기를 북돋아주었는데 이 때문에 올리비아는 가난에 찌든 캄파 사람들 가운데에서도 좌절하지 않고 난관을 딛고 일어서게 되었으며, 이는 결국 오늘날 싱가포르에서 그녀가 성공의 고지에 서게 된 결과를 낳았다. 이처럼 어렸을 적부터 난관을 극복하면서 쌓은 풍부한 경험은 내적인 자신감을 기르도록 했고, 올리비아는 이렇게 정교히 다져진 정신적 역량으로 결국 훗날 성공으로 이어질 기반을 다져갔던 것이다.

그러나 그녀가 고등학교 3학년 때 할머니가 돌아가시면서 그녀는 하늘이 둘로 쪼개지는 것 같은 슬픔을 겪었다. 그녀의 멘토이자 세상에서 가장 소중한 분이셨던 할머니의 죽음은 그녀에게는 인생의 닻을 잃은 것과 다름이 없었다.

이제까지 할머니와 함께 더 많은 시간을 보내지 못했다는 아쉬움과 죄책감으로 그녀는 자신의 방향과 목적지까지도 잠시 잃어버렸다.

이때 바로 그녀는 기독교인 친구들을 만나게 되었고 결국 기독교인이 되는 계기를 갖는다. 그녀는 이처럼 고백했다. "나는 나를 모태에서 창조하신 시기부터 생애 전체에 걸쳐 끊임없이 나를 지키고 계시는 하늘의 아버지가 계시다는 사실을 마음속 깊이 깨닫게 되었고 그러한 깨달음은 내가 캄파의 뒷골목에서 범죄와 마약이 횡행하는 현실에서부터 벗어나 풍성한 삶에 이르도록 사랑으로 나를 감동시켰습니다."

그녀가 새로 발견한 하나님에 대한 믿음은 그녀가 내적인 의지력을 회복하도록 하였고 "하늘의 부유함으로 저를 사랑하시고 제게 힘을 주시는 그리스도로 말미암아 저는 하나님 안에서 모든 것을 할 수 있습니다."라고 고백하게 했다. 그녀는 마침내 모든 침체를 완전히 극복하고 다시 비전과 초점을 회복하여 할머니와 하나님을 위해서 뭔가 큰일을 해보겠다고 결심했다. 그녀는 과거를 내려놓고 미래를 향해 나아가는 진취적이며 긍정적인 마인드를 갖기위해 끊임 없이 노력하면서, 하나님 중심의 자신감을 바탕으로 한 불굴의 정신을 가진다면 승리할 수 있다고 믿었다.

생존에 대한 올리비아의 타고난 본능과 새로운 지표를 향한 부단한 노력으로 인해 2000년도에는 자신의 회사 Hyflux가 공식적으로 상장되는 일에 도전하였다. 이 일로 인해 그녀는 회의주의라는 철벽을 무너뜨릴 수 있었다. 그때만해도 그녀의 회사는 첨단 기술 산업 회사가 아니라 벽돌과 회반죽에 관련된 회사였기 때문에 별로 인기가 없었다. 따라서 어떤 금융기관에서도 자금을 지원해주지 않았다. 그럼에도 불구하고 올리비아는 긍정적인 사고와 큰일을 하려는 불타는 열정을 가지고 끈질긴 도전 끝에 결국 경쟁에서 승리했고 Hyflux는 2001년 1월 9일 그녀의 생일날에 상장되었다. Hyflux는 공모한 금액보다 7배나 많은 신청을 받으며, 뉴밀레니엄에 최초로 싱가포르에서 상장된 기업이 되었던 것이다.

또한 올리비아는 청년기가 사회성 발달에 특히 중요한 시기라고 확신했고 그러한 취지에서 젊은이들이 의미 있는 삶을 살도록 고취시키기 위해 지역 사회의 센터나 학교, 대학 등에서 강연을 하는 일에 기꺼이 시간을 냈다. 또한 그녀는 여성들이 겪는 학대나 이혼 문제에 관심을 기울였다. 2003년에는 대통령의 지시 아래 '여성이 여성을 돕는다'라는 목적을 가지고서 백 명의 여성들이 공적으로든 사적으로든 자원하여 육체적, 정신적, 사회적으로 학대를 당하고 있는 다른 백 명의 여성들을 돕는 조직이 결성되었는데 그녀 역시 여기에 동참함으로 Hyflux는 이와 같은 여권 신장 프로그램의 후원 업체가 되었다.

이와 같은 사회적 활동으로 올리비아는 많은 영예를 얻게 되었다. 현재 그녀는 국회의원이며 SPRING(Standards, Productivity & Innovation Board)이라고 불리는 생산혁신부의 중역으로 활동하고 있다. 또한 2003년에는 젊은 기업가 상을 받기도 했다. Hyflux 역시 2003년에 세계의 소규모 기업 베스트 200에 뽑혀 "Forbes Global"지에 오르는 영예를 안았다.

이 같은 성공에도 불구하고 올리비아는 영예의 자리에 안주하지 않고 도리어 자신의 회사 Hyflux가 수질 오염의 문제를 완벽하게 처리해줄 수 있는 대안으로 국제적인 이름을 얻는 다국적 기업이 되기를 소망하면서 오늘도 달려가고 있다. 그녀는 현재 Aquosus라는 19리터 용량의 냉온수 디스펜서(희박한 공기를 생수로 바꾸는 장치)를 진척시키는 일에 책임을 맡고 있다. 그녀는 이러한 수질 디스펜서가 각 가정에 설치되어 주방의 기본 설비가 되는 날을 기대한다. 세계 인구의 삼분의 일이 풍토병에 걸릴 확률이 높은 가운데 마실 물이 없는 것이 현실이지만 앞으로는 Hyflux에서 개발한 계량 가능한 수질 처리 설비로 언젠가는 콜레라나 이질, 장티푸스와 같은 풍토병에서 벗어나게 될 날이 올 것이라고 올리비아는 확신한다.

올리비아는 유능한 기업가로서의 삶을 살고 있다. 그녀의 인생 여정은 그 자체가 하나님이 주신 은혜의 트로피로서 살아 있는 훌륭한 지침이 된다. 사업상 관계에 있어서도 솔직하고 공정하여 타의 모범이 되고 있는데 이는 그녀가 진정 하나님 나라에서 중요한 여성으로서 살아가고 있음을 증명하는 것이다.

올리비아 럼 Olivia Lum _ 이 글을 쓴 **림만온(Lim Man Onn)**은 대성그룹 계열사인 대성싱가폴 지사장을 역임했다.

A Trophy of God's Grace _Olivia Lum

written by Lim Man Onn

From innovation to enterprise, Singapore Woman of the Year 2003, Olivia Lum demure and genteel exterior belies a fierce determination to succeed against all odds horned from a background of hard work and the unconditional love of "Grandma" and the marvelous grace of God.

Born 1961, in the backwaters of Kampar, a small shanty town in Perak state, 250 kilometer from Kuala Lumpur, the Federal Capital of Malaysia, Olivia was abandoned at birth. She was brought up by a kindly lady in her 60s whom she lovingly called "Grandma." From the age of nine, she started providing for herself, tapping rubber trees, weaving rattan bags and peddling anything she could lay her hands on, ranging from bread, fruits and lotteries. She did well in school and on the advice of her school master came to Singapore in 1977 to complete her high school education.

She had to work to pay her way through school and university selling everything from insurance to cosmetics, flower pots and souvenirs and running a canteen business in a construction site in Katong and Bukit Timah, Singapore. After graduation in 1986 with a Bachelor of Science degree in Chemistry from the National University of Singapore, she was hired as a chemist by Glaxo. After 3 1/2 years and at age 28, she quit Glaxo and with $ 20,000 savings, she set up her own water treatment business with one clerk and one technician.

The first few years were not easy because she had no experience or track record. She would set herself a target of seeing a minimum of 5 potential customers to visit and she would not rest till she met her daily targets. Since her company was small, she also had difficulties recruiting good employees because most would rather work for well established companies. Instead of focusing on her problems, she decided to set her sights on the new emerging markets in China as she intended to introduce the membrane technology to the pharmaceutical and industrial sectors. In China, she also had to struggle in the initial years as she was young and China is a country that respects persons of certain age and experience. After the initial 2–3 years of struggle, her business saw some growth.

Back in Singapore, she managed to secure numerous industrial projects and she won the first water recycling project using Hyflux's proprietary ultra–filtration membrane system for a penguin enclosure at Singapore's Jurong Bird Park in 1999. Since then, Hyflux has moved on to construct two NEWater plants in Singapore and Hyflux has also been awarded Singapore's first seawater desalination plant. Today, listed on the Singapore Stock Exchange in 2001, Hyflux has since become a market darling. Its share price has risen over 700% from its listing price and with 112 million shares in Hyflux, Olivia Lum is worth over $ 200 million. All this success has not changed her an iota as she remains humble and unassuming attributing her success to those who believe in her during her early days as a beginner in the water business but most importantly, the high moral values imbued in her by her Grandma to love people, work hard and hold no bitterness in life.

Olivia attributes her lack of bitterness about her past to Grandma's unconditional love which filled her heart and left no room for bitterness. Grandma's unflagging faith in her abilities to compete and win shaped her childhood experience and was a catalyst in her climb out of the poverty-sticken neighborhood of Kampar, Malaysia to the heights of success in Singapore today. Her wealth of experience in overcoming the odds at such a tender age bred an inner confidence and a finely honed mental strength that became the bedrock of her success in later life. Her world fell apart when Grandma died during her senior high school years in Singapore. She lost her anchor and her mentor, the only person in this world who truly mattered to her. Struggling with guilt for not having spent more time with Grandma, she lost her drive and focus. It was during this time that some friends shared with her about Christianity and she became a Christian. In her words, "I knew deep in my heart that there is this heavenly Father who has preserved me throughout my formative years, took me out of the crime and drug infested backwaters of Kampar and showered me with love to live an abundant life."

Her new found faith in God renewed her inner strength. "In God, I can do all things through Christ who strengthens and loves me according to His riches in heaven. When she finally came around,

Olivia marshalled together her focus and her dreams and resolved to make it big for Grandma and for God. She knew that with an indomitable spirit, self-reliant and God-centered, she can seize the day, creating opportunities to foster a spirit of enterprise to leave behind a legacy for the future.

Olivia's innate sense of survival and her unending quest to scale new heights challenged her to seek a public listing for Hyflux in 2000. She hit a stone wall of skepticism, market sentiments were weak, her company was a non-glamorous brick & mortar business, it was not in the high-tech life sciences. No financial institutions were interested to underwrite the public offer. Armed only with positive thinking, "What is this hurdle after what I have been through" and her burning desire to make it big, Olivia's tenacity finally won the day and Hyflux was listed on her birthday on 9th January 2001, 7 times oversubscribed, making it the first company in Singapore to be listed in the new millennium.

Olivia believed strongly in the development of youth as useful citizens to society and in pursuit of this quest, she gave her time generously to speak in community centers, schools and colleges, encouraging, cajoling youths to be people of significance. She is also concerned about the welfare of women undergoing crisis situations such as divorce and abuse. Under the President's Challenge 2003, her company, Hyflux is a co-sponsor of the "Empowering Women" program behind the concept "Women Helping Women" with 100 female volunteers from the private, public and people organizations befriending 100 women who have suffered from emotional, physical and social abuses. For her community work, Olivia received many accolades. She is a Nominated Member of Parliament (NMP), Board member to the Standards, Productivity & Innovation Board (SPRING), Entrepreneur of the Year in Ernst & Young Entrepreneur of the Year Award 2003. Hyflux also won a place in Forbes Global Magazine's list of the World's 200 best small companies in 2003.

Despite the success, Olivia does not sit on her laurels. She wants to make Hyflux a global enterprise, an international name offering complete water treatment solutions. She is now leading the charge to promote "Aquosus," a 19 liter capacity hot/cold water dispenser that makes water from thin air. She hopes that this retail water dispenser together with a table top model will become standard household appliances in all homes. One third of the world's population is without drinkable water with its attendant high incident of endemic diseases. Olivia believes that with the scalable water treatment plant that Hyflux manufactures, one day, the world will be rid of the scourge of diseases such as dysentery, cholera and typhoid.

Olivia lives and breathes the life of a consummate entrepreneur. Her journey in life is to be a sterling testimony as God's trophy of grace. In her exemplary lifestyle of being transparent and fair in her business dealings, she has indeed lived up to be a woman of significance in God's kingdom.

고난을 통해 만난
사랑의 하나님

글 연세대 법학과 교수 **이화숙**

하나님을 만나기 전

어린 시절 책읽기를 좋아하여 조숙했던 나는 막연하게나마 진리와 정의를 인생의 목표로 삼아 뜻 깊은 삶을 살자고 결심한 기억이 있다. 법학과에 입학한 것도 법학이 정의를 추구하는 학문이 아닐까 하는 생각에 터 잡은 것이었다. 그러나 법학을 공부하자마자, 법학이 정의만을 추구하는 학문이 아니라는 것 그리고 인류 역사를 통해 영구불변의 진리와 정의는 없음을 곧 알게 되었다. 그래서 내가 죽으면 묘비에 "헤매다 갔노라."고 써달라는 농담으로 마음속의 방황을 표현하기도 하였다.

한때, JOY라는 영어예배모임에 참석하면서 하나님이 진리임을 알 수 있는 기회가 있었다. Jesus first, Others second, and You third의 첫 글자를 딴 조

230

이는 하나님과 이웃을 우선하면 기쁨이 온다는 뜻을 지녔는데, 이름 그대로 조이 사람들의 기쁨에 찬 아름다운 모습은 세상 고민을 혼자 짊어진 듯 심각한 법학도인 나에겐 큰 충격이었다. 그들이 부러운 나머지 성경공부와 예배에 열심히 참석하였으나, 내가 죄인이라는 것, 예수님이 십자가에서 나의 죄를 짊어지셨다는 것을 믿을 수 없을 뿐 아니라 그들이 누리는 기쁨도 이해되지 않자 그곳을 떠나기로 하였다.

조이를 떠나니 예수님·진리·자유 등의 단어가 주는 구속으로부터 자유롭게 되어 한편으로 시원하면서도 다른 한편으로는 내가 찾던 진리가 바로 성경에서 말하는 그 진리가 아닐까 하는 의구심으로 괴로워하기도 했지만 애써 그 막연한 두려움을 지워버리곤 했다. 그렇게 결혼도 하고 두 딸을 낳고 바쁘게, 소위 남들이 부러워하는 삶을 살게 되었다.

그런데 30대 중반에 유방암에 걸렸음을 알게 되었다. 수술실에 실려 들어가면서, 자존심을 누르고 처음으로 하나님께 기도라는 것을 했다. 살려만 주시면 당신을 알기 위해 교회에 나가겠노라고. 그리고 건강을 회복하면 대학원에 진학해서 공부를 계속하고 싶다고 결심했다. 다행히 초기였으므로 건강을 회복하였다. 그 후 제일 먼저 한 일은 대학원에 진학한 일이었다. 이제는 하나님과의 약속을 지킬 차례인데 나는 하나님께 한 가지 제안을 하였다. 내 발로 교회를 찾아가기는 싫고 또 수많은 교회 중에 어떤 교회가 좋은 교회인지도 알 수 없으니 당신이 누군가를 보내서 좋은 교회로 안내해 달라고. 그런데 그 사람은 내가 거절하더라도 지치지 않고 강권해야 한다고, 그럼 당신이 보낸 사람인 줄 알겠노라고. 그리고 그 약속으로부터 벗어났다.

하나님은 나의 그런 뻔뻔스런 제안을 들어주셨다. 학교에 가기 위해 집을 나설 때면 언제나 제자훈련을 받기 위해 사랑의교회로 향하는 윤 집사님이란 분을 엘리베이터에서 만나는 '사건'이 발생한 것이다. 그분은 처음에는 조심스럽게 그리고 점차 그 강도를 더하여, 함께 교회에 나갈 것을 (나중에는 불쾌할 정도로) 강권하기 시작하였으므로 도저히 발뺌을 할 수 없었다. 그렇게 해서 사랑의교회에 나가기로 하고 예배에 참석한 첫날, 마치 돌아온 탕자처럼 마음이 평온해지면서 이유를 알 수 없는 눈물이 펑펑 쏟아지는 것이었다. 나의 우는 모습을 보면 윤 집사님이 너무나 좋아할까봐(?) 들키지 않으면서 울려고 애쓰던 기억이 새롭다.

교회 출석과 구원의 확신

그때부터 주일예배와 다락방에 출석하였다. 긴 방황 끝이라서인지 구원의 확신을 갖게 되었다. 그런데 문제는 다락방에서였다. 마치 법조문 해석하듯이 따지듯 성경을 읽다보니 이해되지도, 믿어지지도, 은혜가 되지도 않았다. 다락방에선 금방 문제아(?)가 되었다.

그런 중에도 남편에게 권하여 함께 교회에 나가게 되었는데 점차 세상이 나를 부르기 시작하였다. 전임교수가 되어 바쁘게 지내다 보니 예배 시간엔 졸기 일쑤였고, 다락방에도 출석할 수 없었다. 남편도 일의 노예이기는 마찬가지였다. 그 무렵 내가 또 다시 유방암에 걸렸음을 알게 되었다. 첫 수술 후 10년 만에, 이번엔 왼쪽이었다.

그런데 그때는 이미 강의와 연구 등이 나의 유일한 화두이고 생활이었으므로 하나님께 기도할 마음의 여유가 없었다. 의사선생님의 걱정을 들으며, 퇴원한 다음날부터 학교로 달려가 강의하고 논문 쓰는 일을 계속하면서 이러한 태도를 성실함, 책임감, 열심 있음으로 착각하였다. 그 즈음부터 뭔가 잘못되었다는 생각이 들기 시작하여 다시 하나님 앞으로 나가기로 결심했을 때, 이번엔 건강하던 남편이 뇌출혈로 쓰러져 식물인간이 되었다.

고난을 통해 살아계신 하나님을 만나고

그 일로 나에겐 절망만이 남아 있는 줄 알았다. 그러나 하나님은 기다렸다는 듯이 그 외롭고 절망적인 상황에 있는 나를 찾아오셨다. 목사님과 함께 야고보서 5장 15절 말씀을 읽고 기도하는 중에 살아계신 하나님을 만난 것이다. "믿음의 기도는 병든 자를 구원하리니, 주께서 그를 일으키시리라."는 말씀이 (평소와는 달리) 나에게 주시는 약속의 말씀으로 믿어졌다. 하나님이 살아 계시는구나 하는 놀라움과 소망을 안고 기도를 마친 나는 더 이상 식물인간이 된 남편을 가진 불행한 여인, 동정 받아야 할 여인이 아니라 하나님을 만난 승리자가 되어 있었다.

그때부터 내 인생은 달라졌다. 나는 마치 목마른 사슴처럼 하나님과 예수님이 어떤 분인지 알고 싶어 성경을 읽고 기도하는 한편, 모든 예배와 기도모임과 신앙서적 읽기에 들어갔다. 책읽기는 나의 특기였으므로 논문 쓰던 열정을 성경과 신앙서적 읽기에 투자하면서 드디어, "하나님은 사랑"이심을 알게 되었다.

지금도 잊을 수 없는 경험은 이사야서 53장 5절의 말씀에서 비롯된 깨달음이다. "그가 찔림은 우리의 허물 때문이요 그가 상함은 우리의 죄악 때문이라. 그가 징계를 받으므로 우리가 평화를 누리고 그가 채찍에 맞으므로 우리가 나음을 받았도다."는 말씀을 읽던 중에 '바로 내가 죄인이구나, 나 때문에 예수님이 십자가에서 죽으셨구나. 그런데 예수님이 사흘 만에 부활하심으로 내가 하나님의 자녀로 거듭난 거구나, 그래서 예수님은 길이요 진리요 생명이시구나.' 하는 깨달음이 마치 흩어졌던 구슬이 꿰어져 아름다운 보석으로 태어나듯이 이어지는 것이었다. 나는 바닥에 엎드려 울고 또 울었다. 그때부터 성경에서 모순처럼 보이던 구절들이 사실은 보석 같은 진리임을 깨달았고, 남편의 생사까지도 하나님께 맡기게 되었다. 산천초목까지 아름답게 보이면서 물밀듯한 기쁨이 나를 지배하기 시작했다.

나는 이 깨달음의 단계를 고통의 학교에 입학하였다고 표현하곤 한다. 1학년 시절에는 "왜 나에게 이런 고난이?"라고 원망하는 단계라면, "내가 죄인임을 깨닫는" 2학년 시절을 거쳐, "고난이 유익이었다."고 고백하는 3학년 시절, "비록 원하는 대로 응답받지 못했을지라도(그리 아니하실지라도) 감사하게 되는" 4학년을 거쳐 그 고통의 학교를 졸업했다고 생각한다. 고통의 학교를 통과하면서 나는 JOY 사람들의 기쁨을 이해할 수 있었다. 어린 시절부터 막연히 찾아 헤매던 진리가 바로 예수님임을 알게 되었다.

그토록 오랫동안 헤매다가, 50이란 나이에 고난을 통해 비로소 진리를 발견한 나는 내가 만난 하나님, 하나님 자녀 된 특권, 하나님의 은혜를 혼자 누릴 수 없다고 생각했다. 옛날의 나처럼 어리석은 사람들에게 진리이신 하나님을 전하고 싶어 견딜 수 없었다. 그때부터 내가 학교에 가는 것은 복음을 전하기 위함이 되었고, 병원에 가는 것은 다른 환자와 그 가족과 간병인들에게 내가 만난 하나님을 증거하기 위함이었다. 사람들이 얼마나 힘드냐고 위로하면 그 순간을 놓치지 않고 내가 만난 하나님을 전하였으므로 나를 위로하려던 사람들이 오히려 나로부터 위로받고 돌아가는 기이한 일들이 벌어졌다. 남편의 귓가에 말씀을 전하고 기도하면 남편의 얼굴이 평안으로 환하게 바뀌는 일이 병원에서 화제가 되었고, 남편의 병상은 절망 대신에 감사와 기쁨이 넘치는 기적의 현장이 되었다. 그래서 나는 지금 그가 구원받고 천국에 있음을 확신한다.

놀라운 일은 성경을 이해하고 믿으려 했을 때는 이해되지도 믿어지지도 않았는데 믿는 마음으로 말씀을 읽으니 그렇게 오묘할 수가 없었다. 구약에서 신약에 이르기까지 왜 그리도 자주 두려워 말라, 놀라지 말라, 아무것도 염려하지 말라, 담대하라, 항상 기뻐하라, 범사에 감사하라 그리고 쉬지 말고 기도하라고 명하셨는지, 왜 모든 것이 합력하여 선을 이룬다고 말씀하셨는지도 깨닫게 되었다. 항상 기뻐하고 범사에 감사하라는 명령의 뒤에는 아무것도 염려하지 말고 강하고 담대히 나를 의지하면 내가 너의 짐을 대신 져 주고, 너의 고난을 축복으로 바꾸어 주시고, 모든 것이 합력하여 선을 이루어 주시겠다는 하나님의 약속이 숨어 있음도 발견하게 되었다. 이해하기 힘들던 "원수를 사랑하라."는 예수님의 말씀은 다음의 예화와 나의 경험을 통해 깨달을 수 있었다.

기찻길 주변의 어느 마을에 사는 아이들이 기차가 지나가면 장난삼아 돌을 던지곤 하여 많은 사람들이 다치는 사고가 발생하였다고 한다. 학교선생님들이 충고도 하고 야단도 쳤으나 아이들의 장난은 그치지 않았다고 한다. 그런데 새로 오신 선생님이 학생들에게 "기차가 지나가면 손을 흔들자."고 권하자 아이들은 손을 흔들기 시작했고, 기차에서 승객들이 마주 손을 흔들어주면서 아이들의 돌 던지기 장난은 그쳤다고 한다.

이 예화를 성경에 대입하면 "원수를 사랑하라."는 말씀이 참 훌륭한 대안임을 알 수 있다. 예수님은 원수를 미워하지 말라는 가르침만으로는 부족함을 아셨던 것 같다. 그래서 마태복음 5장 44절에서 원수를 사랑하며 핍박하는 자를 위하여 기도하라는 적극적인 대안을 가르치신 것은 아니었을까?

이 가르침이 얼마나 훌륭한 대안인지를 나는 경험을 통해 깨달을 수 있었다. 학창 시절에 의견 차이로 나를 참 괴롭게 하는 분이 있었다. "이 사람을 미워하지 말아야지." 하는 결심만으론 미움이 가시지 않는 것이었다. 그래서 원수를 사랑하고 너를 핍박하는 자를 위해 기도하라는 주님의 가르침에 따라 기도하기 시작했다. 기도했다고 하지만, 사실은 입술로만 (즉 믿지 않으면서) 그를 축복해 달라는 기도를 했던 것으로 기억한다. 그런데 놀랍게도 거짓말처럼 그에 대한 미움이 사라졌고, 평안을 찾을 수 있었으며, 그 사실조차 까맣게 잊고 지낼 무렵, 그가 나를 찾아와 사과를 하는 기적을 체험할 수 있었다. 우리는 예화를 읽으면 쉽게 감동하지만, 성경말씀은 진부한 것으로 치부하는 경향이 있다. 나도 그랬다. 그러나 나는 경험을 통해 주님의 말씀이 얼마나 훌륭한 대안이며, 진리인지를 다시 한 번 깨달을 수 있었다.

나는 시편 50편 15절 말씀 "환난 날에 나를 부르라. 내가 너를 건지리니 네가 나를 영화롭게 하리라."를 붙들고 기도하곤 했는데, 어느 날 우연히 14절에 "감사로 제사를 지내며"라는 전제가 붙어 있음을 보고, 감사가 가장 큰 은혜의 통로임을 깨닫기도 하였다.

이렇게 감사로 하나님을 증거하고 자랑하며 지내는 동안 하나님은 참 많은 축복을 부어주셨다. 예를 들어 남편이 일하던 회사에서는 남편이 천국에 들어갈 때까지 부사장 월급과 병원비를 지급하였고, 나는 그를 간병하면서도 학장, 행정대학원장, 사회과학 연구소장직을 수행하면서 참 많은 논문과 한 편의 저서를 간행할 수 있었다. 교회에서는 자청하여 제자훈련을 받기도 하였다. 무엇보다도 감사한 일은 3년 반 내내 감기 한번 앓지 않을 정도로 건강하여 낙심치 않을 수 있었다는 점이다. 주님은 마태복음 6장 33절에서, "너희는 먼저 그의 나라와 의를 구하라. 그리하면 이 모든 것을 너희에게 더하시리라."고 약속하신 그대로 그 모든 것을 부어주신 것이다.

남편은 3년 반의 투병 끝에 하나님 나라로 부르심을 받았다. 그를 천국으로 보내는 날, 나는 구원받은 영혼의 죽음은 절망과 패배가 아니라 하나님 나라로 들어가는 축복임을 알림과 동시에, 많은 영혼이 구원받을 수 있는 기회로 삼으리라고 결심하고 장례식 대신 천국환송예배로 드리면서 시신기증식을 겸하여 드렸다. 그 환송예배를 통해 많은 영혼이 구원을 받았으며, 우리도 저렇게 죽자고 결심하였다는 분들의 뒷이야기를 전해들을 수 있었다.

은혜를 받는 중에도 내게는 여전히 많은 문제가 있었다. 그러나 문제는 곧 축복으로 가는 지름길이기도 했다. 내게 문제가 생길 때마다 나는 "그 땅을 모두 네게 주었으니"라는 여호수아 1장 3절의 말씀과 특히 그 시제가 과거형임에 유의한다. 그리고 이어 두려워 말라, 강하고 담대하라, 기뻐하라, 감사하라는 말씀이 명령형임에 유의하곤 했다. 모세가 믿음으로 지팡이를 내리쳤을 때 홍해가 갈라진 기적이 있었듯이, 말씀을 하나님의 약속으로 굳게 믿고 감사하면서 순종(행함과 선포)할 때, 하나님은 말씀대로 이루어주시는 응답을 주셨던 것이다.

내가 담대한 믿음을 통해 응답받은 경험 한 가지를 소개한다. 큰 딸 효민이는 미국 대학 3학년 때 교환학생으로 영국 LSE에서 공부하고 있을 무렵 아빠가 쓰러졌다는 소식을 듣곤 급히 한국에 나왔다가 부득이 한 학기를 휴학하게 되었다. 아빠의 위독한 상태가 지속되자 영국에서의 공부를 마치고 다시 미국으로 돌아가 다니던 학교를 졸업한 후 CPA 시험을 준비하고 있을 때 비자가 만료되었다. 한국에 돌아와 다시 비자를 받아야 했지만 시험을 앞두고 있었고, 대학원 진학을 준비하는 것도 아니었으므로 귀국할 상황도, 여유도, 경황도 없었다. 딸은 그 후 대학원 시험에 합격하고 입학허가를 받아 개강을 일주일 앞둔 시점에서 아빠가 하나님 품으로 돌아갔다는 소식을 들었다. 변호사에게 문의하니, 지금 귀국하면 다시 들어오지 못하니 나가면 안 된다고 하는데 어쩌면 좋으냐고 물었을 때, 나는 "하나님이 길을 열어주실 것"이라고 하면서 더 알아보라고 하였다. 열 번째 통화한 미국 변호사는 예외조항이 있으니 염려 말고 장례식에 참석하고 돌아오라고 하여 그 말을 믿고 아빠의 장례식에 참석할 수 있었다.

그런데 장례식이 끝난 지 2주일이 넘도록 비자 소식이 없자, 딸애는 할 수 없이 대학원을 휴학할 수밖에 없었다. 참 난감한 상황이었지만 나와 두 딸은 모든 것을 하나님께 맡기고 그러한 상황조차 감사하면서, 그동안 은혜 받은 말씀을 함께 나누기 시작했다. 그런데 그동안 기록해둔 은혜 받은 내용을 모두 함께 소화한 지 사흘 만에 입국허가가 나온 것이 아닌가. 딸 효민이는 비자가 만료된 상태에서 미국에 당당히 입국하여 대학원에서 컴퓨터 사이언스를 공부할 수 있었을 뿐 아니라, 모든 문제는 그 안에 부활을 간직하고 있음을 확신하는 담대한 믿음의 소유자로 거듭날 수 있었다.

법조인 선교회 헌신

남편이 천국으로 돌아간 얼마 후 법조선교회에 들어가 동역자들과 함께 하나님이 주신 꿈을 이루어갈 수 있었다. 그 꿈은 우리 하나님의 자녀들 때문에 한국 땅에 정직한 영이 새롭게 되는 것, 나아가 크리스천 법률가들이 그 일에 앞장섬과 동시에 선한 사마리아인 역할을 하는 것, 아시아 각국의 크리스천 법률가들과 합력하여 종교의 자유와 정의실현에 앞장서는 것, 크리스천 사이의 분쟁을 화해로 이끄는 피스메이커가 되는 것 등이었다. 이런 꿈은 하나님이 기뻐하신 일이었는지 하나님은 우리의 길을 인도하시고 지경을 엄청나게 넓혀주고 계신다.

그 한 예는 2001년도에 서울에서 열린 아시아기독법률가대회였다. 아시아의 기독법률가 또는 기독교에 관심을 갖고 있는 법률가들이 서울에 모여 하나님 말씀을 경청하며 은혜와 기도제목을 나누었는데, 하나님은 영혼구원을 위한 우리의 기도에 얼마나 정확히 응답하셨는지 "하나님은 정말 살아계시는구나, 하나님은 우리의 기도를 들으시고 응답하시는구나, 특히 영혼구원을 위한 기도를 기뻐하시는구나!" 하는 탄성이 절로 나올 정도로 은혜로운 대회(사실은 부흥회)였다.

그중에도 가장 감격스런 일은 W국에서 온 법대 학장의 고백이었다. 그분은 무슬림으로, 그 대회가 크리스천 대회임을 모르고 참석했다면서 기도하고 찬양하는 프로그램에 몹시 화를 내고 큰소리로 항의하여 간사들을 쩔쩔매게 하던 분이었다. 그의 항의가 감사함으로 반전된 계기는 대학교를 방문하면서 만난 친절한 크리스천들과 '발전된 한국'이었다. 그분의 요청으로 내가 근무하던 경원대학교와 서울대를 돌아본 후 우연히 들른 서울대 대학원 수업(놀랍게도 그 수업은 국제법 시간이었는데 그분의 나라를 마침 공부하던 중이었다!)에서 그는 이렇게 말하여 우리를 놀라게 하였다. "나는 오늘 참 많은 친절한 크리스천 교수들을 만나면서 많은 생각을 했다. 한국의 발전을 인도하고 축복한 분은 '하나님'이라는 확신을 갖게 되었다."는 고백을 하면서 자기 나라도 "회개하고 하나님을 만날 수 있도록, 한국처럼 발전할 수 있도록 기도해달라."는 부탁을 한 것이다. 그 대회에서 받은 하나님의 응답과 기적의 역사를 소개하고 싶지만 짧은 지면이 안타까울 뿐이다. 어쨌든 하나님은 우리에게 영적인 응답뿐 아니라 물질적인 축복도 주셔서 돈이 없어 참석할 수 없는 법조인들에게 여비와 숙박비를 부담할 수 있게 하셨다.

법조선교회에서 활동하던 중에 뜻밖에도 JOY분들의 소식을 듣고 직접 만날 수도 있었다. 그 중 한분이 김인수 장로님이다. 이분은 내가 조이에 다닐 때 회장님이셨는데, 고졸학력으로 회장을 하고 계셨고, 이대를 졸업하고 미국에 유학하여 석사학위를 받은 김수지라는 분과 결혼하여 "바보온달과 평강공부의 결혼"이라는 놀림을 받기도 한 분이다. 그 후 이 분은 야간대학을 졸업하고 두 분이 함께 미국으로 유학, 박사학위를 받은 후 우수한 논문을 발표하여 국제적인 명성을 얻으셨다. 그리고 카이스트 교수를 거쳐 고대교수로 재직(부인은 이대교수)하면서 기독교윤리실천 운동을 이끄는 동안 그의 정직성과 범사에 감사하는 모습 그리고 국제적으로 인정받는 탁월한 논문으로 학계와 교계에 신선한 충격을 던져준 분이다. 우리 법조선교회에서 특강 강사로 김 장로님을 초청한 것을 계기로 이분을 다시 만나 지난 30년 동안 하나님의 인도하심을 들을 수 있는 행운을 맛보기도 하였다. 그런데 참 아쉽게도 정년퇴직을 불과 몇 개월 앞두고 천국으로 훌훌 떠나셨다.

법조선교회 활동을 하면서 주님의 은혜는 참으로 역설적임을 다시 한번 체험할 수 있었다. 하나님은 자신을 담대히 믿고 어린아이처럼 순종하는 자녀를 기뻐하시는 것 같다. 누군가, "주님은 우리 주위에 많은 보물을 가지고 숨어 계시되, 발견되기 위해 숨어 계시는 분이다."라고 표현하였던데, 얼마나 적절한 말인지.

정감운동과 윌버포스 그리고 클레팜 공동체

하나님은 남편을 간병하면서 법대 학장직을 무리 없이 수행하였음을 칭찬하고 격려하기 위함이셨는지 2002년 여름에 미국 버지니아대학 로스쿨에서 연구년을 보내면서 재충전할 수 있는 기회를 주셨다. 미국으로 떠날 때 나는 복음의 빚을 갚으러 가오니 미국에서 복음을 전하게 해달라는 담대한 기도를 드리며 떠났는데 하나님은 그 기도에도 응답하셨다. 하나님은 어쩌면 그리 정확하게 응답하시는 분인지 감탄할 수밖에 없다. 특히 영혼구원을 위한 기도를 얼마나 기뻐하시는지 새삼 깨달은 1년이었다. 우선 Jean이라는 친구를 만나 그 친구와 함께 기도하고 교제하며 미국인들에게 간증할 수 있었고, 진과 함께 크리스티나라는 여성을 위해 기도했는데 그가 우울증에서 치료되어 기뻐하는 모습을 직접 눈으로 보면서 '우리의 기도에 응답하시는 하나님', '살아 역사하시는 하나님'을 체험할 수 있었다. 하나님은 나와 사랑의 밀어를 나누고 싶어 나를 샬롯츠빌이라는 광야로 인도하신 것 같다는 위대한 착각(?)을 하면서 보낸 감격의 1년이었다.

또 하나의 부담으로 갖고 있던 주님의 부르심은 바로 정직과 감사에 대한 소명을 받았다는 것이다. 애초에 하나님을 인격적으로 만나면서 내가 갖게 된 의문은 크리스천 법학자로서 무엇을 해야 하나라는 것이었는데, 하나님은 기도중에 정직운동을 생각나게 해 주셨고 그 생각은 늘 나의 부담이 되었다. 그래서 법조선교회에서 정직운동을 전개하자고 주장하다가 연구년을 떠나게 되었는데 미국에서 기도하며 생활하는 중에 하나님은 감사라는 단어를 덧붙여주셨다. 그래서 하나님이 나에게 주신 소명은 거짓과 불평이 많은 한국사회에서 정직과 감사를 운동차원으로 전개하라는 것임을 확신하게 되었다. 정직과 감사의 비전을 안고 귀국한 나는 법조선교회 회장을 맡은 것을 계기로 더욱 열심히 그리고 기회 있을 때마다 정직과 감사운동을 역설하였다.

하나님은 그 꿈을 이룰 수 있도록 도와주시고 함께하여 주시고 강력한 지원군을 보내주셨다. 하나님은 정석보다는 의외성을 좋아하시는 듯 언제나 뜻밖의 사람과 의외의 사건을 통해 일하시고 응답하시는 듯하다. 어느 날, 별생각 없이 평소에 존경하던 고직한 선교사를 만나 정직과 감사에 대한 나의 꿈을 의논하였는데 그 불씨가 고 선교사님을 통해 널리 널리 번져나가게 되었다. 내 말을 들은 그분은 우선, "정직한 나, 감사하는 우리, 정감 넘치는 우리 사회"라는 멋진 슬로건을 만들어 내었고, 사랑의교회 오정현 목사님을 만나 법조선교회에서 정감운동을 준비 중이라는 것과 그 취지 및 슬로건을 전하였는데, 그 슬로건은 평소에 기독교 사회책임의 꿈을 간직하고 있던 오정현 목사님의 심금을 울렸다. 그리고 그 정감운동의 불씨는 오 목사님을 통해 사랑의교회 안에서 시작되어 교계와 사회로 급물살을 타고 번져나가기 시작하였다. 이런 과정을 간단히 요약하자면, 지난해 12월 4일 감격스런 정감운동출범예배를 드릴 수 있었고, 이어 정감가정예배와 정감함(일주일에 한번 온 가족이 모여 함께 음식을 준비하고 음식을 나눈 후 각자의 일주일을 회고하면서 감사의 표시로 정감함에 헌금하는 예배를 뜻한다. 이때의 불문율은 아무리 큰 실수라도 화를 내서는 안 된다는 것이며, 모인 돈은 가난한 이웃을 위해 쓰도록 권장된다. 정감예배를 통해 자녀들이 가정에서 실수를 용서받고 감사를 표하며 이웃을 돕는 사람이 될 수 있도록 기도하고 있다. 정감가정예배 매뉴얼은 QT 책자인 '날마다 솟는 샘물'

에 자세히 소개되어 있다.)이 사랑의교회에서 실천 중에 있으며, 정감아카데미(정감 교육을 통한 정감리더 양성학교), 정감넷 운동(인터넷을 통한 선물운동), 정감뱅크(일종의 패자부활을 돕는 은행), 공동체 자본주의(나눔 운동)등을 준비 중에 있다. 이 모든 일은 정감운동자원봉사자들의 헌신을 통해 전개되고 있으니 놀랍기만 하다.

한편, 정감운동을 전개하면서 정감운동에 뜻을 모은 동지들은 윌버포스에 관한 책을 통해 무질서하던 영국 사회를 개혁하고 노예매매금지법안을 통과시킨 윌버포스라는 인물과 그의 개혁의지를 기도로 도운 클레팜 공동체를 발견하고 그들을 우리의 역할 모델로 삼을 수 있었다. 뜻밖에도 2007년이 노예무역금지법안이 통과된 지 200주년이란다. 이를 기념하기 위해 미국과 영국에서는 윌버포스의 사회개혁을 주제로 한 영화, 〈Amazing Grace〉를 개봉하였다. 이 영화는 한때 노예무역중개상이었던 존 뉴톤 목사님이 지은 찬송가이니 제목만 들어도 은혜로운 사건임에 틀림없지 않은가? 이 영화를 계기로 우리 모두는 다시 한번 하나님 안에서의 우연을 통한 개입을 경험할 수 있었다. 영국에서 DVD를 구입하여 두 차례나 감상하면서, 하나님의 소명을 받은 한 사람이 얼마나 사회에 선한 영향력을 행사하는지를 깨달음과 동시에 하나님의 정감사랑이 온몸으로 전해지는 듯한 감격을 맛볼 수 있었다. 이 영화는 2008년 봄에 우리나라에서 상영될 예정이다. 하나님의 자녀들이 정감을 행할 용기와 사명을 다질 수 있기를 기도하고 있다. 또한 하나님의 자녀들이 이웃을 초청하여 영화를 함께 감상하면서 복음을 들을 수 있기를 기도하고 있다.

나 하나 꽃 피어

악한 세상을 보며 낙심하던 나에게 잔잔한 감동과 깨달음을 던져주었던, 조동화 님의 시 "나 하나 꽃피어"를 소개하고자 한다. 내가 정감하고 네가 정감하면 우리 사회가 온통 정감 넘치는 사회가 될 것을 꿈꾸며 이 시로 글을 마친다.

나 하나 꽃피어 풀밭이 달라지겠냐고 말하지 말아라

네가 꽃피고 나도 꽃피면 결국 풀밭이 온통 꽃밭이 되는 것 아니겠느냐

나 하나 물들어 산이 달라지겠냐고도 말하지 말아라

내가 물들고 너도 물들면 결국 온 산이 활활 타오르는 것 아니겠느냐

이화숙 교수 _연세대학교 법학과 교수. 사랑의교회 권사이자 교회 내 법조선교회 회장으로 정감운동을 시작하였고, 현재 법무부 사법시험관리위원회 부위원장으로 섬기고 있다. 이 글은 2007년 캠퍼스선교를 위해 썼다.

연세를 향한 하나님의 뜻

글 연세대 교육과학대학 스포츠레저학과 교수 **전용관**

연세대학교에 오기까지

요즘 한참 뜨고 있는 이순신 장군과 알렉산더 대왕, 우리의 영원한 누님이신 유관순 그리고 복음 전도자로 널리 알려진 D. L 무디. 이분들의 공통점 중에 하나는 모두가 이미 돌아가셨다는 것이다. 아무리 잘 나가는 사람이라고 할지라도 우리의 목숨은 길어야 80~90이다. 이것이 우리의 운명이다. 그렇기 때문에 어떻게 태어나 어떻게 살았는가도 중요하지만 어떻게 그리고 무엇을 위해서 죽을 수 있는지에 대한 명확한 답을 가지고 살아가는 것도 중요한 일이다.

하나님은 지금까지 나에게 세 가지 일에 내 목숨을 내려놓으라고 하셨다. 첫째는 캐나다의 부흥이다. 1997년 하나님께서 나에게 처음 캐나다 에드먼튼의 부흥을 말씀하시기 시작하실 때에, 하나님은 나에게 물으셨다. "Would you still praise me if I take your life and use it for the revival in Edmonton?"("내가 너의 목숨을 사용하여 이곳 에드먼튼의 부흥을 위해서 사용한다고 할지라도 너는 나를 찬양할 수 있겠느냐?") 하나님이 나에게 하신 이 물음은 상당히 실제적인 질문이었다. 나는 살면서 여러 번 죽을 뻔 했다. 그렇기 때문에 나에게 죽음이란 문제는 상당히 실제적인 문제였다. 그때 나는 "하나님! 저를 데리고 가시면 믿지 않는 우리 가족과 이제 5개월 된 아들과 아내는 어떻게 합니까?"라고 하며 대답을 회피했다. 하나님은 약 3일에 걸쳐서 같은 질문을 계속 물으셨고, 대답을 회피하고 있는 나에게 구체적인 예를 들어주셨다. 하나님이 나 없이도 어떻게 우리 가족을 구원하실 수 있는지 그리고 어떻게 아들 기준이와 아내 진아를 보살피실 수 있는지를 보여주셨다. 나는 기꺼이 "주님! 만약 주님께서 이곳 에드먼튼의 부흥을 위해서 저의 목숨을 사용하시기를 원하신다면 그리 하십시오. 주님을 찬양합니다."라는 대답을 할 수 있었다. 내가 하나님께 이 대답을 온전히 드렸을 때에 주님은 나를 사용하기 시작하셨고, 하나님은 알버타주립대학에, 에드먼튼에, 알버타 주에 그리고 캐나다의 영적 리더로 사용하기 시작하셨다.

그리고 하나님은 둘째로, 내가 캐나다 원주민을 위해서도 목숨을 내려놓을 각오를 하기를 원하셨다. 실제로 매 여름 원주민 마을로 선교를 갈 때마다, "하나님 주님의 손에 저의 목숨을 맡겨드립니다. 하나님 필요하실 때에 사용하십시오."라는 기도를 하게 하셨다. 그리고 마지막으로 하나님은 장애인을 위해서 나의 목숨을 걸라는 마음도 주셨다. 나는 93년도 봄, 하나님께서 장애인 체육의 부담감을 주신 이후로 지금까지 12년 동안 장애인 체육에 관련된 일들과 연구를 계속해오고 있다. 주님이 주신 몇 가지 꿈 중에 하나는 장애인 체육을 통해서 세계선교를 하는 것이다.

하나님은 캐나다의 부흥 준비가 한창이었던 2003년 8월 나를 극적으로 미국 보스턴으로 옮기셨다. 이미 그곳에 있을 집과 직장까지 모두 마련되었지만, 하나님의 최종 승낙을 받지 못하고 에드먼튼에 있을 때였다. 하나님은 나를 위해 계속 중보 기도를 해주시는 어떤 분을 통해 "You have to go to Boston! Boston is in trouble."이라는 말씀을 주셨다. 결국 미국에 가기로 예정된 날 바로 3일 전에, 엄청난 가격으로 비행기 표를 구입하고 아내와 6살 난 아들을 데리고 미지의 나라 미국 하버드대학교(의과대학 소속 비만당뇨 연구실)에 입성하게 되었다.

그 즈음에는 성령이 충만하여서, 손만 들어도 하나님의 충만한 임재하심을 느낄 수 있었다. 정말이지 내가 "주여, 보스턴을 제 손에 붙여주십시오. 보스턴에 부흥을 주십시오."라고 기도하면 하나님이 보스턴에 놀라운 일들을 시작하실 것이라는 믿음을 주셨다. 하지만 나는 보스턴을 위해서 그런 기도를 할 수 없었다. 그런 기도를 할 때에는 내 목숨을 하나님의 손에 다시 맡겨드려야 한다는 것을 알았기 때문이었다. 다시 말해서, 나에게 아직 보스턴을 위해서 나의 목숨을 내려놓을 정도의 사랑이 없었기 때문이었다.

보스턴에 도착한 후 좋은 교회를 찾을 수 있었다. 그러나 나의 믿음이 급속도로 땅에 떨어지는 것을 경험하였다. 손만 들어도 하나님의 임재를 깊게 체험하던 영적 민감성은 어디론지 사라져버렸다. 기도를 할 수도 없고, 말씀을 봐도 눈에 들어오지 않았다. 그리고 이전에 시험거리도 아니었던 것들에 시험 드는 나를 발견하게 되었다. 보스턴을 구원하는 믿음이 아니라 "주여 나를 구원하소서. 나의 믿음을 지키소서!"하고 기도할 정도의 믿음 상태가 되었다. 하나님은 내 마음의 상태를 보여주시며, 얼마나 내 안에 더러운 것들이 많았는지를 깨닫게 하시고 보게 하셨다. 그리고 이전에 내가 믿음으로 행했다고 믿었던 행동들과 스스로 의로웠다고 생각했던 일들의 많은 부분이 사실은 내 이기적이고 개인적인 야망이었다는 것을 보여주실 때에는 참으로 괴로웠다. 하지만 이때도 눈물로 주님께 회개하기보다는 그저 덤덤한 나를 발견하며 많이 힘들어했다. 마치 하나님은 내 마음속에 더러운 것들을 끄집어내시고, 나를 서서히 정결케 만드는 작업을 시작하신 것 같았다.

그래도 하나님은 회복의 하나님이신 것과 "God is the God of second chance."라는 말씀을 붙들고 하나님께 나아갔을 때 하나님은 나를 다시 회복시켜주셨다. 그리고 2004년 10월경부터 하나님은 다시 내게 말씀을 주기 시작하셨다. 내 안에 있던 영적인 은사들을 다시 회복하셨고, 다시 주 안에서 소망하게 하셨고, 보스턴을 위해서 기도하게 하셨다. 하나님은 하버드대학교와, 케임브리지 시의 회복을 꿈꾸게 하셨고, 도시를 위한 중보기도 모임에 나를 보내셨다. 다시 주님과의 깊은 교제 시간으로 나를 인도하셨다. 그리고 나를 사용하셔서 생명의 말씀을 선포하게 하셨고, 보스턴에 있는 중보기도자들을 격려하게 하셨다. 하나님은 하버드대학교, 케임브리지 그리고 보스턴을 마음에 품게 하셨다. 하지만 이렇게 보스턴을 위해서 기도하면서도, 마음속 깊은 곳에는 캐나다로 돌아가 캐나다의 부흥을 위해서 나를 헌신해야겠다는 생각을 늘 가지고 있었다.

하나님은 이때 내게 한국으로 돌아오는 문을 열기 시작하셨다. 모교인 연세대학교에서 장애인 체육을 전공한 사람을 임용한다는 광고를 보게 하신 것이다. 이 광고를 본 후부터 나는 깊은 고민에 빠졌다. 대학교 임용이라는 것이 쉽지 않은 것이고, 더군다나 연세대학교에 임용된다는 것은 더욱 어려운 일이라고 생각했다. 그러나 내가 원서를 넣으면 하나님이 되게 하실 것이라는 믿음이 생겼다. 나의 한국행은 결국 캐나다로 돌아가는 것을 잠시 아니 어쩌면 영원히 포기해야 하는 것을 의미하는 것이기에 상당히 힘든 결정이었다. 결국 기도 끝에 한국에 원서를 넣었고 면접을 보기 위해 한국에 도착했다. 그리고 바로 온 누리교회에 가서 앉았는데, 하나님은 내 마음에 네 글자를 새겨주셨다. 그것은 바로 "연, 세, 재, 건"이라는 말이었다. 그때만 해도 속으로 "연세대학교는 기독교 학교니까, 하나님께서 세우신 목적대로 회복시키기를 원하시겠구나."라고 생각했고 나와 직접적인 관련이 있다고는 생각하지 않았다.

면접과 공개 강의를 마친 후에, 10년 전 '성서와 기독교' 수업에서 내게 많은 격려를 해주셨던 교수님을 만나 점심을 먹었다. 그런데, 교수님과 대화하는 동안 하나님은 내 마음에 깊은 감동을 주셨고 나는 한없는 눈물을 흘릴 수밖에 없었다. 지금 생각해 보면 연세를 향한 하나님의 마음과 그 교수님의 연세 복음화를 위한 열정과 그에 따른 헌신의 무게 그리고 내 마음 깊은 곳에 있는 연세 안에 하나님 나라가 이루어지기를 사모하는 마음이 합쳐졌던 순간이었던 것 같다. 그래서 그 교수님과 함께 점심 식사하며 교제를 나누는 약 한 시간 반 동안 계속해서 흐르는 눈물을 주체할 수 없었다는 생각이 든다. 그리고 얼마 후에 교수님이 가르치시는 '성서와 기독교' 그리고 '신약 배경사' 수업에서 두 시간에 걸쳐 학생들에게 구원 간증과 캐나다에서 있었던 기도 부흥에 대해서 간증하였다. 그동안 하나님은 동일한 마음의 부담감을 주셨고 또 하나님이 친히 학생들 속에 역사하시는 것을 보게 하셨다. 그리고 처음으로 연세에 돌아오고 싶다는 간절한 마음을 품게 되었다.

이후 하나님은 내 기도를 바꾸셔서 연세에 돌아오게 해달라는 기도를 처음으로 하게 하셨다. 그리고 보스턴에 돌아가서 그곳의 중보기도자들과 기도하는 동안 하나님은 나를 더욱 사용하시기 시작하셨다. 나를 통해서 그곳의 중보기도자들을 격려하시고 세우시는 것을 내 눈으로 보면서 보스턴에 임할 하나님의 부흥을 사모하게 되었다. 그리고 캐나다에 대한 부담감 역시 내 결정을 더욱 힘들게 했다. 하지만 얼마 후 모교의 부르심에 일단 순종하기로 하고, 보스턴에 작별 인사를 하였다. 그때에 나와 함께 중보하던 분들은 나를 위해서 6개월 동안 중보하기로 작정하고, 나와 연세를 위해서 계속 기도해주었다. 그렇게 연세에 돌아오면서도 혹시 내가 하나님의 부르심에 불순종하고 있는지도 모른다는 두려움이 들었다. 그래서 한국에 오는 길에 캐나다에 있는 영적 아버지들께 들러서 함께 기도하고 또 보호하심의 기도를 받고 한국으로 오게 되었다. 그때만 해도, 일단 연세에 와서 보고, 하나님이 이곳에 있기를 원하지 않으신다면 바로 캐나다로 돌아간다는 생각을 가지고 있었다.

연세를 향하신 하나님의 뜻

하나님께서 나를 연세로 부르셨다는 것을 확신하기까지는 시간이 얼마 걸리지 않았다. 내가 교수님 수업에서 간증할 때에 만났던 네비게이토를 섬기는 이지열 형제를 만나 내 간증을 들은 후 지열 형제가 연합 기도모임을 함께 섬기게 되었다는 것을 들었다. 그리고 그 연합 기도모임에 역사하고 계신 하나님의 기름 부으심과 신입생 수련회에 임하신 하나님의 은혜를 나눌 때에 내 마음이 함께 뜨거워지는 것을 느꼈다. 그리고 그 연합기도 모임에 참석했다.

그곳에는 약 30여 명의 젊은 학생들이 기도하고 있었다. 하나님의 임재가 분명하게 나타나는 그런 기도 모임이었다. 그런데 갑자기 학생 중에 한 명이 "하나님의 부흥이 연세대학교에 임할 것이며, 이 부흥은 이화여자대학의 부흥과 함께 신촌의 부흥으로 이어질 것이며, 더 나아가 북한과 중국의 부흥으로 이어져 예루살렘까지 이어질 것입니다."라는 선포의 기도를 하였다. 그 선포를 듣는 순간 혼자 서 있을 수 없을 정도로 하나님의 감동이 강하게 임하였다. 이후 또 다른 학생이 다니엘 9장의 "곧 그 통치 원년에 나 다니엘이 서책으로 말미암아 여호와의 말씀이 선지자 예레미야에게 임하여 고하신 그 년 수를 깨달았나니 곧 예루살렘의 황무함이 칠십 년만에 마치리라 하신 것이니라."라는 말씀을 읽으며 연세에 있던 황무함이 마칠 것이라는 선포를 하는 순간 나는 앞으로 꼬꾸라져 숨을 제대로 쉴 수 없을 정도로 엎드려져 있었다. 이런 현상은 이전에 경험에 본 적이 없는 처음 있는 일이었다. 그날 기도회를 마치고 나오면서 나에게 드는 생각은 "하나님이 이 일들을 이루시겠구나. 이것은 하나님이 하시는 일이다. 인간이 영광 받으려고 하다간 잘못하면 죽겠구나."라는 것이었다.

이후 하나님은 연세 창립 120주년이라는 것의 의미를 깨닫게 하셨다. 그리고 120이란 숫자의 특별한 의미를 생각하게 하셨다. 내 속에서 다음과 같은 생각들이 정리되었다.

"하나님께서 120년 전에 언더우드 선교사님을 한국에 보내셨을 때에 그리고 세브란스(당시 광혜원) 설립자이신 알렌 선교사님을 보내셨을 때에 하나님은 한민족 복음화를 그리고 계셨다. 하나님께서 민족 복음화를 그리시면서 언더우드 선교사님과 알렌 선교사님을 통해서 세우신 곳이 바로 이곳 연세대학교이다. 지난 120년 동안 연세대학교가 민족복음화를 위해서 사용 받기는 했지만 그것은 지극히 일부에 지나지 않았다. 하나님께서 연세대학교를 세우실 때에 하나님은 120년 후인 지금을 바라보고 계셨다. 하나님은 연세대학교에 놀라운 부흥을 주실 것이고, 2만 연세인이 복음으로 거듭나고 예수님에게 돌아오고 성령의 충만함을 받을 때에 하나님은 연세를 통하여 지금 이때에, 한민족 전체의 복음화를 이루기를 원하신다."

학생들과 기도하기 시작한 지 1주일이 지나서 연세대학교 기독동아리 연합회(연기연)의 회장이며 기도모임을 인도하는 조성철 학생이 나에게 월요 기도모임에서 말씀을 증거해달라고 하였다. 나는 하나님의 인도하심을 구했지만, 하나님은 명확하게 말씀해주시지 않으셨다. 그래서 성철 형제에게 말씀을 증거할 수도 있고 그렇지 않을 수도 있다는 것을 기도 시작하기 전에 말해주었다. 찬양하고 기도하는 동안 하나님께서 내게 주시는 특별한 기름 부으심을 느끼지 못하였다. 그래서 내게 말씀을 전해달라고 하는 성철 형제에게 오늘 말씀을 못 전하겠다고 말하였다. 그리고 기도하기를 "하나님 오늘 제가 말씀을 전하기를 원하신다면 제게 사인을 주십시오."라고 하였다. 그런데 기도하자마자, 하나님은 바로 그 사인을 주시는 것이었다. 그래서 하나님께 다시 기도했다. 마치 기드온 같이 "하나님 이 사인으로는 충분하지 못합니다. 제게 더 강한 사인을 주십시오."라고 기도했다. 하지만 그 사인은 오지 않았고 말씀을 전하지 않기로 마음을 굳혔다. 그러나 그 순간 하나님께서 내게 이렇게 물으시는 것 같았다. "네가 사인을 보고 순종할래? 아니면 믿음으로 순종할래?" 순간 나는 당황하여 "하나님! 믿음으로 순종하겠습니다."라고 대답하고 황급히 성철 형제에게 말씀을 전하겠다는 손짓을 보냈다.

그리고 다니엘서 9장의 말씀을 읽고 하나님께서 민족 복음화를 위해서 연세를 세우신 것이 지금을 위함이라는 말씀을 전하고 17절에 "우리 하나님이여, 지금 주의 종의 기도와 간구를 들으시고 주를 위하여 주의 얼굴빛을 주의 황폐한 성소(연세대학교)에 비춰시옵소서."라고 기도하는 순간 내가 하나님에게 구하였던 두 번째 사인이 내게 임하는 것을 느꼈다. 순간 나는 내가 그날 전한 말씀이 주님이 원하시던 말씀이었음을 깨달았다.

이후 K 교수님, 이구용 선교사님, 임성일 교수님 그리고 다른 학생들과 이야기하는 가운데에 하나님은 나뿐만 아니라 많은 이에게 120년이 되는 올해에 하나님께서 연세대학교에 부흥주시기를 원하신다는 마음을 갖게 하셨다는 것을 깨달았다. 하나님은 창립 120주년이 되는 올해에 그 어느 때보다 많은 단과대학 그리고 과 기도모임을 다수 일으키셨다는 것을 알게 되었고 이것이 우연이 아니라는 믿음을 주셨다. 그리고 3월 말에 한 음식점에서 모였던 과 기도모임

대표자 모임에서 하나님께서 40일 금식기도(릴레이)를 하기를 원하신다는 마음을 학생들과 함께 받았다. 이후 이것이 하나님께서 원하시는 것인지 검증하기 위해서 학생들과 두 가지 조건을 이야기하면서, 이 조건들이 맞는다면 우리가 40일 동안 기도하고 마지막 날에 집회를 갖는 것이 하나님의 뜻일 거라고 이야기를 나누었다. 결국 하나님께서는 극적으로 이 두 가지 테스트를 통과하게 하셨다.

그래서 언더우드 동상 앞에서 매일 새벽 7시에 모여 기도하게 되었고 60명이 넘는 학생, 선교단체 간사님들 그리고 교수님들까지 릴레이 금식에 참여하였다. 기도하는 가운데에 하나님의 많은 은혜가 있었다. 40일 작정 기도 마지막 날, 각당헌에서 함께 뜨겁게 예배하였다. 연세대학교가 지은 과거의 죄 특히 신사참배의 죄를 회개해야 한다는 메시지를 어떤 교수님께서 전하셨고, 또 회개하는 시간을 가졌다. 그리고 내가 하나님의 말씀을 증거하게 되었고 모두 합심하여 연세대학교를 위해서 뜨겁게 기도하는 시간을 가졌다. 정말 감격스럽고 뜨거운 기도의 시간이었다. 이때에 캐나다와 미국 보스턴의 중보자들이 집회를 위해서 기도하였다. 보스턴의 중보기도자는 새벽 3시까지 주님께서 잠을 못 자게 하시고 기도하게 하셨다고 나중에 이야기해주었다. 그리고 기도하는 가운데에 하나님께서 연세대학교에 큰 부흥을 주실 것이라는 확신을 주셨다고 했다.

참 신기하고 재미있는 것은 우리가 특별하게 계획한 것도 아니었는데, 40일 금식기도를 시작한 날이 바로 4월 5일로 언더우드 선교사님이 한국에 도착하신 날이었고 금식기도가 끝난 5월 14일이 연세 120주년 창립기념일이었다는 것이다. 하나님이 반드시 연세대학교에 큰 부흥을 주실 것을 믿는다. 언더우드 선교사님은 처음 이 땅에 오셨을 때에 이런 기도문을 작성하셨다.

"오 주여, 지금은 아무것도 보이지 않습니다.

주님, 메마르고 가난한 땅,

나무 한 그루 시원하게 자라 오르지 못하고 있는 땅에

저희들을 옮겨와 앉히셨습니다.

그 넓고 넓고 넓은 태평양을 어떻게 건너왔는지 그 사실이 기적입니다.

주께서 붙잡아 뚝 떨어뜨려 놓으신 듯한 이곳,

지금은 아무것도 보이지 않습니다.

보이는 것은 고집스럽게 얼룩진 어둠뿐입니다.

어둠과 가난과 인습에 묶여 있는 조선 사람뿐입니다.

그들은 왜 묶여 있는지도, 고통이라는 것도 모르고 있습니다.

고통을 고통인 줄 모르는 자에게 고통을 벗겨주겠다고 하면

의심부터 하고 화부터 냅니다.

조선 남자들의 속셈이 보이지 않습니다.

이 나라 조정의 내심도 보이지 않습니다.

가마를 타고 다니는 여자들을 영영 볼 기회가 없으면 어찌하나 합니다.

조선의 마음이 보이질 않습니다.

그리고 저희가 해야 할 일이 보이지 않습니다.

그러나 주님, 순종하겠습니다.

겸손하게 순종할 때 주께서 일을 시작하시고,

그 하시는 일을 우리들의 영적인 눈이 볼 수 있는 날이 있을 줄 믿나이다.

'믿음은 바라는 것들의 실상이요, 보지 못하는 것들의 증거이니…'라고 하신 말씀을 따라

조선의 믿음의 앞날을 볼 수 있게 될 것을 믿습니다.

지금은 우리가 서양귀신, 양귀자(洋鬼子)라고 손가락질을 받고 있사오나,

저희들이 우리 영혼과 하나인 것을 깨닫고

하늘나라의 한 백성, 한 자녀임을 알고

눈물로 기뻐할 날이 올 것을 믿나이다.

학교도 없고 그저 경계와 의심과 멸시와 천대만이 가득한 곳이지만

이곳이 머지않아 은총의 땅이 되리라는 것을 믿습니다.

주여, 오직 제 믿음을 지켜주소서."

120년 전 말 그대로 황폐한 한국 땅에 언더우드 선교사님은 한국이 아직 복음을 듣지 못했다는 이유 하나만으로 이곳에 오셨다. 그리고 믿음의 눈으로 연세대학교를 세우셨다. 비록 본인의 눈으로 변화된 한국 땅을 보지는 못하셨지만, 언더우드 선교사님은 믿음으로 순종하셨고 그 결과 지금의 연세 그리고 지금의 한국이 있을 수 있었다.

하나님은 지금 연세대학교에 믿음의 세대를 일으키시기를 원하고 계신다. 연세대학교를 향하신 하나님의 뜻은 명확하다.

"하나님은 모든 사람이 구원을 받으며 진리를 아는 데에 이르기를 원하시느니라"

디모데전서 2장 4절

하나님은 연세대학교의 모든 영혼들이 예수 그리스도를 알고 구원에 이르기를 원하신다고 하신다.

"그를 향하여 우리의 가진 바 담대함이 이것이니 그의 뜻대로 무엇을 구하면 들으심이라 우리가 무엇이든지 구하는 바를 들으시는 줄을 안즉 우리가 그에게 구한 그것을 얻은 줄을 또한 아느니라"   요한일서 5장 14~15절

"너희는 이 세대를 본받지 말고 오직 마음을 새롭게 함으로 변화를 받아 하나님의 선하시고 기뻐하시고 온전하신 뜻이 무엇인지 분별하도록 하라" **로마서 12장 2절**

연세를 향하신 하나님의 뜻은 연세의 모든 이들이 구원 받는 것이다. 이 뜻대로 우리가 구할 때에 하나님은 우리의 기도를 반드시 응답하실 것이다. 하나님은 반드시 그리하실 것이다.

전용관 교수 _연세대 교육과학대학 스포츠레저학과 교수로 장애인 올림픽 위원회 회장인 알버타대학 지도교수와 함께 장애인 올림픽과 장애인 재활을 위해 적극적으로 일하고 있다.

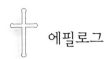

에필로그

복음이란 무엇입니까?

글 연세대학교 용재특임교수 **김정주**

여러분! 이 책에 글을 쓴 분들처럼 예수 그리스도를 믿고 멸망의 길에서 돌이켜 영생의 길로 나아가고 싶지 않습니까? 우리는 어떤 존재인지 그리고 예수 그리스도는 누구이신지, 우리가 어떻게 구원받는지, 영혼의 구원을 위하여 진지하게 생각하는 모든 사람들을 위하여 아래 다섯 가지 질문들을 염두에 두고 성경이 선포하는 기쁜 소식, 복음을 간단히 요약하려고 합니다.

1. 우리는 어떤 존재입니까?
2. 하나님은 어떤 분이십니까?
3. 그리스도는 누구이시며 어떤 일을 하셨습니까?
4. 어떻게 하면 구원을 받을 수 있습니까?
5. 한 번 구원받은 후에 다시 타락할 수 있습니까?

256

첫째, "우리는 어떤 존재입니까?" 성경은 모든 사람은 하나님 앞에 전적으로 타락한 죄인임을 보여줍니다.

창세기에 보면 모든 인간은 하나님의 피조물로서 원래 하나님의 형상대로 창조되었음을 보여줍니다(창세기 1장 26~27절). 첫 사람 아담은 하나님의 거룩하심과 지혜, 선하심을 모두 가진 존재로 창조되었습니다. 그러나 아담이 하나님께 불순종하여 타락한 후, 인간은 하나님의 형상을 잃어버리게 되었습니다. 로마서 3장 23절 말씀대로, 인간은 하나님의 형상, 곧 하나님의 영광을 잃어버린 것입니다.

"모든 사람이 죄를 범하였으매 하나님의 영광에 이르지 못하더니."

16세기 에라스무스는 인간은 타락한 후에도 선한 요소가 남아 있다고 하는 인본주의적 인간 이해를 피력했습니다. 이를 반박하면서, 마틴 루터는 에라스무스의 오류를 드러내기 위하여 로마서 8장 7절 말씀을 인용하면서 묻습니다. "하나님과 원수 되어 하나님의 법에 순종하지도 않고, 순종할 수도 없는 자연인이 어떻게 선을 행할 수 있겠는가?" 이와 같이 칼빈도 기독교강요 첫 장에서 인간은 전적으로 타락한 존재임을 정확하게 통찰하고 강조했습니다. 우리 자신이 선한 데가 조금도 없는 죄인임을 깨달아 아는 것이 진리를 아는 첫걸음입니다. 우리가 죄인임을 깨닫고 자신에게 철저히 절망할 때, 우리는 선하신 하나님께 도우심을 구하러 달려가게 되기 때문입니다.

안타깝게도 오늘날 너무 많은 청년들이 죄의 노예로 살아가고 있습니다. 술, 담배, 마약, 음란, 미신, 거짓, 탐욕, 우상숭배에 사로잡힌 청년들이 너무 많습니다. 또한 인간을 창조주라고 추키며 인간 내면에 있는 힘으로 자기 구원을 이룰 수 있다고 인류 역사 시초부터 지금까지 미혹하는 사탄의 거짓 가르침에 우리는 결코 속지 말아야 합니다. 우리가 죄인임을 깨달아 회개하고 그리스도를 믿고 살아계신 하나님 아버지께 돌아오는 것이 오늘 우리에게 가장 급선무입니다. 죄 가운데 멸망하지 말고, 살아 계신 하나님 앞에 나오기 바랍니다.

둘째, "하나님은 어떤 분이십니까?"

하나님은 전능하시고, 지혜에 한이 없으시며, 사랑이 무한하시며, 또한 공의로우셔서, 형벌 받을 자를 결코 묵과하지 않으십니다. 인간이 선을 행하거나 악을 행하기 전에 조건 없이 하나님의 미리 정하신 뜻대로 하나님은 택하실 자들을 택하십니다. 이와 같이 예수 그리스도를 믿고 구원받는 것은 전적으로 하나님의 은혜요, 자신의 의로 된 것이 아니니 아무도 자랑할 수 없습니다.

"너희는 그 은혜에 의하여 믿음으로 말미암아 구원을 받았으니 이것은 너희에게서 난 것이 아니요 하나님의 선물이라. 행위에서 난 것이 아니니 이는 누구든지 자랑하지 못하게 함이라" 에베소서 2장 8~9절

교회를 핍박하며 스데반을 죽이는 데 찬성했던 바울이 이방인을 위한 사도로 택함 받은 것은 전적으로 하나님의 은혜였습니다. 그러므로 바울은 고린도전서 15장 10절에서 밝히 말하고 있습니다.

"그러나 내가 나 된 것은 하나님의 은혜로 된 것이니 내게 주신 그의 은혜가 헛되지 아니하여 내가 모든 사도보다 더 많이 수고하였으나 내가 한 것이 아니요, 오직 나와 함께 하신 하나님의 은혜로라."

오직 은혜로 우리를 택하시는 하나님의 부르심을 들을 귀 있는 자는 듣고 즉시 믿음으로 응답하여야 할 것입니다. 예수님의 제자들, 요한과 야고보 같이 주님의 음성을 듣고 모든 것을 버리고 즉시 주님을 따라 나설 자들을 하나님은 지금도 찾고 계십니다.

셋째, "그리스도께서는 어떤 분이시며 무슨 일을 하셨습니까?" 성경은 예수 그리스도께서 십자가에서 우리 죄를 위해 죽으셨고 묻히신 지 사흘 만에 부활하신 것과 그러므로 누구든지 이제 그리스도를 믿으면 하나님께 의롭다하심을 받는 것을 선포합니다.

하나님께서 하나님의 외아들을 죄 있는 육신의 모양으로 이 땅에 보내신 목적은 우리 죄의 값을 치르시기 위하여 대속물로 주시기 위함이었습니다. 예수님은 아버지의 뜻에 순종하여, 전 생애를 고난의 십자가를 향하여 달려 가셨습니다.

"인자의 온 것은 섬김을 받으려 함이 아니라 도리어 섬기려 하고 자기 목숨을 많은 사람의 대속물로 주려 함이니라" **마가복음 10장 45절**

우리가 지은 죄로 마땅히 우리가 형벌을 받아야 하는데 역설적으로, 우리 대신 죄 없으신 하나님의 아들 예수 그리스도께서 우리를 위해 죽으신 것입니다. 이 예수를 하나님께서는 사흘 만에 죽은 자 가운데서 다시 살아나게 하심으로, 하나님의 공의를 나타내셨습니다. 부활하신 예수님은 40여 일간 제자들에게 보이신 후 승천하셔서, 하나님 우편에서 영광 중에 계시면서, 하늘과 땅의 모든 권세를 가지고 지금 다스리고 계십니다. 믿는 자에게는 구원을, 믿지 않는 자에게는 심판을 주시러, 그리스도 예수님은 이 땅에 다시 오실 것입니다. 고린도전서 15장 3~5절이 요약하듯, 그리고 사도신경을 통해서 우리가 고백하는 것처럼, 그리스도께서 십자가에서 죽으시고 부활하신 것이 복음의 핵심입니다.

"내가 받은 것을 먼저 너희에게 전하였노니 이는 성경대로 그리스도께서 우리 죄를 위하여 죽으시고 장사 지낸 바 되었다가 성경대로 사흘 만에 다시 살아나사 게바에게

넷째, "그리스도께서 대신 죽으시고 부활하심으로 가져오신 구원의 은혜가 어떻게 우리에게 적용됩니까?" 성경은 우리가 그리스도를 믿고 구원받게 됨은 전적으로 성령의 역사임을 증거합니다.

아담의 타락으로 인간은 지혜와 명철, 모든 이해력을 상실했기에 하나님을 '아빠!'라고, 예수 그리스도를 '나의 주, 나의 하나님'이라고 부를 수 없습니다. 인간의 이성으로는 결코 이 신령한 사랑을 깨달을 수 없고, 오직 성령의 도우심으로만 우리가 하나님을 아버지로, 예수 그리스도를 나의 주로 부를 수 있습니다. 우리에게 하나님의 자녀됨을 깨우치시는 성령의 은혜에 대하여 로마서 8장 15~17절은 잘 증거하고 있습니다.

"너희는 다시 무서워하는 종의 영을 받지 아니하고 양자의 영을 받았으므로 아빠 아버지라고 부르짖느니라. 성령이 친히 우리 영으로 더불어 우리가 하나님의 자녀인 것을 증언하시나니 자녀이면 또한 상속자 곧 하나님의 상속자요 그리스도와 함께 한 상속자니 우리가 그와 함께 영광을 받기 위하여 고난도 함께 받아야 할 것이니라."

이제 우리가 죄를 회개하고 예수 그리스도를 믿기만 하면 하나님께서는 그리스도로 말미암아 우리 죄를 용서하시고 모든 불의에서 우리를 깨끗하게 하십니다.

"만일 우리가 우리 죄를 자백하면 그는 미쁘시고 의로우사 우리 죄를 사하시며 우리를 모든 불의에서 깨끗하게 하실 것이요" **요한일서 1장 9절**

회개가 얼마나 중요한지 세계사의 인물들을 통해서도 우리는 배울 수 있습니다. 어거스틴(354~430 AD)은 그의 회개 과정을 참회록으로 남겼는데, 많은 사람들이 읽고 삶이 변화되었습니다. 노예 상인이었던 존 뉴턴은 회심 후 영국교회의 존경받는 감독이 되었고, 자신이 경험한 그리스도의 놀라우신 은혜를 널리 애창되는 노래로 남겼습니다.

"나 같은 죄인 살리신 주 은혜 놀라와

잃었던 생명 찾았고 광명을 얻었네.

큰 죄악에서 건지신 주 은혜 고마와

나 처음 믿은 그 시간 귀하고 귀하다.

이제껏 내가 산 것도 주님의 은혜라.

또 나를 장차 본향에 인도해 주시리.

거기서 우리 영원히 주님의 은혜로

해처럼 밝게 살면서 주 찬양하리라."

새 찬송가 303장(구 405장)

다섯째, "한 번 구원받은 후에 다시 타락할 수 있습니까?" 성경은 그리스도를 믿으면 어떤 권세도 우리를 구원에서 떨어지게 할 수 없음을 보여줍니다.

그리스도를 믿고 구원받은 후, 다시 떨어져 나가는 일이 하나님의 택하신 자녀들에게는 결코 없다는 것을 로마서 8장은 밝히 증거하고 있습니다. 루터는 성경 전체를 마귀를 무찌르는 화살로 비유하면서, 로마서 8장은 그 화살의 금촉과 같다고 묘사했습니다. 로마서 8장 38~39절에서 바울은 이와 같은 구원의 확신을 뛰어난 문체로 확증하고 있습니다.

"내가 확신하노니 사망이나 생명이나 천사들이나 권세자들이나 현재 일이나 장래 일이나 능력이나 높음이나 깊음이나 다른 어떤 피조물이라도, 우리를 우리 주 그리스도 예수 안에 있는 하나님의 사랑에서 끊을 수 없으리라" **로마서 8장 38~39절**

로마서 8장의 바울의 고백처럼, 예수 그리스도를 중심으로 믿는 자는 반드시 구원을 받습니다. 그리스도 안에 있는 구원을 확신하는 것이 바른 믿음이요, 이 믿음으로 우리는 모든 영적 싸움에서 이기며 하나님 나라를 기업으로 받아 영원한 생명을 누리며 살게 됩니다.

끝으로, 그리스도를 믿지 않고 오히려 대적하는 자들에 대하여 성경은 무엇이라고 말하고 있는지 살펴봅시다. 하나님을 불신하고 마음을 강퍅하게 하여, 그리스도의 십자가 사건을 대적하는 모든 자들에게 마지막 날 내릴 진노의 심판을 하나님은 예고하고 계십니다.

"혹 네가 하나님의 인자하심이 너를 인도하여 회개하게 하심을 알지 못하여 그의 인자하심과 용납하심과 길이 참으심이 풍성함을 멸시하느냐 다만 네 고집과 회개하지 아니한 마음을 따라 진노의 날 곧 하나님의 의로우신 판단이 나타나는 그 날에 임할 진노를 네게 쌓는도다" **로마서 2장 4~5절**

이 책에 나오는 간증들과 그들을 변화시킨 복음에 대해 읽고, 그리스도를 나의 주님으로 영접하기 원하는 사람은 아래와 같이 기도할 수 있습니다.

하나님 아버지!
저는 죄인임을 고백합니다. 저의 죄를 용서하시기 위하여 하나님의 외아들 예수 그리스도께서 십자가에서 피 흘려 죽으셨고 저를 의롭다하시기 위하여 다시 살아나심을 믿습니다. 이제 예수님을 믿고 하나님 아버지의 자녀되어 살기를 원합니다. 저를 용납하여 주시고, 성령을 선물로 허락하셔서 지금부터 천국에 갈 때까지 저를 인도하여 주시옵소서.

예수님 거룩하신 이름을 받들어 간절히 기도드립니다.

아멘.

위와 같이 기도한 사람은 성숙한 믿음의 친구들과 바른 교리를 가르치는 가까운 교회와 건전한 캠퍼스 선교단체에서 성경공부를 통해서 그리스도의 제자로 훈련받고, 그리스도의 일꾼으로 자라가기 바랍니다. 젊을 때 그리스도와 함께 동행하여 성령의 인도하심을 따라 거룩한 삶을 살면, 성공적으로 미래를 준비하며 나아가서 온 세계에 하나님의 영광을 드러내는 위대한 인물들로 살게 될 것입니다.

김정주 교수 _연세대 용재특임교수, 대성닷컴(주) 사장, 영재교육원 원장으로 교육과 문서를 통한 선교에 힘쓰고 있다.

일어나 빛을 발하라

초판1쇄 2004년 2월 25일
3판 8쇄 2018년 10월 25일
펴낸이 김정주
펴낸곳 Korea.com
　　　　서울시 용산구 후암로 57길 57 (동자동) ㈜대성
편저자 김정주
본문디자인 디자인상자
등록 제300-2003-82호
등록일 2003년 5월 6일
전화 (02)6959-3140
팩스 (02)6959-3144
이메일 daesungbooks@korea.com
홈페이지 www.daesungbook.com

ISBN 978-89-92758-66-6
이 책의 가격은 뒤표지에 있습니다.

이 도서의 국립중앙도서관 출판시도서목록(CIP)은 e-CIP홈페이지
(http://www.nl.go.kr/ecip)에서 이용하실 수 있습니다.
(CIP제어번호: CIP2010000997)